Eléments de sémantique du coréen

Sc!

Sciences pour la communication

Vol. 129

Comité scientifique

D. Apothéloz, Université de Lorraine
J.-P. Bronckart, Université de Genève
P. Chilton, Université de Lancaster
W. De Mulder, Université d'Anvers
J.-P. Desclés, Université Paris-Sorbonne
F.H. van Eemeren, Université d'Amsterdam
V. Escandell-Vidal, UNED, Madrid
F. Gadet, Université de Paris Ouest Nanterre La Défense
J.-M. Marandin, CNRS et Université Paris-Diderot
F. Martineau, Université d'Ottawa
M. Milton Campos, Université de Montréal
J. Rouault, Université Stendhal (Grenoble 3)

Les ouvrages publiés dans cette collection ont été sélectionnés par les soins du comité éditorial, après révision par les pairs.

Collection publiée sous la direction de
Marie-José Béguelin, Alain Berrendonner,
Didier Maillat et Louis de Saussure

CHOI Seung-Un

Eléments de sémantique du coréen

Textes recueillis, révisés et annotés
par Jean-Claude Anscombre
(CNRS-LT2D Cergy-Pontoise)

PETER LANG
Bern · Berlin · Bruxelles · New York · Oxford

Information bibliographique publiée par « Die Deutsche Nationalbibliothek »
« Die Deutsche Nationalbibliothek » répertorie cette publication dans la « Deutsche Nationalbibliografie » ; les données bibliographiques détaillées sont disponibles sur Internet sous ‹http://dnb.d-nb.de›.

Graphisme: Atelier 4b, Sandra Meyer

ISSN 0933-6079 • ISBN 978-3-0343-3986-5 (Print)
E-ISBN 978-3-0343-4111-0 (E-PDF) • E-ISBN 978-3-0343-4112-7 (EPUB)
E-ISBN 978-3-0343-4113-4 (MOBI) • DOI 10.3726/b17402

Cette publication a fait l'objet d'une évaluation par les pairs.

© Peter Lang SA, Editions scientifiques internationales, Berne 2020
Wabernstrasse 40, CH-3007 Berne, Suisse
bern@peterlang.com, www.peterlang.com

Tous droits réservés.
Cette publication est protégée dans sa totalité par copyright.
Toute utilisation en dehors des strictes limites de la loi sur le copyright est interdite et punissable sans le consentement explicite de la maison d'édition.
Ceci s'applique en particulier pour les reproductions, traductions, microfilms, ainsi que le stockage et le traitement sous forme électronique.
Imprimé en Allemagne

TABLE DES MATIERES

AVANT-PROPOS 13

La Corée, les coréens et le coréen : un bref aperçu 15
   1. La Corée et les coréens 15
   2. La langue coréenne (한국말 'hangukmal', ou encore 조선말 'josŏnmal') 18

Annexe : les différents systèmes de transcription 25

Textes

Présentation 29

La langue coréenne

Structures et particularités de la langue coréenne 33
   1. Introduction 33
   2. Le coréen, langue agglutinante 34
      2.1. Suffixes nominaux : particules casuelles et marque de pluriel 35
         2.1.1. Fonctions syntaxiques et ordre des mots de la phrase 35
         2.1.2. Phrase sans sujet 36
         2.1.3. Double sujet 36
         2.1.4. Absence d'article 37
         2.1.5. Marque de pluriel 37
      2.2. Suffixes verbaux 39
         2.2.1. Suffixes verbaux préterminaux 40
            2.2.1.1. Système temporel du verbe coréen 40
            2.2.1.2. Système honorifique 41

2.2.2. Suffixes verbaux conclusifs 42
2.2.3. Suffixes verbaux jonctifs (ou conjonctifs) 42
2.3. Suffixes ou particules pragmatiques 43
   2.3.1. Type de combinaisons des suffixes spéciaux ou pragmatiques 43
   2.3.2. Fonction des suffixes spéciaux ou pragmatiques 44
   2.3.3. Thème et sujet 44
3. Harmonie vocalique 46
   3.1. Idéophones 46
   3.2. Vocabulaire des couleurs 47
4. Conclusion 47

Les particules pragmatiques du coréen

Les conditions d'une lecture argumentative du morphème -(i)na 51

1. Introduction 51
2. Analyses antérieures 53
   2.1. Emplois de *-(i)na* traditionnellement repérés 53
      2.1.1. Choix à contrecœur 53
      2.1.2. Alternative 54
      2.1.3. Quantification universelle 54
      2.1.4. Le haut degré associé à l'expression d'une quantité ... 56
      2.1.5. Evaluation approximative 56
      2.2.1. Tournures figées 57
   2.2. Résumé de la situation 59
3. Lecture argumentative des énoncés à *-(i)na* 61
   3.1. *-(i)na* et son environnement immédiat 62
   3.2. Deux types d'énoncés : un espace discursif 63
      3.2.1. Les énoncés où il est question d'une propriété pouvant justifier une opinion critique 63
      3.2.2. Les énoncés qui mettent en cause de diverses façons une propriété qui pourrait justifier une opinion favorable (non-X+-*(i)na*) : 66

3.2.2.1. Les énoncés où cette propriété est évoquée d'une façon hypothétique.	66
3.2.2.2. Les énoncés où la réalisation ou l'avènement de cette propriété est seulement souhaitée.	67
3.2.2.3. Les énoncés impératifs par lesquels on ordonne ou on conseille la réalisation de cette propriété.	68
3.2.2.4. Les énoncés où cette propriété est interrogée	69
3.2.2.4. Le locuteur qui a une opinion globalement critique sur la situation à juger n'admet même pas la possibilité d'une petite exception à la règle en la personne de Xi.	71
3.2.2.5. Les énoncés où cette propriété est niée	71
3.2.2.6. Les énoncés où cette propriété est mise en doute	72
3.2.2.7. Résumé de la situation	73
1.2.3. Le cas des énoncés déclaratifs	74
3.2.3.1. Enoncés interprétables	75
3.2.3.2. Enoncés ambigus	76
3.2.4. *-(i)na* et stratégie discursive : un espace discursif négatif	79
4. Bilan provisoire et conditions d'une hypothèse interne	80
4.1. *-(i)na* et sa stratégie discursive : un espace discursif négatif	81
4.2. *-(i)na* connecteur ?	81
4.3. *-(i)na* et son principe argumentatif à deux faces	82
4.4. *-(i)na* et polyphonie	82
4.5. *-(i)na* et énonciation	83
4.6. *-(i)na* et enchaînement d'énoncés	83

Le morphème *-nŭnde* et le cadre discursif ... 85

1. Introduction	85
2. Problématique de *-nŭnde* et raisonnement	85
1.1. *-nŭnde* et sa problématique	85
1.2. Cadre d'un raisonnement	87
1.2.1. *-nŭnde* : un connecteur d'opposition ?	88
1.2.2. *-nŭnde* : un connecteur de justification ?	90

            1.2.2.1. -nŭnde n'est pas un connecteur de déduction 93
            1.2.2.2. -nŭnde : un connecteur d'hypothèse ? 94
    2. Lecture argumentative de -nŭnde 96
        1.1. Stéréotypes et raisonnement en langue 97
        2.2. -nŭnde et le cadre discursif 102
        2.3. Évolution de l'élément -de 103
            2.3.1. -de, lieu concret 104
            2.3.2. -de, lieu abstrait 104
            2.3.3. -de, lieu énonciatif 105
Conclusion 105

Le puzzle argumentatif du carré -(i)na/-(ŭ)na et -man/-jiman en coréen 107

1. Introduction 107
2. -(i)na et -man 108
    2.1. -(i)na 109
    2.2. -man 111
        2.2.1. Valeurs principales : restriction, exclusion et présupposé d'existence 111
        2.2.2. Valeurs dérivées : aspect duratif, fonctions minorante et haut degré 112
        2.2.3. Pour une réinterprétation argumentative de -man comme particule pragmatique suprasegmentale 112
    2.3. Bilan et nouvelles perspectives 115
3. -(ŭ)na et -jiman 115
    3.1. Approche argumentative 116
        3.1.1. Opposition argumentative et poids argumentatif 116
        3.1.2. Emplois particuliers 117
    3.2. Bilan et perspectives 118
4. Proximité morphologique 119
    4.1. Analyse morphologique de -(i)na/-(ŭ)na 119
    4.2. Analyse morphologique de -man/-jiman 120

4.2.1. Dérivation : de *-man* à *-jiman* 120
4.2.2. Evolution de *-man* 120
Conclusion 121

La particule pragmatique *-(i)rado* et les phrases génériques 123

1. Introduction 123
2. Significations reconnues à *-(i)rado* 123
   2.1. Choix négatif 124
   2.2. Valeurs limites 124
   2.3. Quantification universelle 125
   2.4. Emplois figés 126
   2.5. Bilan provisoire 126
3. Lecture argumentative des énoncés à *-(i)rado* 127
   3.1. Enchaînement entre les énoncés P (X *-(i)rado*) et Q 129
      3.1.1. Inversion de l'orientation argumentative : du négatif au positif 129
      3.1.2. Inversion de l'orientation argumentative : du positif au négatif 131
      3.1.3. Inversion du poids argumentatif 133
   3.2. Enchaînement qui se fait sur une hypothèse 134
      3.2.1. Orientation argumentative 134
      3.2.2. Caractère exceptionnel de l'énonciation 138
   3.3. Bilan provisoire 140
4. Structures sémantiques de *-(i)rado* 142
   4.1. Phrases génériques 143
      4.1.1. Enoncé dit *exceptif* et qui constitue une exception à une phrase générique 143
      4.1.2. Enoncé qui fait référence à une phrase générique 144
   4.2. Portée 146
   4.3. Morphosémantique de *-(i)rado* 147
   4.4. Propriétés et critères 149
      4.4.1. Thème/propos 149

  4.4.2. -(n)ŭnde 150
  4.4.3. Adverbes d'énoncé et d'énonciation 153
 5. -(i)rado, -(i)na et -do 154
  5.1. -(i)rado et -(i)na 154
  5.2. -(i)rado et -do 157
 6. Conclusion 163

Problèmes de généricité

Phrases génériques, syntagmes génériques et argumentation ... 167
 0. Introduction 167
 1. Phrases génériques 169
  1.1. Phrases génériques et conditions de vérité 169
  1.2. Phrases génériques et critères de reconnaissance 170
   1.2.1. Le raisonnement par défaut 170
   1.2.2. Généricité et typicalité 172
   1.2.3. Manifestation de la typicalité 174
 2. Domaine du coréen 175
  1.1. Phrases génériques et -(n)ŭn, -i/ga et -dŭl 176
   2.1.1. -(n)ŭn et -i/ga : sujet, thème et présupposition 177
   2.1.2. -dŭl : singulier, pluriel et quantification 181
  2.2. Phrases génériques, particules modales et argumentation 183
   2.2.1. -(i)na 184
   2.2.2. -man : 186
   2.2.3. -do : 187
Bilan provisoire 189

Pour une définition des proverbes coréens 193
 1. Introduction 193
  1.1. Les énoncés étudiés : énoncés à caractère sentencieux 193
  1.2. Hypothèses 193

1.3. Propriétés, critères et tests 194
  2. Les propriétés sémantiques des énoncés sentencieux 194
     2.1. « Savoir » universel et cadre du discours 196
        2.1.1. Généricité et V/Adj + 네 ! ; V/Adj + 군 ! 197
        2.1.2. Cadre du discours et adverbe d'énonciation 198
     2.2. « Dire » universel 199
        1.1.1. Polyphonie 199
     2.3. Enoncés sentencieux non-génératifs 202
     2.4 Enoncés sentencieux prescriptifs 203
  3. Conclusion 203

Un peu de littérature coréenne...

Analyse thématique de *L'averse* de Hwang Sun-Won 211
Introduction 211
  1. Organisation fondamentale : nature et civilisation, vie et mort 211
     1.1. Nature et vie 211
     1.2. Civilisation et mort 212
  2. Organisation de la surface, entités discursives et contraintes
     narratives : terre, intimité et plénitude 212
  3. Récit : amour et nature 213
     3.1. Polysémie 214
     3.2. Découverte, initiation et sacrifice 214
     3.3. Description et métaphore 215

Bibliographie récapitulative 217

Bibliographie des principaux travaux de M. CHOI Seung-Un 221

Liste des abréviations par ordre alphabétique 223

AVANT-PROPOS

Il est des enseignants heureux, qui ont la chance de découvrir qu'est apparu dans leur séminaire un étudiant d'une qualité rare. J'ai eu cette chance avec CHOI Seung-Un, lorsqu'il s'est présenté à l'EHESS en une fin d'après-midi d'octobre 2002 pour y suivre le séminaire qui m'avait été confié, et où nous y débattions de problèmes de sémantique. S'il était toujours très discret, il ne s'en détachait pas moins sur la plupart des étudiants. Après de brillantes études à l'Université Nationale de Séoul, il s'était installé à Paris, où l'obtention d'une thèse de 3ème cycle lui avait permis d'être nommé à l'Université de Paris VII pour l'enseignement du coréen. Maîtrisant un français impeccable, connaissant sa Grevisse sur le bout des doigts, il s'est très vite intégré au séminaire, la pertinence et la précision de ses interventions permettant un véritable dialogue en lieu et place des monologues habituels. Des liens se sont très vite noués entre nous : je lui dois ma première initiation au coréen (et aussi à la cuisine coréenne), il me parlait de ses projets linguistiques. Puis un jour, il m'a apporté une étude linguistique de sa main, sollicitant mon avis. J'ai eu le plaisir de découvrir à la lueur de ce texte un linguiste confirmé, ayant totalement assimilé l'enseignement du séminaire, et que j'ai dû contempler avec l'œil ému du père qui s'aperçoit que son fils est devenu adulte. L'apport de CHOI Seung-Un à la linguistique coréenne est inappréciable. Il existait déjà, certes, des études sur le coréen, essentiellement sur la syntaxe et le lexique, et majoritairement sous l'angle générativiste ou de l'enseignement du coréen langue étrangère. M. CHOI Seung-Un est le premier, à ma connaissance, à s'être proposé l'application à la langue coréenne des théories sémantiques qui ont cours en Europe, à savoir des sémantiques de l'énonciation, et en particulier dans le champ des particules et marqueurs discursifs. D'une extrême rigueur et d'une grande profondeur, ces articles – dont on trouvera une partie réunie ici – ouvrent un champ jusqu'alors totalement inexploré.

Cette publication se veut un hommage à un grand universitaire trop tôt disparu.

Jean-Claude ANSCOMBRE (CNRS-LT2D)

La Corée, les coréens et le coréen : un bref aperçu

1. La Corée et les coréens

Longtemps ignorée de l'Occident qui ne connaissait de la Corée que ses deux puissants voisins la Chine et le Japon, la Corée a fait irruption dans la vie occidentale vers la fin des années quatre-vingt. C'est en particulier au travers de la qualité de ses produits manufacturés (dont l'électronique), qui lui a ouvert les marchés européens et américains, que la culture coréenne a pu acquérir droit de cité en Europe et ailleurs. Les titres de gloire de la Corée ne sont pas uniquement technologiques et commerciaux : les cinéphiles connaissent bien les productions coréennes, qui sont passées en moins de cinquante ans d'un cinéma localiste et traditionnalisant à une peinture de la société coréenne et de ses problèmes, mais également à certaines formes de cinéma fantastique voire même érotiques et/ou violentes. Depuis le début des années 2000, la K-pop et les séries télévisées coréennes (ou *dramas*) conquièrent un public de plus en plus jeune en quête de nouveautés. Quant à la cuisine coréenne dont les plats les plus populaires sont sans doute le *bibimpap* (préparation à base de riz et de légumes variés), le *bulgogi* (autrement appelé *Korean barbecue*) et le *kimchi* (chou chinois fermenté et pimenté), elle fait désormais partie de l'alimentation des jeunes générations occidentales.

    Géographiquement parlant, la péninsule coréenne est située en Asie de l'Est, et occupe une surface de 223 348 kilomètres carrés pour une population totale estimée en 2018 à un peu plus de 75 millions d'habitants (environ 1/3 pour le Nord et 2/3 pour le Sud) – à titre de comparaison, la France métropolitaine occupe environ 570 000 kilomètres carrés pour environ 67 millions d'habitants en 2018. La péninsule coréenne est insérée entre trois puissants voisins, la Russie (dont elle est séparée par le fleuve coréen *Tuman* qui marque la frontière), la Chine Populaire (dont le fleuve *Yalou* marque la frontière), et enfin le Japon, dont la péninsule coréenne est séparée dans sa partie méridionale par le *Détroit de Corée*. Composée à plus de 70 % de zones montagneuses (surtout au centre et à l'est), la Corée voit ses zones de culture principalement concentrées à l'ouest et au sud. Le climat varie progressivement de subtropical avec moussons au sud à continental au nord. Signalons enfin des côtes très découpées agrémentées principalement au sud-ouest d'une profusion d'îles et d'îlots.

    Surnommée *Le pays du Matin Calme* (litt. : *Le pays du Matin Frais* : Hanguk (한국, 韓國) ou Joseon (ou Chosŏn) (조선, 朝鮮), la Corée n'en est pas moins le lieu de relations tendues entre la *République populaire démocratique de Corée* occupant au Nord environ 55 % du territoire, et gouvernée par un régime totalitaire d'obédience marxiste ; et la *République de Corée*, démocratie à orientation capitaliste, qui occupe au sud les 45 % restants. La ligne de partage se situe approximativement au niveau du 38ème parallèle[1]. Les tensions sont telles qu'un conflit a éclaté entre 1950 et 1953, pour aboutir à un armistice en 1953, suivi depuis d'un statu quo.

L'histoire de la Corée remonte aussi loin que le second millénaire avant l'ère chrétienne, à en croire certaines légendes et récits, dont ceux de Tangun (-2033 av. J.C., considéré comme le fondateur de la Corée). La présence chinoise s'y est manifestée très tôt, et a profondément marqué l'histoire et la culture coréennes dès les débuts de l'ère chrétienne. L'histoire de la Corée se résume d'ailleurs pratiquement à une lutte incessante pour éviter l'asservissement des puissances étrangères, principalement la Chine au Nord et le Japon au Sud : sept grandes campagnes d'invasions mongoles entre 1231 et 1259, deux invasions japonaises connues sous le nom de guerre d'Imjin (1592 et 1597), défaite et asservissement à la Chine mandchoue (1637), protectorat japonais (1905) suivi d'une annexion par le Japon (1910), libération de la Corée en 1945, division en deux Etats indépendants (1948) résultant d'une décolonisation mal gérée, le Nord étant alors soumis à l'Union Soviétique et le Sud se trouvant sous influence américaine, puis guerre de Corée (1950-1953) fratricide avant tout.

---

1 Cf. carte ci-après. Cette carte est celle fournie dans l'article *Corée* de Wikipédia (contenu sous CC BY-SA 3.0).

0 50km
Chine
Tuman
Hoeryŏng
Unggi
Najin
Musan
Ch'ŏngjin
Kyŏngsŏng
Hyesan
Huch'ang
Manp'o
Kanggye
P'ungsan
Kilchu
Yalu
Ch'osan
P'yŏktong
Kimch'aek
Sakchu
Hŭich'ŏn
Changjin
Kusŏng
Sinŭiju
Hamhŭng
Pukch'ŏng
Chŏngju
Kujang
Hŭngnam
Anju
Taedong
Kŭmya
Baie de
Corée
Sunch'ŏn
Yangdŏk
Wŏnsan
Mer de l'est
(Mer du Japon)
P'yŏngyang
Namp'o
Songnim
T'ongch'ŏn
Kosŏng
Sariwŏn
Ich'ŏn
Hoeyang
Ch'o-do
Sinch'ŏn
P'yŏnggang
Sokcho
Haeju
Yŏnan
Kaesŏng
Chuncheon
Gangneung
Baengnyeong-do
Seoul
Samcheok
Ulleung-do
Incheon
Suwon
Wonju
Han
Jecheon
Pyeongtaek
Chungju
Yeongju
Cheonan
Mer Jaune
Jeongju
Andong
Boryeong
Sangju
Daejeon
Pohang
Gunsan
Iksan
Gimcheon
Daegu
Gyeongju
Jeonju
Jeongeup
Nakdong
Ulsan
Namwon
Miryang
Masan
Gwangju
Jinju
Busan
Mokpo
Suncheon
Yeosu
Tsushima
Détroit de Jeju
Détroit de Corée
Japon
Jeju
Jeju-do
Kyushu
Seogwipo
Wikipedia

2. La langue coréenne (한국말 'hangukmal', ou encore 조선말 'josŏnmal')[2]

Le coréen est essentiellement parlé en Corée du Nord et du Sud, ainsi que dans certaines communautés hors de la Corée : Chine, Etats-Unis et Japon pour l'essentiel. En Corée, on distingue plusieurs zones dialectales coïncidant étroitement avec des frontières naturelles. Par ailleurs, les coréens du Nord et du Sud divergent sur un certain nombre de points, essentiellement la prononciation et le lexique. Les nombreux contacts de la Corée du Sud avec l'Occident et le Japon ont abouti à l'importation et/ou l'adaptation d'une terminologie propre aux nouvelles technologies, phénomène beaucoup plus restreint en coréen du Nord, qui est resté beaucoup plus proche du coréen d'avant la seconde guerre mondiale.

Les nombreuses tentatives de classement du coréen n'ont jusqu'à présent pas abouti à une solution définitive, même si de fortes analogies avec le japonais d'une part, et avec certaines langues du groupe ouralo-altaïque d'autre part – turc, mongol, toungouze – font à peu près l'unanimité[3]. La culture coréenne partage ainsi certaines caractéristiques avec le toungouze, comme le chamanisme et l'art de la céramique peignée. Quant au coréen, il s'agit, comme les langues altaïques, d'une langue agglutinante[4], régie autrefois par une harmonie vocalique[5] aujourd'hui en forte régression. Un certain nombre de phénomènes

---

2   *Hanguk-mal* 'le parler de Corée (du sud)' et *josŏn-mal* 'le parler de Corée (du nord)', à partir de *mal* 'le parler'.

3   L'hypothèse concurrente d'une origine dravidienne du coréen, telle que défendue par Homer B. Hulbert au début du XXe siècle, a été abandonnée. Rappelons que les langues dravidiennes sont essentiellement des langues du sud de l'Inde (kannada, malayalam, tamoul, télougou, toda, entre autres), et sont des langues agglutinantes.

4   Les langues agglutinantes sont des langues où les relations grammaticales sont non pas marquées à l'aide de mots 'grammaticaux, mais par ajout à une même racine de différents morphèmes (des 'affixes'). En basque, *naizelakotz* 'parce que je suis', se décompose en *naiz* (je suis)-*e* (voyelle de liaison)-*la* (affixe complétif)-*kotz* (affixe causal). De ce point de vue, le verbe coréen ne présente pas une conjugaison fondée sur le système des personnes, mais sur l'intégration de nombreux affixes concernant la fonction du mot dans la phrase, le degré de politesse, le temps, l'aspect, etc. En voici un exemple : *japhisiji anhkessumnikka* ? 잡히시지 않겠습니까 ? 'Ne vous ferez-vous pas attraper ?'. Il se décompose comme suit : *jap – hi – si – ji anh – kess – sumni – kka* ? 잡-히-시-지 않-겠-습니-까 ? avec *jap* = attraper ; *hi* = passif ; *si* = honorifique ; *ji anh* = négation ; *kess* = futur ; *sumni* = morphème exprimant la politesse formelle ; *kka* = terminaison de l'interrogatif.

5   L'harmonie vocalique est un phénomène d'assimilation phonologique dans la formation de certaines chaînes syllabiques. Dans certaines langues, par exemple, les voyelles

morphologiques et syntaxiques sont également communs aux langues altaïques et au coréen : ni nombre ni genre pour le nom commun, absence de pronoms relatifs, etc. Signalons enfin de fortes analogies entre le verbe coréen et le verbe japonais, ainsi que, par exemple, l'existence d'un morphème causatif.

La langue coréenne ne possédait pas d'écriture propre, et a adopté l'écriture chinoise en même temps qu'elle adoptait le bouddhisme, approximativement vers le 6ème siècle de notre ère. C'est d'ailleurs une bonne partie de la culture chinoise qui a été ainsi importée, et qui a durablement marqué la vie mais aussi la langue coréenne : un nombre important de mots chinois sans équivalents en coréen ont ainsi été empruntés. On estime entre 60 et 70 % la part des mots d'origine chinoise dans le lexique (sino-)coréen. Il a fallu attendre le milieu du 15ème siècle pour que le coréen soit doté d'un véritable alphabet inspiré selon certains de l'alphabet sanskrit. Créé en 1443 sur l'initiative du bien nommé roi *Sejong le Grand*, l'alphabet coréen a été officiellement promulgué en 1446, par décret impérial. Interdit en 1504, il sera en particulier réhabilité durant les réformes administratives dites *Gabo* en 1894, visant à lutter contre l'influence chinoise sur le territoire coréen. C'est le linguiste coréen Ju Si-gyeong qui, en 1912, aurait baptisé l'écriture coréenne *hangeul* ou *hangŭl* (selon la transcription phonétique) : *han* signifiant 'grand' ou 'unique' et *geul* désignant l'écriture. La diffusion de l'écriture coréenne se poursuivra tout au long du 20ème siècle pour remplacer progressivement les caractères chinois, parfois encore en usage dans la presse écrite de tendance conservatrice ou dans certains ouvrages académiques notamment.

L'alphabet coréen peut s'écrire selon des lignes horizontales et de gauche à droite comme les langues occidentales, ou verticalement, à l'instar de l'écriture classique chinoise. Les deux modes correspondent *grosso modo* à l'écriture moderne et à l'écriture traditionnelle, la première tendant à s'imposer à tout le moins dans les ouvrages contemporains. Enfin, et contrairement à des langues comme le chinois et le japonais, mais comme les langues occidentales, l'écriture coréenne utilise des espaces entre les mots, ainsi que le système occidental de ponctuation.

L'alphabet coréen comporte 14 signes consonantiques et 10 signes vocaliques de base, dont les combinaisons suffisent à représenter tous les mots du coréen, et ce de façon tellement logique et économique que quelques heures suffisent à en

---

d'un suffixe varient en accord avec les voyelles de la base lexicale. Le hongrois et le finnois sont typiquement des langues à harmonie vocalique. Cf. plus loin le paragraphe 3 du texte de Choi Seung-Un *Structures et particularités de la langue coréenne*.

maîtriser le fonctionnement, du moins pour l'essentiel. Ce qui suppose pour sa création une analyse phonologique de la langue remarquable pour l'époque, et à notre connaissance unique en son genre. D'un point de vue sémiotique, et bien qu'il s'agisse réellement d'un alphabet, l'écriture correspond à un regroupement syllabique de type CVC : les lettres constituant une telle syllabe apparaissent de façon obligatoire dans un certain ordre et à l'intérieur d'un carré imaginaire, ce qui donne à l'écriture coréenne cet aspect très épuré et géométrique. En voici un exemple[6], où le carré a été matérialisé :

한 - 국 - 어
han - gug - ŏ

et qui se lit 'han-gug-ŏ', c'est-à-dire *langue coréenne*.

On trouvera ci-dessous les 24 signes de l'alphabet coréen accompagnés de leur équivalent phonétique dans une transcription simplifiée visant à permettre l'accès le plus immédiat possible à la lecture du coréen[7].

1. **Les lettres simples du coréen comportent :**

a) **14 consonnes :**

ㄱ ㄴ ㄷ ㄹ ㅁ ㅂ ㅅ ㅇ ㅈ ㅊ ㅋ ㅌ ㅍ ㅎ
g n d l/r m b s ø/ng j ch kh th ph h

b) **10 voyelles :**

ㅏ ㅑ ㅓ ㅕ ㅗ ㅛ ㅜ ㅠ ㅡ ㅣ
a ya ŏ yŏ o yo u yu ŭ i

---

6   Extrait de l'excellent ouvrage de Li Ogg, Kim Suk-Deuk & Hong Chai-Song.
7   Il existe plusieurs systèmes de transcription du coréen, les plus courants étant le McCune-Reischauer (créé en 1937) et celui du Ministère sud-coréen de la culture et du tourisme (créé en 2000). Le système de transcription que nous utilisons dans la suite de l'ouvrage est un 'mixte' des deux. Il s'appuie sur la transcipiton du Ministère de la culture et du tourisme mais conserve les signes diacritiques du système de McCune-Reischauer pour certaines voyelles.

La langue coréenne   21

2. **Les lettres simples se combinent pour former :**

c) 5 consonnes doubles :

ㄲ	ㄸ	ㅃ	ㅆ	ㅉ
kk	tt	pp	ss	jj

c) 11 consonnes complexes (en position finale de syllabe) :

ㄳ	ㄵ	ㄶ	ㄺ	ㄻ	ㄼ	ㄽ	ㄾ	ㄿ	ㅀ	ㅄ
gs	nj	nh	lg	lm	lb	ls	lth	lph	lh	bs

d) 11 voyelles complexes :

ㅐ	ㅒ	ㅔ	ㅖ	ㅘ	ㅙ	ㅚ	ㅝ	ㅞ	ㅟ	ㅢ
ae	yae	e	ye	wa	wae	oe	wŏ	we	wi	ŭi

Ce qui correspond aux valeurs phonétiques suivantes pour les voyelles simples :

	Antérieures	Centrales	Postérieures
Fermées	i	ŭ	u
Moyennes	e	ŏ	o
Ouvertes	ae	a	

Et pour les consonnes simples et semi-consonnes :

		Labiales	Alvéolaires	Palatales	Vélaires	Glottales
Occlusives	Douces	b	d		g	
	Fortes	pp	tt		kk	
	Aspirées	ph	th		kh	
Affriquées	Douces			j		
	Fortes			jj		
	Aspirées			ch		
Constrictives	Douces		s			h
	Aspirées		ss			

	Labiales	Alvéolaires	Palatales	Vélaires	Glottales
Nasales	m	n		ng	
Liquides		l			
Glides	w		y		

Le système consonantique coréen comporte des nasales ㅁ [m], ㄴ [n], ㄹ [l/r] et ㅇ [-ng] en finale, une aspirée ㅎ [h] et se caractérise par trois séries d'occlusives, fricatives et affriquées, à savoir :

	Occlusives			Fricatives	Affriquées
1. Douces	ㄱ (k/g)	ㄷ (t/d)	ㅂ (p/b)	ㅈ (j)	ㅅ (s)
2. Aspirées	ㅋ (kh)	ㅌ (th)	ㅍ (ph)	ㅊ (tch)	
3. Fortes	ㄲ (kk)	ㄸ (tt)	ㅃ (pp)	ㅉ (jj)	ㅆ (ss)

Du point de vue de la prononciation, le coréen n'est pas une langue à tons ni à accent tonique. Notons cependant qu'il existe des paires de mots se distinguant par la longueur vocalique, survivance d'un ancien système de tons[8]. Par exemple, *nun* 'œil' et *nu :n* 'neige' ou encore *mal* 'cheval' et *ma :l* 'parole'.

La grande difficulté de la prononciation du coréen réside en fait dans les multiples cas d'assimilation, régis par des règles morpho-phonologiques qu'il faudra apprendre. Ainsi *ipnita* 'être' se prononce [imnida], *seolnal* 'jour de l'an lunaire' se prononce [seollal] et la consonne *s* en position finale se prononce [t]: *mas* 'goût' se prononcera donc [mat] sauf s'il est suivi de certaines voyelles. Ainsi, le *s* se prononcera [sh] s'il est suivi de la voyelle *i* comme dans *mas-issta* [mashita] 'goût-il y a = être bon' mais se prononcera [d] s'il est suivi de la voyelle ŏ comme dans *mas-ŏpta* [madŏpta] 'goût-il n'y a pas = ne pas être bon'.

Du point de vue typologique enfin, le coréen est classé dans les langues de type SOV, ce qui signifie Sujet-Objet-Verbe. Il s'agit d'une classification des langues en fonction de l'ordre d'apparition des fonctions syntaxiques fondamentales dans une phrase transitive[9]. Ce type, qui comprend des langues aussi variées que le

---

8   Le coréen moyen disposait d'un système de trois tons : un ton plat, un ton montant et un ton descendant.
9   Signalons qu'il s'agit de l'ordre des mots basique, le coréen étant relativement libre de ce point de vue. Mais non totalement car le verbe de la proposition principale occupe toujours la position finale.

turc, le japonais ou le tamoul[10], est celui d'environ 39 % des langues du monde. Notons au passage que la disposition SO concerne plus de 90 % des langues du monde, et que donc la disposition OS y est largement minoritaire. De plus le déterminant se place en coréen avant le mot qu'il détermine, comme l'anglais, le français ou l'hébreu, mais à l'inverse du basque et du roumain. Il n'y a ni article, ni genre, ni nombre ; les verbes ne se conjuguent pas selon les personnes (*je, tu, il*...) comme dans les langues indo-européennes, mais intègrent des degrés de politesse concernant les rapports entre locuteur et destinataire du dire – en particulier le respect et l'humilité –. Ils intègrent également de nombreuses autres indications, concernant plus particulièrement l'aspect, le temps et la modalité. Enfin, un jeu de particules invariables indique la fonction du mot dans la phrase. Une curiosité pour les occidentaux : les connecteurs entre deux propositions sont intégrés au verbe de la première proposition à connecter !

Jean-Claude ANSCOMBRE (CNRS-LT2D, Cergy-Pontoise)

---

10 On aurait tort de croire que l'ordre SOV est le fait de langues que nous qualifions communément d'"exotiques" : le latin classique est majoritairement SOV.

Annexe : les différents systèmes de transcription

Il existe différents systèmes de transcription du coréen. Tous sont utilisés, sans qu'il y ait de consensus véritable. Nous avons cru bon de fournir les principaux systèmes que le lecteur sera amené à rencontrer au cours de ses lectures et recherches sur le coréen.

Consonnes	Transcription officielle	Yale	McCune-Reischauer	API
ㄱ	g, k	k	k, g	[g], [k]
ㄲ	kk	kk	kk	[k*]
ㅋ	k	kh	kh	[kʰ]
ㄷ	d, t	t	t, d	[t],[d]
ㄸ	tt	tt	tt	[t*]
ㅌ	t	th	th	[tʰ]
ㅂ	b, p	p	p, b	[p],[b]
ㅃ	pp	pp	pp	[p*]
ㅍ	p	ph	ph	[pʰ]
ㅈ	j	c	j	[tɕ],[dz]
ㅉ	jj	cc	jj	[tɕ*]
ㅊ	ch	ch	ch	[tɕʰ]
ㅇ	ng	ng	ng	[ŋ]
ㅎ	h	h	h	[h]
ㅅ	s	s	s	[s], [ɕ]
ㅆ	ss	ss	ss	[s*], [ɕ*]
ㅁ	m	m	m	[m]
ㄴ	n	n	n	[n]
ㄹ	l	l	l, r	[l],[r]

Annexe : les différents systèmes de transcription

Voyelles et diphtongues	Transcription officielle	Yale	McCune-Reischauer	API
ㅏ ㅏ	a	a	a	[a]
ㅐ	ae	ae	ae	[ɛ]
ㅑ	ya	ya	ya	[ja]
ㅒ	yae	yay	yae	[jɛ]
ㅓ	eo	e	ŏ	[ʌ]
ㅔ	e	ey	e	[e]
ㅕ	yeo	ye	yŏ	[jʌ]
ㅖ	ye	yey	ye	[je]
ㅗ	o	o	o	[o]
ㅘ	wa	wa	wa	[wa]
ㅙ	we	way	wae	[wɛ]
ㅚ	oe	oy	oe	[Ø]
ㅛ	yo	yo	yo	[jo]
ㅜ	u	wu	u	[u]
ㅟ	wi	wi	wi	[y]
ㅝ	weo	we	wŏ	[wʌ]
ㅞ	we	wey	we	[we]
ㅠ	yu	yu	yu	[ju]
ㅡ	eu	u	ŭ	[ɯ]
ㅣ	i	i	i	[i]
ㅢ	ui	uy	ŭi	[ɯi]

Textes

Présentation

Pour des raisons de cohérence, nous avons choisi de présenter les textes du professeur CHOI Seung-Un selon les quatre volets suivants : a) un premier volet consiste en une introduction à la langue coréenne. Elle permettra au lecteur non averti un approfondissement des notions sommairement développées dans l'introduction. Elle se compose de l'article « Structures et particularités de la langue coréenne » (2003), qui constitue en fait la véritable introduction au reste du volume ; b) une série d'articles et de conférences concernant des phénomènes linguistiques du coréen, essentiellement le fonctionnement de particules dites 'pragmatiques'. Il s'agit des textes suivants : « Les conditions d'une lecture argumentative du morphème -(i)na » (2000c) ; « Le morphème -nŭnde et le cadre discursif » (2001) ; « Le puzzle argumentatif du carré -(i)na/-(ŭ)na et -man/-jiman en coréen » (2001) ; « La particule pragmatique -(i)rado et les phrases génériques » (2006) ; c) trois textes plus généraux, à savoir : « Phrases génériques, syntagmes génériques et argumentation » (2000) , « Le cadre du discours et le thème » (2005) et enfin « Pour une définition des proverbes coréens » (2007) ; d) le dernier volet enfin comprend le texte : « Analyse thématique de L'averse de Hwang Sun-Won » (1985), ce texte visant à donner un aperçu de la littérature coréenne, et montre que pour être linguiste, on ne néglige pas pour autant la littérature.

Chaque fois que cela a été nécessaire pour la compréhension du texte, nous avons ajouté dans des notes de bas de page les précisions théoriques indispensables pour comprendre l'apparat conceptuel mis en jeu dans la recherche et non toujours explicité par l'auteur. On trouvera, en fin d'ouvrage, une bibliographie complète comprenant, outre les travaux de CHOI Seung-Un, les travaux cités dans les articles, mais aussi les travaux que nous avons cru nécessaire de mentionner en note afin de compléter l'information requise pour une lecture en profondeur.

La réalisation de cet ouvrage n'aurait pas été possible sans l'aide inestimable de deux collègues : M. Stéphane Couralet, Maître de conférences en linguistique coréenne (Université Bordeaux Montaigne, CLLE-ERSSAB), qui a relu, commenté et corrigé l'ensemble du manuscrit, et sans qui cet ouvrage n'aurait pas vu le jour ; et Mme Irène Tamba, directeur à l'EHESS (CRLAO), pour les nombreux et fort utiles conseils qu'elle m'a prodigués, forte de son expérience des langues asiatiques.

La langue coréenne

Structures et particularités de la langue coréenne

1. Introduction

Parler des structures et des particularités d'une langue, c'est entre autres la situer par rapport à d'autres langues. On cherche à savoir en quoi elle leur ressemble et en quoi elle en est différente. En faisant cela, on s'appuie évidemment sur le critère de l'identité et de la différence. Quand le problème est posé en ces termes, on pense immédiatement à la typologie des langues. Une famille linguistique regroupe, du moins théoriquement, des langues qui partagent sur le plan structurel un certain nombre de traits. Ces langues, censées être liées par une parenté linguistique, se différencient par ailleurs les unes des autres sur d'autres points.

C'est ainsi que l'on a toujours été tenté de rapprocher le coréen, au même titre que le japonais d'ailleurs, des langues dites altaïques, c'est-à-dire le turc, le mongol et les langues toungouses. Cependant, l'idée même d'une famille linguistique altaïque n'a jamais été scientifiquement prouvée. Tenter de démontrer le bien-fondé de cette thèse, c'est en somme reproduire ce qui a été fait dans le domaine des langues dites indo-européennes. Mais, comme on le sait, les tentatives poursuivant cet objectif n'ont pas été couronnées de succès. Il n'est pas impossible, tant il existe de convergences entre ces langues, qu'elles proviennent d'un tronc commun, mais c'est très probablement quelque chose qui se perd dans la nuit des temps et aucune preuve convaincante n'a jusqu'ici pu confirmer l'existence d'une parenté entre ces langues.

Si cette idée persiste malgré tout, c'est qu'il existe, encore une fois, une forte présomption en faveur d'une telle éventualité. Au fond, c'est ce qui nous intéresse, dans la mesure où les spécialistes mentionnent notamment deux points communs à toutes ces langues : d'abord l'agglutination et ensuite l'harmonie vocalique, deux caractéristiques qui, en effet, définissent le coréen dans une large mesure. Il sera donc essentiellement question de ces deux points dans ce qui va suivre.

Qu'est-ce que l'agglutination du point de vue de la typologie des langues ? C'est un procédé propre aux langues qui, pour donner diverses indications grammaticales, ajoutent à une forme de mot des affixes dont chacun reste analysable séparément, contrairement à ce que l'on observe dans les langues flexionnelles où précisément ces morphèmes sont amalgamés. Signalons d'autre part que dans les langues agglutinantes, les suffixes n'entraînent aucune modification du radical auquel ils sont attachés, ce qui n'est pas le cas des langues à flexions où certains suffixes peuvent s'accompagner de telles modifications. Citons le cas par exemple des désinences verbales en français[11].

Quant à l'harmonie vocalique, elle désigne un phénomène dans lequel l'apparition, à l'intérieur d'un mot, d'une voyelle dans une position donnée est dictée par la présence d'une autre voyelle déterminée. Il s'agit donc d'un phénomène d'assimilation.

2. Le coréen, langue agglutinante

On peut dire que le coréen est une langue agglutinante dans la mesure où, précisément, elle accumule après un radical une série de suffixes pour exprimer divers rapports grammaticaux. Cependant, il faut noter que tous les suffixes de la langue coréenne ne sont pas au service de cet objectif. Il existe des suffixes qui ont d'autres fonctions. Etant donné que notre but est ici d'illustrer le caractère agglutinant du coréen, il sera, dans ce qui suit, essentiellement question de trois catégories de suffixes : suffixes nominaux, suffixes verbaux et ce que l'on appelle communément particules spéciales ou modales, que j'appellerai plutôt particules ou suffixes pragmatiques. On y reviendra[12].

---

11 Par exemple, les formes « fis », « ferai », etc. pour le verbe « faire » du français.
12 On distingue, en général, trois sortes d'affixes selon la position qu'ils occupent : les préfixes, les suffixes et les infixes, qui sont respectivement placés avant, après et à l'intérieur d'une unité lexicale à laquelle ils sont ajoutés. On peut distinguer d'autre part deux sortes d'affixes selon le rôle qu'ils jouent vis-à-vis de l'unité lexicale : les uns, à vocation essentiellement lexicale, en modifient le sens et les autres, à vocation nettement plus grammaticale, indiquent la fonction syntaxique, changent la catégorie grammaticale ou encore y ajoutent d'autres indications d'ordre grammatical. On pense en général que le coréen ne possède pas d'infixes. En ce qui concerne les préfixes, il en existe un grand nombre, mais ils ne jouent aucun rôle grammatical : ce sont des affixes à fonction lexicale. Quant aux suffixes, ils peuvent remplir ou une fonction lexicale ou une fonction grammaticale. Ce sont donc bien les suffixes à fonction grammaticale qui caractérisent plus particulièrement la langue coréenne comme langue agglutinante, puisque ce sont ces morphèmes qui expriment, en coréen, les divers rapports grammaticaux. Ajoutons que pour ce qui est des mots (ou lexèmes) autonomes, on distingue des invariables (noms, adverbes, numéraux et déterminants qualitatifs) et des variables (verbes et adjectifs).

2.1. Suffixes nominaux : particules casuelles et marque de pluriel

Parmi les suffixes nominaux, il en est qui indiquent les différentes fonctions des substantifs dans la phrase : sujet, complément d'objet, complément de nom, complément de temps, de lieu, de manière, etc. Ces suffixes sont appelés particules casuelles[13]. La marque de pluriel *dŭl* fait aussi partie des suffixes nominaux. Ainsi, l'énoncé suivant :

ai-dŭl[1])-*i*[2)]   *madang-esŏ*[3)]   *gongnori-rŭl*[4)] *handa*
enfants-S[14] *dans le jardin*-L[15] *jeu de ballon*-O[16] *faire*
'les enfants jouent au ballon dans le jardin'

peut s'analyser en : 1) marque de pluriel ; 2) particule casuelle nominative ; 3) particule casuelle locative ; 4) particule casuelle accusative.

2.1.1. Fonctions syntaxiques et ordre des mots de la phrase

Ces particules casuelles jouent un peu le rôle des désinences des cas en latin et ce procédé devrait donner une plus grande liberté dans l'ordre des mots, puisque chaque mot voit sa fonction clairement identifiée par un suffixe. Le coréen n'en suit pas moins des principes précis pour ordonner les mots de la phrase. Le déterminant se place toujours avant le déterminé. Le complément est avant le mot qu'il complète, ce qui implique que le verbe et les différents morphèmes qui s'y rattachent (honorification, temps, aspect...) se trouvent à la fin de la phrase. Dans le cas d'une phrase simple, une certaine flexibilité est concevable. Mais, cette ordonnance ne souffre aucune exception dans le cas d'une proposition, subordonnée ou coordonnée. Un enchaînement de deux propositions, par exemple, une subordonnée et une principale, est marqué obligatoirement au niveau du verbe de la première proposition. Si cet ordre n'est pas respecté, la phrase devient incompréhensible. On voit bien que la position du verbe en fin de proposition est une contrainte syntaxique incontournable. L'ordre des

---

13 1. particule nominative -*i/ka* (non honorifique) et -*kke* (honorifique) : sujet ; 2. particule accusative -*ŭl* /*rŭl* : complément d'objet ; 3. particule déterminative ou génitive *ŭi* : complément du nom ; 4. particules adverbiales : a) particule dative ou attributive, particules locatives -*e* (point), -*esŏ* (espace) et -*rŏ/ŭro* (direction) ; c) particules ablatives -*esŏ* (-humain) et -*egesŏ* (+humain) ; d) particule instrumentative -*rŏ/ŭro* ; e) particule comitative ou de liaison -*wa/kwa* : f) particule vocative -*ya* et -*yŏ*, etc.

14 Sujet.
15 Locatif
16 Complément d'objet.

mots dans la phrase en coréen impose donc le verbe à la fin, précédé de tous les compléments.

2.1.2. Phrase sans sujet

Alors que l'on associe le coréen à une langue SOV, on rencontre fréquemment des phrases coréennes sans sujet, ce qui est déroutant pour un esprit français[17]. Le phénomène est peut-être lié au système pronominal coréen. Le français, par exemple, possède deux listes de pronoms : des pronoms forts, c'est-à-dire *moi, toi, lui/elle*, etc., et des pronoms faibles, *je, tu, il/elle*, etc. Le coréen ne possède pas de pronoms faibles. En français, les pronoms faibles ont une fonction strictement syntaxique. Une phrase française possède, quoi qu'il arrive, un sujet. Il existe même des phrases impersonnelles, avec le pronom impersonnel « il », lequel ne désigne pas un actant quelconque. Il est là pour satisfaire un besoin purement syntaxique. Quant aux pronoms forts, ils semblent intervenir plutôt au niveau du discours, c'est-à-dire, pour simplifier les choses, le contexte qui entoure la production de la parole, ou un ensemble de connaissances que sont censés partager les protagonistes d'un acte de parole, le locuteur et l'interlocuteur. Cela voudrait dire que si le contexte est suffisamment clair pour l'identification du sujet, il n'est pas nécessaire de le marquer dans la phrase. Une phrase sans sujet, en coréen, n'est jamais une phrase ambiguë.

2.1.3. Double sujet

Tout aussi surprenante est peut-être l'existence des phrases à double sujet, du type :

kŭ-ga khi-ga khŭda
cette personne-S *taille*-S *être grand* (lui, la taille est grande)
'il est grand'

On parle de double sujet, mais, en réalité, il peut même s'agir d'un triple sujet, pour ne pas dire plus :

---

17 a) *ŏnje wassni ? quand être venu ?* (quand es-tu venu ?)
b) *nega ŏnje wassni ? [toi-S quand être venu ?]* (quand es-tu venu ?)
Il s'agit là de deux phrases différentes, si on définit le terme « phrase » comme désignant une unité sémantico-syntaxique, puisque le sujet est absent dans la première et présent dans la seconde. Mais, en tant qu'énoncés, c'est-à-dire au sens où le mot indique des unités sémantico-discursives, concept qui prend en compte les connaissances des interlocuteurs et leurs actions verbales, ils peuvent recevoir, lorsque les conditions sont réunies, la même interprétation.

kŭ gage-ga yŏja os-i phumjil-i jota
ce magasin-S, femme vêtement -S, qualité-S être bon
(litt. 'ce magasin, les vêtements de femmes, la qualité est bonne') 'pour la qualité des vêtements de femme, ce magasin est imbattable'

Ce phénomène, troublant pour un esprit habitué à la syntaxe des langues européennes, recèle malgré tout une certaine cohérence sur le plan sémantique, car après tout, il ne s'agit pas de deux ou trois sujets n'ayant aucun lien sémantique entre eux. Tout se passe comme si, à chaque étape, des précisions étaient apportées à propos du cadre du discours dans lequel va se tenir la phrase. Il s'agit bel et bien d'un seul et même sujet dont le contour est précisé au fur et à mesure. La particule casuelle nominative – qui indique la fonction sujet – deux fois, trois fois répétée ici garantit l'homogénéité et l'unicité fonctionnelle des trois syntagmes nominaux dont les rapports, sur le plan sémantique, devraient probablement être pensés en termes d'hyponymie ou de parties à tout.

2.1.4. Absence d'article

Il ne serait peut-être pas inintéressant d'ajouter à cette occasion que le système de l'article n'existe pas en coréen. Si, en français, un nom ne peut s'actualiser dans la phrase sans être précédé d'un déterminant, article ou démonstratif ou encore d'un numéral, ce n'est pas le cas en coréen. En ce qui concerne l'article, il n'existe, encore une fois, tout simplement pas. Pour les autres types de déterminants, démonstratif ou numéral, leur présence avant le nom n'est pas une obligation. Par contre, ce qui est absolument obligatoire, c'est qu'il soit suivi d'un suffixe nominal auquel est postposé éventuellement un suffixe pragmatique. Cela signifie que l'actualisation, autrement dit l'apparition d'un nom dans la phrase s'effectue avec l'indication de sa fonction syntaxique.

2.1.5. Marque de pluriel

L'opposition entre le singulier et le pluriel existe bien en coréen, mais l'emploi du pluriel n'est pas aussi grammaticalisé qu'en français. Surtout lorsque le contexte est suffisamment clair à ce sujet, par exemple si le nom est précédé d'un numéral ou de tout autre expression de quantité, son emploi devient inutile.

D'une manière générale, le pluriel tend, en coréen, à l'individuation, alors que le singulier est plus adapté à la catégorisation ou à l'homogénéisation, d'où, par exemple, l'incompatibilité de la marque de pluriel avec les noms génériques. Au cas où le nom désigne des référents particuliers, il doit être suivi du suffixe de pluriel *-dŭl*. Pour la même raison, les pronoms personnels de pluriel marquent la pluralité d'une manière ou d'une autre ; *uri(dŭl)* « nous » et *nŏhŭi(dŭl)* « vous » sont déjà formellement différents de *na* « moi » et de *nŏ* « toi » sans même l'adjonction du suffixe de pluriel, et en ce qui concerne la troisième personne, l'emploi de la marque de pluriel est absolument nécessaire pour passer de *kŭ* « lui / elle » à *kŭdŭl* « eux / elles ».

Par ailleurs, on constate que plus un nom est non humain, non animé, plus l'emploi du pluriel est problématique. Cela voudrait dire que le coréen a tendance à considérer les animaux et plus encore les objets comme une sorte de matière homogène, c'est-à-dire comme quelque chose de non comptable. Cependant l'emploi de ce que l'on appelle les spécificatifs (SP) ou massifieurs permet de procéder au dénombrement pour ces catégories de noms :

chaek han kwŏn
livre un SP$_{livre}$
'un livre'
goyangi du mari
chat deux SP$_{animal}$
'deux chats'

le même procédé pouvant *a fortiori* être utilisé pour le décompte des noms humains :

haksaeng (han / du / se) myŏng
étudiant (un / deux / trois) SP$_{humain}$
'(un / deux / trois) étudiant(s)'

A côté de ce procédé, il en existe un autre qui consiste à dénombrer au moyen d'un numéral adnominal[18] et ceci, qu'il s'agisse de noms humains ou non humains :

(han / du / se) saram
(une / deux / trois) être humain
'(une / deux / trois) personne(s)'

du (jib / nara / sakkŏn)
deux (maison / pays / incident)
'deux (maisons / pays / incidents)'

Cela étant, une contrainte limite la portée de ce mécanisme, dans la mesure où il sert à compter seulement un petit nombre d'êtres ou de choses, la plupart du

---

18 Les numéraux coréens : *han* « un », *du* « deux », *se* « trois », etc. rentrent dans la catégorie des déterminants au même titre que les démonstratifs (déictiques/anaphoriques) : *i* « ce *près de moi* », *kŭ* « ce *près de toi* » et *jŏ* « ce. *là-bas* ». Ils sont placés avant les noms.

temps avec les doigts de la main. En ce qui concerne les noms non humains, cette façon de dénombrer semble nettement plus adaptée à des contextes où ils sont associés à un présupposé d'existence, autrement dit lorsqu'ils désignent des référents parfaitement identifiables :

> (*yŏp bang-ŭi du ŭija-rŭl* / ? *du ŭija-rŭl*) *gajŏ wara*
> (*de la chambre d'à côté deux chaise*-O / *deux chaise*-O) *amener*-Imp
> 'apporte (les deux chaises qui sont dans la pièce à côté / ? deux chaises)'

alors que les noms humains l'admettent dans tous les cas de figure :

> *jadongcha sago-ga na-sŏ,* (*du saram-i* / *kŭ du saram-i*) *jugŏssta*
> *accident de voiture*-S *se produire après que,* (*deux personnes* / *les deux personnes*) *mourir*
> '(deux personnes / les deux personnes) se sont tuées dans un accident de voiture'

2.2. Suffixes verbaux[19]

Une précision d'abord. En coréen, qui dit verbe dit à la fois verbe et adjectif, car l'adjectif est caractérisé par les mêmes suffixes que le verbe. On pourrait dire que l'adjectif coréen se conjugue, car il est d'essence verbale. Un adjectif coréen ne signifie donc pas « petit » ou « grand », mais quelque chose comme « être petit » ou « être grand ». Etant donné que, s'agissant du coréen, l'emploi du terme « adjectif » est de toute évidence impropre, certains linguistes préfèrent dire « verbe d'état » ou « verbe / prédicat statif » en opposition au « verbe d'action » ou « verbe / prédicat dynamique » qui, lui, désigne le verbe au sens habituel du terme. D'autres encore proposent le terme de « qualitatif » à la place de « adjectif ». En principe, les suffixes verbaux et les suffixes adjectivaux ne sont pas rigoureusement identiques, mais dans un grand nombre de cas, on retrouve les mêmes formes pour les deux catégories. Les principaux suffixes verbaux sont les suffixes préterminaux, conclusifs et jonctifs auxquels s'ajoutent les suffixes de transformation nominale et déterminative[20].

---

19 Certains linguistes utilisent le terme de *terminaison verbale*.
20 Selon le point de vue que l'on adopte, on peut éventuellement ajouter une classe de suffixes de transformation adverbiale qui, sinon, se dissout dans les suffixes jonctifs. Un verbe auquel est postposé un suffixe de transformation déterminative peut fonctionner comme un déterminant, autrement dit il peut qualifier un nom. De la même façon, suite à une transformation nominale, un verbe peut remplir toutes les fonctions dévolues à un nom.

2.2.1. Suffixes verbaux préterminaux

Il s'agit des suffixes verbaux qui peuvent être placés immédiatement après le radical d'un verbe selon un ordre précis et qui donnent chacun une indication grammaticale spécifique. La chaîne de ces suffixes est obligatoirement fermée par un suffixe conclusif dans le cas d'une phrase et par un suffixe jonctif, s'il s'agit d'une proposition. Par exemple, dans l'énoncé suivant :

aböji-ga jigŭm dochakha-si[1]-öss[2]-kess[3]-ta[4]
père-S maintenant arriver
'(notre) père devrait être arrivé maintenant / devrait être là maintenant'

nous avons quatre suffixes dont les trois premiers signifient, dans l'ordre d'apparition, 1) le respect ; 2) l'aspect accompli ; 3) la probabilité, le quatrième et dernier morphème étant un suffixe conclusif non honorifique. Comme on peut le constater, ces suffixes préterminaux, appelés ainsi parce qu'ils se placent avant un suffixe conclusif, fournissent un grand nombre d'indications grammaticales. Deux catégories de ces suffixes feront ici l'objet d'un commentaire spécifique : ceux qui constituent le système aspectuo-temporel du verbe coréen et ceux qui relèvent du système honorifique, c'est-à-dire l'ensemble des suffixes exprimant les différents degrés de politesse.

2.2.1.1. Système temporel du verbe coréen

On parle souvent de l'existence de trois temps verbaux en coréen : présent, passé et futur. Cependant, on peut s'interroger sur la nature de ces temps. Il y a lieu de penser que le passé est en réalité le caractère achevé d'une action et le présent le caractère non achevé. Autrement dit, il s'agirait de valeurs aspectuelles et non pas temporelles. Le passé serait ainsi davantage l'aspect accompli et le présent davantage l'aspect inaccompli. Quant au futur, il a plutôt une valeur modale, en l'occurrence, la possibilité ou la probabilité, portant donc sur les événements non encore advenus. La phrase ci-dessus est une illustration de ce qui vient d'être dit :

aböji-ga jigŭm dochakha-si-öss-kess-ta
père-S maintenant arriver
'(notre) père devrait être arrivé maintenant / devrait être là maintenant'

Si, dans l'exemple ci-dessus, il fallait considérer, conformément à la tradition grammaticale, les morphèmes *-öss* et *-kess* comme indiquant respectivement le passé et le futur, alors il faudrait expliquer comment et pourquoi une telle concomitance des deux temps est possible et surtout dans le cadre d'un tel énoncé. En tous cas, la question se pose de savoir quel est le coût théorique d'une telle approche.

2.2.1.2. Système honorifique

Le système honorifique grammaticalisé est certainement un des aspects les plus déroutants de la langue coréenne pour un esprit français. Pourtant, le français possède à sa manière un système honorifique avec l'opposition du tutoiement / vouvoiement. Le problème, c'est que le système coréen prévoit plusieurs paliers. Selon l'âge, le statut social, etc., des protagonistes impliqués dans l'acte de parole, il faut régler avec justesse le degré de politesse qui s'impose. On peut toutefois noter que ce système repose essentiellement sur deux critères : humilité et respect. L'humilité est marquée par rapport à celui à qui on parle et le respect par rapport à celui dont on parle. Un suffixe préterminal, -si/ŭsi, marque précisément ce respect, comme le montre l'énoncé ci-dessus. Quant à l'humilité, elle est exprimée au niveau des suffixes conclusifs[21]. Ajoutons que le système honorifique ne se cantonne pas dans le système verbal, comme en témoigne l'énoncé suivant :

abŏ-nim[1]-*kkesŏ*[2] *jigŭm jŏnyŏk-ŭl japsu*[3]*si*[4]*nda*
père-S maintenant repas du soir-O manger
'mon père dîne en ce moment'

où l'honorifique est marqué à quatre endroits par des moyens aussi différents que : 1) suffixe nominal qui correspond à un titre honorifique ; 2) particule casuelle nominative honorifique ; 3) verbe honorifiquement marqué *japsuda*, le terme non marqué pour 'manger' étant *mŏkta*. Il s'agit bien de signifiants discontinus, puisque quatre signifiants différents correspondent en réalité à un seul et même signifié.

---

21 a) *sŏnsaengnim-i jigŭm gangŭiha-si*[1] *nda*[2]
professeur-S maintenant faire cours
'le professeur fait son cours en ce moment '
b) *sŏnsaeng-nim-i jigŭm gangŭiha-si*[1] *mnida*[2]
professeur-S maintenant faire cours
'le professeur fait son cours en ce moment '
Dans le premier énoncé, le locuteur marque, au moyen de -*si/ŭsi*, le respect vis-à-vis de la personne dont il parle, c'est-à-dire le professeur, mais tout en « tutoyant » son interlocuteur avec l'emploi du suffixe conclusif non honorifique -*nda/nŭnda*. Le locuteur de cet énoncé « honore » seulement celui dont il parle. Dans le second énoncé, le locuteur marque toujours le respect vis-à-vis du professeur, mais cette fois, il exprime également de l'humilité à l'égard de son interlocuteur en terminant sa phrase avec le suffixe conclusif honorifique- *mnida/sŭmnida*. Ainsi, le locuteur du second énoncé « honore » non seulement celui dont il parle, mais aussi celui à qui il parle.

2.2.2. Suffixes verbaux conclusifs

Les suffixes verbaux conclusifs qui servent à clore la phrase ont en même temps deux autres fonctions. Ils précisent si la phrase est déclarative, interrogative ou impérative, etc. et marquent la présence ou l'absence de l'humilité dont il vient d'être question. Cette complexité constitue précisément l'originalité des conclusifs par rapport aux autres suffixes verbaux[22].

2.2.3. Suffixes verbaux jonctifs (ou conjonctifs)

La fonction des suffixes jonctifs consiste à relier deux éléments. Les uns, ceux que l'on appelle parfois connecteurs, relient des énoncés et les autres directement des verbes, cette jonction pouvant être, à chaque fois, une coordination ou une subordination[23].

Les jonctifs qui permettent des enchaînements d'énoncés font donc le travail dévolu en français aux conjonctions qui n'existent pas en coréen en tant que telles. Ces jonctifs expriment une grande variété de notions : énumération, opposition, contraste, hypothèse, relations de cause à effet, explication ou raison ou encore diverses temporalités telles que consécution, simultanéité, etc.[24]

---

22 Voici quelques suffixes conclusifs basiques :
   a) *bi-ga o*[(*-nda.* / *-ni* ?) / (*-mnida.* / *-mnikka* ?) / (*-a.* / *-a* ?) / (*-ayo.* / *-ayo* ?)]
   pluie-S venir[(Décl./Inter. -formel neutre-) / (Décl./Inter. -formel poli-) / (Décl./Int. -informel neutre-) / (Décl./Inter. -informel poli-)] il pleut / est-ce qu'il pleut ?
   b) *ga* (*-ra* ! / *-sipsio* ! / *-a* ! / *-ayo* !)
   aller-Imp (formel neutre/ formel poli/ informel neutre / informel poli)
   vas-y ! / allez-y !
   c) *ga* (*-ja* ! / *-psida* ! / *-a* ! / *-ayo* !)
   aller-Exh (formel neutre / formel poli / informel neutre / informel poli)
   'allons-y ! '
   aller + impératif (non honorifique formel + honorifique formel + non honorifique non formel + honorifique non formel)
   'vas-y ! / allez-y !'
23 Les suffixes verbaux jonctifs de subordination qui relient directement deux verbes sont classés chez certains linguistes comme suffixes de transformation adverbiale (cf. la note 20).
24 Voici quelques suffixes verbaux jonctifs qui relient des énoncés. C'est la raison pour laquelle on les appelle également connecteurs.
   a) *kyŏul-i wass*(*-jiman* /*-na* /*-nŭnde*)*, nalssi-ga ttattŭthada*
   hiver -S être venu (mais / pourtant / cela dit), le temps être doux
   'c'est l'hiver, (mais / pourtant / cela dit), il ne fait pas froid'
   b) *nun-i o*(*-myŏn* /*-asŏ* /*-nikka*)*, gil-i mikkŭrŏpta*
   (si / comme / puisque) neige-S venir, route-S être glissant

2.3. Suffixes ou particules pragmatiques[25]

Les suffixes pragmatiques sont certainement les suffixes les moins faciles à cerner et ceci est peut-être dû à une relative incertitude qui entoure le type de combinaisons auxquelles ils se prêtent et à la difficulté que l'on éprouve à définir précisément leurs fonctions au sein de la phrase.

2.3.1. Type de combinaisons des suffixes spéciaux ou pragmatiques

On pense souvent qu'un suffixe pragmatique se place non seulement après les noms, les verbes/adjectifs (munis de suffixes verbaux) mais aussi après les suffixes nominaux et même un autre suffixe pragmatique. Ces suffixes ne connaîtraient donc aucune restriction. En réalité, ils obéissent à une règle très précise. Leur position ne se décide pas en fonction de la nature des mots. Ils marquent à chaque fois les grandes unités de la phrase, d'aucuns diraient les constituants immédiats de la phrase : sujet, complément d'objet, adverbe, complément de lieu, de temps ou de manière, etc. Ils peuvent même se glisser entre deux verbes reliés par un des suffixes de transformation adverbiale mentionné plus haut. Par contre, on ne les trouvera jamais à l'intérieur d'un constituant immédiat, par exemple après un complément de nom. D'autre part, à de rares exceptions près, ils ne se placent pas après les suffixes jonctifs de type connecteurs et, *a fortiori*, ils ne se placent pas après les suffixes conclusifs, ce qui suggère que si ces suffixes font circuler le sens entre la phrase et le discours à la hauteur de chacune des grandes articulations de la phrase, c'est dans les limites de cette dernière[26].

'(s'il neige / comme il neige / il a neigé / puisqu'il neige), ça glisse sur la route'
On peut dire, entre autres, que les énoncés reliés par des suffixes jonctifs du type a) ont des orientations argumentatives opposées alors que les suffixes du type b) articulent plutôt des énoncés argumentativement orientés dans le même sens.

25 Les principaux suffixes pragmatiques sont : *X -ŭn/-nŭn* : quant à X, en ce qui concerne X ; *X -do* : même X, X aussi ; *X-man* : seulement X ; *X-bakke + Nég (V)* : ne...que X ; *X - (i)na* : malheureusement seulement X ; *X -(i)rado* : même si ce n'est que X ; *X -ya* : naturellement X ; *X -buthŏ* : à commencer par *X* ; *X -kkaji* : jusqu'à X (valeur positive) ; *X -majŏ* : jusqu'à X, y compris X (valeur négative) ; *X -jocha* : jusqu'à X, y compris X (valeur négative) ; *X -(i)nama* : ne serait-ce que X.

26 Etant donné un énoncé de base tel que :
Pierŭ-ga yŏrŭm-e honja kŭ dosi-ŭi ŭmak-je-e ga-nda
Pierre-S été-L seul cette ville-Gén musique-festival-L aller-Prés-Décl
'Pierre va seul au festival de musique de cette ville en été'
on peut placer le suffixe pragmatique *-do* : « même/aussi » de la manière suivante :

2.3.2. Fonction des suffixes spéciaux ou pragmatiques

On est souvent tenté de reconnaître à ces suffixes une fonction adverbiale. Pour aller plus vite, on se contentera de trois remarques à ce sujet. Premièrement, il est nécessaire, pour bien comprendre leur mécanisme, de reconnaître qu'il y a toujours un certain nombre de présupposés associés à ces suffixes. Si donc on ne tient pas compte des énoncés sous-jacents aux énoncés qui contiennent un de ces suffixes, on ne peut pas correctement interpréter ces derniers. Deuxièmement, à la suite de ce qui vient d'être dit, le fonctionnement de ces suffixes est à étudier dans un cadre qui dépasse les limites de la phrase. Ces suffixes ont donc, contrairement aux suffixes nominaux et verbaux, une dimension transphrastique. Leur domaine inclut le discours. Troisièmement, ils donnent très souvent, pour l'interprétation des énoncés en question, des indications d'ordre argumentatif, d'où leur appellation de suffixes pragmatiques[27].

2.3.3. Thème et sujet

En dernier lieu, il faut ajouter que le mécanisme des présupposés dont il vient d'être question peut être parfois bloqué. Prenons le cas du suffixe *-ŭn/-nŭn* communément appelé particule thématique que l'on traduit parfois en français par « en ce qui concerne » ou « quant à ». Lorsque ses présupposés sont actifs, ce suffixe impose une lecture contrastive. Ainsi, un énoncé tel que X *-ŭn/-nŭn* Y peut signifier quelque chose comme « De X, on peut dire Y, mais, de X_1 X_2,X_3,... X_n, on ne peut pas en dire autant ». Mais lorsqu'un énoncé de ce type est produit dans un contexte où ces X_1, X_2, X_3, ... X_n ne correspondent à aucune réalité, ce mécanisme est bloqué par la force des choses et le même suffixe, surtout en

---

pierŭ-do yŏrŭm-e honja kŭ dosi-ŭi ŭmakje-e ganda : « Pierre aussi va seul au festival de la musique de cette ville en été ; *pierŭ-ga yŏrŭm-e-do honja kŭ dosi-ŭi ŭmakje-e ganda* : « Pierre va seul au festival de la musique de cette ville en été aussi ; *pierŭ-ga yŏrŭm-e honja-do kŭ dosi-ŭi ŭmakje-e ganda* : « Pierre va, même tout seul, au festival de la musique de cette ville en été ; *pierŭ-ga yŏrŭm-e honja kŭ dosi-ŭi ŭmakje-e-do ganda* : « Pierre va seul même au festival de la musique de cette ville en été ; *pierŭ-ga yŏrŭm-e honja kŭ dosi-ŭi ŭmakje-e gagi-do ganda* : « il arrive également à Pierre d'aller seul au festival de la musique de cette ville en été ».
En revanche, on ne pourra jamais avoir l'énoncé **pierŭ-ga yŏrŭm-e honja kŭ dosi-ŭi-do ŭmakje-e ganda,* car le morphème *-do* est placé à l'intérieur d'un syntagme nominal.

27 Les énoncés tel que *kŭ ae-nŭn manhwa (-man/-na) ilknŭnda* : « cet enfant lit (seulement / exclusivement +
 hélas ! seulement) des bandes dessinées » revêtent souvent un caractère argumentatif et traduisent une prise de position du locuteur.

position frontale dans l'énoncé, c'est-à-dire placé en tête, impose une lecture thématique. Le mot ou le groupe de mots auquel il est postposé devient le thème de la phrase, c'est-à-dire ce dont parle la phrase. Aussi, l'énoncé X -ŭn/-nŭn Y signifie-t-il : « De X, on peut dire Y », en revêtant parfois un caractère définitoire ou générique. Il arrive que ce X soit précisément le sujet de la phrase, autrement dit un substantif auquel est postposée la particule casuelle nominative. Dans ce cas précis, il y a effacement de la particule nominative. Nous entendons par là qu'elle devient seulement invisible, mais continue à exercer sa fonction. Il en est de même pour la particule accusative, les autres particules casuelles n'étant pas concernées par ce phénomène d'effacement. En tout cas, les deux phrases suivantes résument ce que l'on pourrait appeler la problématique de thème-sujet qui a fait couler tant d'encre :

saram-ŭn juk-nŭnda
homme-T[28] *mourir*
'les hommes meurent'

saram-i juk-nŭnda
homme-S *mourir*
'un homme meurt (en ce moment)

Le mot *saram* « homme » dans la première phrase est le sujet grâce à l'action de la particule nominative cachée derrière le suffixe *-ŭn/-nŭn,* mais il est également le thème, parce qu'il est marqué comme tel par ce dernier. Etant donné le présupposé d'existence associé à ce morphème, semblable en cela aux articles définis du français, il est question des êtres dont on sait qu'ils existent et, de ces êtres, il est dit dans la phrase qu'ils sont mortels. C'est donc le reste de la phrase, appelé le propos, qui nous apprend quelque chose. Dans la seconde phrase où il n'est accompagné que de la particule nominative, le même mot *saram* : « homme » sans présupposé aucun, tout en étant le sujet, constitue déjà en soi

---

28 T pour *thème*. Le thème s'oppose au propos. Le thème est ce dont on parle. Quant au propos, c'est ce qu'on en dit. Ce couple de concepts relève du discours, alors que l'opposition sujet-prédicat concerne essentiellement la phrase. **Note de l'éditeur :** cette conception de *thème/propos* est celle de Bally, et a fait l'objet de nombreuses critiques. Elle confond en particulier 'ce dont on parle dans l'énoncé' et 'ce dont l'énoncé dit que c'est ce dont on parle'. Par ailleurs, s'il est vrai que l'opposition thème/propos relève de la structuration de l'énonciation, et l'opposition sujet/prédicat de l'organisation cette fois de la phrase, les deux niveaux ne sont pas totalement indépendants. En français par exemple la position frontale est généralement celle du thème, et elle est impossible ou interdite à un propos, sauf dans le cas du sujet du verbe.

une information. Ainsi, chacun des deux suffixes s'acquittant de la tâche qui lui est assignée – -*i/ka* indique la fonction sujet et -*ŭn/-nŭn* met en place le cadre du discours à venir- aucune confusion, aucun empiètement n'est possible entre les deux formes.

3. Harmonie vocalique

L'harmonie vocalique signifie que la première voyelle d'un mot entraîne obligatoirement que les voyelles suivantes du mot et celles des suffixes qui lui sont attachées appartiennent au même groupe. Il a été établi que l'harmonie vocalique se fait, en turc et en mongol, en fonction de deux séries de voyelles, les voyelles antérieures et les voyelles postérieures, la voyelle « i » étant neutre à cet égard.

En ce qui concerne le coréen, la situation est plus complexe et l'harmonie vocalique est déterminée selon deux séries de voyelles, celle des voyelles « a »-« o » et celle des voyelles « ŏ »-« ŭ »-« u ». Certains linguistes coréens les appellent respectivement « voyelles yang » et « voyelles yin ». Cette harmonie vocalique ne concerne évidemment pas les emprunts chinois, cette langue n'ayant strictement aucune parenté structurelle avec le coréen.

Les linguistes relèvent que l'harmonie vocalique est encore en vigueur en coréen au 15ème siècle mais, par la suite, connaît de grands bouleversements. Cependant, c'est un phénomène qui marque encore un grand nombre de suffixes verbaux et qui a surtout un caractère assez systématique au sein des termes de perception et de sensation, par exemple les idéophones, dont les onomatopées et le vocabulaire des couleurs. L'harmonie vocalique semble dicter une lecture de ces termes selon une ligne de fracture que représente cette distinction sérielle. Aussi peut-on parler d'un sens stéréotypique attaché aux voyelles yin et yang.

3.1. Idéophones

Les onomatopées, unités lexicales créées par l'imitation des bruits naturels, font partie des idéophones qui comprennent en outre des mots impressifs suggérant la manière dont se déroule un procès ou l'aspect d'un objet. En coréen, les idéophones se présentent très souvent en double, c'est-à-dire sous forme d'une paire de termes dont l'un est de la série yang et l'autre de la série yin. A l'opposition entre voyelles yang et voyelles yin correspond une interprétation de ces termes selon des distinctions telles que clair/obscur, léger/lourd, petit/grand, aigu/grave, aigu/émoussé, brillant/mat, etc. Ainsi :

> *sinaen-mul-i jol jol hŭllŏssta* (voyelles yang)
> *petit ruisseau-S jol jol couler-Pass-Décl*

'un petit ruisseau murmurait'
sinaen-mul-i jul jul hŭllŏssta (voyelles yang)
eau de pluie-S jul jul couler-Pass-Décl
'l'eau de pluie s'écoulait à gros bouillons'

3.2. Vocabulaire des couleurs

De la même façon, les termes de couleurs se présentent quasi systématiquement en deux séries yin et yang :

être rouge : *bulkta/ppalgatha*
être bleu : *phurŭda/pharatha*
être blanc : *hŭida/hayatha*
être jaune : *nurŏtha/noratha*

Par exemple, *bulkta*, le terme de la série yin pour « être rouge » pourrait représenter une expression non marquée, générique, alors que la série concurrente représenterait un terme marqué ou spécifique, comme en témoignent les exemples suivants :

bulgŭn   ipsul
rouge   lèvre
'des lèvres rouges (couleur naturelle)'

ppalgan   ipsul
rouge   lèvre
'des lèvres rouges (couleur d'un rouge à lèvres)'[29]

4. Conclusion

Dans la présentation d'une langue, on peut mentionner, pour la commodité de l'exposé, les structures ou mécanismes qu'elle possède ou ne possède pas en comparaison avec une autre langue susceptible de servir de langue de référence dans une situation donnée. C'est en somme ce que nous faisons ici. Aussi une présentation de ce type relève-t-elle nécessairement d'une analyse contrastive, même si elle n'a pas un caractère exhaustif. De ce point de vue, il n'est pas inintéressant d'observer que le coréen et le français offrent chacun à sa manière une solution face à une problématique donnée. Le coréen qui ne possède pas le système de l'article, défini ou indéfini, peut jouer par exemple sur la présence ou

---

29 Cet exemple m'a été suggéré par JEONG Myeong-Hee qui prépare une thèse sur ce thème.

l'absence de la particule thématique -ŭn/-nŭn pour rendre d'une certaine manière la présence ou l'absence des présupposés d'existence associés à un syntagme nominal[30]. Dans le cas des phrases sans sujet en coréen, il arrive fréquemment que les indications données par les suffixes honorifiques peuvent aider à identifier le sujet. En matière de système honorifique d'ailleurs, le français possède ce que l'on appelle la personne verbale, qui permet de couvrir en partie le travail effectué en coréen par un système honorifique beaucoup plus riche et complexe. De la même façon, là où le dénombrement direct des noms comptables au moyen d'un numéral est beaucoup plus incertain, le coréen propose la solution des spécificatifs.

---

30 Ainsi, dans l'exemple très connu *le roi de France est sage*, l'article défini *le* introduit un présupposé d'existence 'il existe un et un seul roi de France'.

Les particules pragmatiques du coréen

Les conditions d'une lecture argumentative du morphème -(i)na[31]

1. Introduction

Notre projet de recherche dont le présent travail représente la toute première phase se donne un double objectif : d'abord, donner de la particule modale -(i)na une description plus cohérente et plus unificatrice de ses multiples emplois que ne l'ont fait les solutions proposées jusqu'à présent, ce qui nous permettra de mieux expliquer certains aspects de son fonctionnement qui ont été plus ou moins passés sous silence ; ensuite, étudier d'une façon plus détaillée les rapports qu'il peut exister entre la problématique liée à ce morphème avec d'autres phénomènes de la langue coréenne, car tout ce qui peut contribuer à mieux cerner le profil d'un élément d'une langue, même s'il ne s'agit que d'une particule comme c'est le cas ici, peut nous aider à mieux comprendre les ressorts de cette langue dans son ensemble.

Parmi les emplois qui ont été repérés jusqu'à présent à propos de ce morphème, il en est un qui nous intrigue et, nous dirions même, nous interpelle plus particulièrement. C'est celui dans lequel il est censé indiquer l'idée d'un choix fait à contrecœur, contre toute réticence, et presque forcé ou imposé. Il ne s'agit pas ici de contester la légitimité d'une telle observation, puisque c'est précisément, sans vouloir faire un mauvais jeu de mots, une question de choix. Notre tâche consistera dans un premier temps à pousser aussi loin que possible la logique qu'implique une telle lecture des énoncés. Autrement dit, nous nous interrogerons pour savoir dans quelle mesure nous pouvons faire de cet emploi l'axe central de nos préoccupations pour ensuite tenter, d'une façon plus étendue et plus systématique, une lecture argumentative sur les énoncés où apparaît ce morphème.

Dans cet effort, nous serons confronté à un certain nombre d'énoncés qui ne s'imposent peut-être pas d'emblée à notre observation empirique. Une méthode se donne en quelque sorte ses propres phénomènes. La première tâche que nous nous assignons consistera donc à étudier les occurrences de -(i)na pour lesquelles une lecture argumentative s'impose de façon évidente.

---

[31] Publié dans : *Language Research*, 36, n°3, *Language Research Institute*, Seoul National University (SNU), Séoul, octobre 2000, pp. 475–513. (ISSN 0254–4474).

Il faut souligner qu'il s'agit là de notre part d'un pari qui consiste à installer la fonction argumentative au cœur même du dispositif analytique avec l'espoir de pouvoir aborder la problématique de -(i)na dans sa globalité à partir de cette fonction à laquelle nous accordons délibérément un caractère primordial.

Pour ce faire, nous ferons appel à la théorie de l'argumentation[32] et à celle des topoï[33] défendues par Anscombre et Ducrot. Dans les énoncés que nous étudions, nous considérons que l'expression associée à l'élément -(i)na a une fonction argumentative. L'ensemble de la combinaison peut favoriser ou non une certaine conclusion. Pour nous, dans la combinaison X+-(i)na, l'élément X n'est pas une information sur le monde, de même que -(i)na n'est pas un simple qualificatif. X oriente dans un sens ou dans l'autre la suite du discours et le morphème -(i)na, de son côté, est capable de favoriser ou de bloquer ces potentialités sémantiques.

Dans la théorie des topoï, cela revient à dire que X ou son contraire non-X peuvent être décrits en termes de topoï, car le sens d'un mot est un faisceau ouvert de relations graduelles (un faisceau de topoï) qui le relie à d'autres mots[34]. Qui dit argumentation dit principe argumentatif, c'est-à-dire topos, car c'est ce dernier qui fonde une argumentation.

Mais il semblerait que l'on puisse aborder le problème de topos par le biais de la théorie des stéréotypes pour laquelle le sens d'un mot est une suite de relations privilégiées qu'il entretient avec certaines phrases de la langue[35]. Par ailleurs, ces stéréotypes contraignent les continuations du discours[36]. Cela voudrait dire que les topoï sont finalement assimilables aux stéréotypes[37].

---

32 La théorie de l'argumentation dans la langue considère qu'il est par nature possible de tirer de toute expression linguistique un argument qui favorise une certaine conclusion. Cela veut dire que toute expression linguistique contraint d'une certaine façon de par son sens les continuations du discours, et ces potentialités argumentatives inscrites dans la langue sont considérées comme un des facteurs assurant la cohésion d'un discours. **Note de l'éditeur :** la formulation correcte est en fait la suivante : à certaines expressions lexicales et grammaticales (peut-être toutes) sont attachées des fonctions argumentatives qui, lors de l'occurrence dans un énoncé d'une telle expression, contraignent et donc déterminent les possibles continuations du discours, sur la base de schémas du type argument + conclusion.

33 Pour argumenter en faveur d'une conclusion, on convoque un principe argumentatif, c'est-à-dire un *topos*. Le passage de l'argument à la conclusion nécessite donc un troisième terme.

34 Cf. Anscombre J.C., 1998, p. 49.

35 Cf. Anscombre J.C., Séminaire –1998–1999, EHESS.

36 Cf. Anscombre J.C., 1998, p. 49.

37 **Note de l'éditeur :** la *Théorie des stéréotypes* définit le sens d'une unité lexicale comme étant constitué par une suite ouverte de phrases, dont des phrases génériques. Les

Nous n'avons pas l'intention de faire du zèle dans la théorisation. D'ailleurs, à l'heure actuelle, nous ne savons même pas dans quelles conditions une telle approche peut être envisagée dans l'analyse du coréen. Mais, l'avantage avec cette démarche pour laquelle la métalangue est dans la langue elle-même, c'est qu'il nous est possible de décrire les mécanismes d'un morphème de la langue coréenne, en l'occurrence *-(i)na*, au moyen des phrases de la langue coréenne. Ce qui est, aussi bizarre que cela puisse paraître, loin d'être évident. Cela étant, nous opérerons avec un nombre extrêmement limité d'exemples pour lesquels nous pouvons raisonnablement nous assurer que le concept de stéréotype tient à peu près la route. Nous acceptons les risques inhérents à tout bricolage de cette nature.

2. Analyses antérieures

L'état des lieux auquel nous avons rapidement procédé pour présenter les résultats des travaux antérieurs fait apparaitre un assez large consensus parmi les linguistes coréens à propos du morphème *-(i)na*. Voici les différents emplois que l'on reconnait habituellement à ce dernier et dont l'examen attentif est de nature à décourager toute velléité d'en donner une définition unitaire, tant il semble difficile de trouver un quelconque dénominateur commun entre ces différents emplois et d'en diminuer tant soit peu l'importance.

2.1. Emplois de *-(i)na* traditionnellement repérés

2.1.1. Choix à contrecœur

(1) *yŏnghwa-na borŏ gaja*
    film (O)-*na voir*-Suff.but *aller*-Exh
    'Contentons-nous d'aller voir un film'[38]

(2) *nŏ-nŭn jib-ina bwara*
    toi (S)-T *maison*(O)-*ina surveiller*-Imp
    'Contente-*toi* de garder la maison'

En les plaçant généralement en tête de leurs descriptions, la majorité des linguistes semblent considérer ce type d'énoncés comme le plus intéressant, sinon le plus important des emplois du morphème. Ils sont interprétés comme

---

propriétés morphologiques, syntaxiques et sémantiques de l'unité lexicale permettent de déterminer quelles sont ces phrases.
38 La traduction des exemples est proposée à titre purement indicatif.

exprimant l'idée d'un choix que l'on accepterait à contrecœur : il peut s'agir du moins mauvais choix comme dans l'énoncé (1) ou alors, d'une façon plus radicale, du plus mauvais choix comme dans l'énoncé (2). Dans le premier cas, c'est parce que le meilleur choix fait défaut et dans le second, c'est un choix imposé qui ressemble plutôt à une absence de choix et auquel on est quasiment contraint.

Dans les contextes où le morphème exprime l'idée du moins mauvais choix, il a tendance à signifier également, pour ainsi dire par ricochet, l'idée d'insatisfaction ou de concession. La justesse de ce point de vue est généralement démontrée par la substitution à l'élément -(i)na des morphèmes censés indiquer précisément l'insatisfaction, -(i)nama, ou la concession, -(i) rado.

(1a) *yŏnghwa(-na/-nama/-rado) borŏ gaja*
 film(-na/-nama/-rado) voir-suff.but *aller*-Exh
 'Contentons-nous d'aller voir un film'

On peut penser que le schéma X + -(i)na dans son ensemble exprime un jugement de valeur et que, dans ce schéma, l'élément X est en principe une expression dont il est aisé de tirer un argument favorisant plutôt une conclusion négative. Il s'agirait finalement d'un jugement de valeur associé à un choix.

2.1.2. Alternative

(3) *sagwa-na bae-rŭl mŏk-nŭnda*
 pomme(O)-na *poire*-O *manger*-Prés-Décl
 'On mange une pomme ou une poire'

Dans le schéma X_0-(i)na + X_1, l'élément -(i)na a une fonction de disjonction ($X_0 \lor X_1$) et correspond ainsi au 'ou' français indiquant l'idée d'alternative. Contrairement à ce que l'on a vu dans 2.1.1., -(i)na n'exprime pas dans cet emploi un quelconque jugement de valeur. Néanmoins, le morphème indique toujours l'idée de choix. Il s'agirait donc d'un choix plutôt neutre du point de vue argumentatif.

2.1.3. Quantification universelle

(4) *ije-nŭn namja-na yŏja-na bihaenggi-rŭl jojonghanda*
 Maintenant-T *homme*(S)-na *femme*(S)-na *avion*-O *piloter*-Prés-Décl
 'De nos jours, homme ou femme, tout le monde pilote un avion'

Si dans le précédent schéma X_0 -(i)na + X_1, le choix semble s'effectuer entre les éléments d'une liste fermée, nous avons affaire ici à un schéma du type Xo -(i)na + X_1 -(i)na ... + X_n

-(i)na, un schéma où le morphème *-(i)na* est répété autant de fois qu'il y a d'éléments dans la liste. De surcroit, cette liste est considérée comme ouverte et l'énoncé notifie que tous les éléments mentionnés doivent être pris en considération et qu'il ne faut rien exclure.

Une variante de ce schéma est la combinaison de l'élément *-(i)na* avec une des expressions indéfinies qui, si elles se trouvent dans un contexte interrogatif, fonctionnent comme des expressions interrogatives, ce qui semble être une des particularités du coréen.

(5) *ije-nŭn nugu-na bihaenggi-rŭl jojonghanda*
    Maintenant-nŭn quelqu'un(S)-na avion-O piloter-Prés-Décl
    'De nos jours, tout le monde pilote un avion'

(6) *kŭ saram-ŭn muŏs-ina mŏk-nŭnda*
    cette personne(S)-T quelque chose(S)-ina manger-Prés-Décl
    'Il mange de tout'

*Dans ces énoncés, la combinaison en question exprime une quantification universelle : l'expression *nugu* qui signifie 'quelqu'un' se combine avec *-(i)na* pour signifier 'quelle que soit la personne' ou 'tout le monde' ; il en est de même pour *muŏs* 'quelque chose' qui donne, dans les mêmes conditions, 'quelle que soit la chose' ou 'de tout'.

Si, dans la structure X_0 *-(i)na* + X_1 *-(i)na* ... + X_n *-(i)na*, il est nécessaire d'interpréter chaque X comme faisant l'objet d'un choix, la combinaison impliquant une expression indéfinie semble aussi nous donner une instruction similaire : il faut interpréter l'énoncé comme signifiant que chaque *fois* qu'il se présente un élément quelconque, il faut considérer celui-ci comme faisant l'objet d'un choix. Cela voudrait dire que, dans les deux cas, ce qui est dit dans l'énoncé concerne tous les éléments mentionnés et qu'il s'agit bien de ce que l'on pourrait appeler une quantification universelle. De ce fait, le concept de choix est neutralisé dans de tels énoncés.

De ce qui vient d'être dit, nous pouvons provisoirement conclure que l'élément *-(i)na* signifie qu'un choix s'effectue à chacune de ses occurrences et que la prise en compte de ce fait est indispensable pour une interprétation correcte de l'énoncé incriminé.

Par ailleurs, les deux types d'énoncés du 2.1.3. se combinent fréquemment avec des adverbes exprimant l'idée de totalité, ce qui confirme le fait que ces énoncés portent une quantification universelle.

(4a) *ije-nŭn namja-na yŏja-na (modu/da/modu da) bihaenggi-rŭl jojonghanda*
     maintenant homme(S)-na femme(S)-na (tous/en totalité) avion-O piloter-Prés-Décl
     'De nos jours, homme ou femme, tout le monde pilote un avion'

(5a) *ije-nŭn nugu-na (modu/da/modu da) bihaenggi-rŭl jojonghanda*
   maintenant-T quelqu'un(S)-na (tous/en totalité) avion-O piloter-Prés-Décl
   'De nos jours, tout le monde pilote un avion'

(6a) *kŭ saram-ŭn muŏs-ina da mŏk-nŭnda*
   cette personne(S)-T quelque chose-ina tout manger-Prés-Décl
   'Il mange absolument tout'

2.1.4. Le haut degré associé à l'expression d'une quantité

(7) *chejung-i 10 khillo-na nŭrŏssta/jurŏssta*
   le poids-S dix kilos(S)-na augmenter/diminuer-Pass-Décl
   'j'ai pris/perdu dix kilos'

Si l'élément -*(i)na* se combine avec l'expression d'une quantité et qu'il s'agit, en particulier, d'une quantité chiffrée, il fonctionne systématiquement comme un accentuateur, d'où un effet exclamatif souvent associé à cette combinaison. Cet effet s'expliquerait par le fait que le morphème indique également le degré d'intensité atteint par la propriété qu'il affecte. Ainsi, ce degré aurait tendance à être porté à son maximum. Nous avouons qu'il nous est difficile de suivre un tel raisonnement.

2.1.5. Evaluation approximative

(8) *saram-dŭl-i myŏt myŏng-ina wassni ?*
   Personne-Pl-S combien personne(S)-ina venir-Pass-Décl-Inter
   'A peu près combien de personnes sont-elles venues ?'

D'après Hong (1983), lorsque l'élément -*(i)na* se combine avec une des expressions interrogatives de degré de type « combien », il indique généralement une évaluation approximative[39]. C'est ainsi que certaines expressions telles que *jŏngdo* (ordre de grandeur) ou *jjŭm* (approximation), peuvent se combiner avec -*(i)na* ou le remplacer purement et simplement :

(8a) *saram-dŭl-i myŏt myŏng (jŏngdo-na / jjŭm-ina) wassni ?*
(8b) *saram-dŭl-i myŏt myŏng (jŏngdo / jjŭm) wassni ?*
   'A peu près combien de personnes sont-elles venues ?'

---

39 Cf. Hong (1983), 225–226.

2.2.1. Tournures figées

- **identité**

> (9) kŭ-gŏs-ŭn sagi-na machangaji-da
> cela (S)-T escroquerie-(wa[40])-na être pareil-Prés-Décl
> 'C'est carrément une escroquerie'

L'adjectif *machangajida* étant en coréen quelque chose comme 'être identique ou équivalent à qch', les structures du type « X -(i)na + machangajida » signifient 'pratiquement la même chose que X', ce qui fait que la phrase « Y (fonction sujet) + X -(i)na machangajida » a tendance à établir l'équivalence entre X et Y. Cette tournure qui relèverait plutôt d'un procédé rhétorique semble être utilisée pour insister sur l'importance d'un fait que l'on essaie de cette façon de rapprocher d'un autre fait considéré *a priori* comme plus important. D'autres adjectifs comme *gata* 'être identique à', *darŭmôpta* 'ne pas y avoir de différence avec' ou *byŏnhamôpta katha* 'être identique à', *darûmôpta* 'ne pas y avoir de différence avec' ou *byônhamôpta* 'ne rien y avoir de changé par rapport à' peuvent parfaitement remplacer *machangajida* dans le même schéma.

- **comparaison**

> (10) machi sŭngni-na han (gŏtchŏrŏm / yang / dŭt) ttŏdŭrŏssta
> comme si victoire(O)-na faire(comme/feinte/apparence) chahuter-Pass-Décl
> 'Ils ont crié bruyamment comme s'ils avaient gagné'

Cet emploi de *-(i)na*, très proche du précédent, fait intervenir dans son noyau structurel des éléments tels que *-chŏrŏm,* une particule modale, *-yang* ou *-dŭt* qui sont tous deux des noms dépendants indiquant à des degrés différents une certaine équivalence ou similitude.

Cela dit, Hong (1983) relève que le sens de tels énoncés ne change pas même si on supprime l'élément *-(i)na* :

> (10a) machi sŭngni han (gŏtchŏrŏm / yang / dŭt) ttŏdŭrŏssta
> comme si victoire faire (comme si) chahuter-Pass-Décl
> 'Ils ont crié bruyamment comme s'ils avaient gagné'

De cette constatation, Hong tire argument pour conclure que l'emploi de *-(i)na* a dans ce contexte précis quelque chose à voir avec la psychologie du locuteur[41].

---

40 La particule casuelle « wa » est l'équivalent de 'avec' en français et est souvent utilisée dans des tournures figées comme « X-wa machangajida » qui signifie 'être identique à X'.
41 Hong (1983), p. 230.

Evidemment, nous ne voyons pas comment nous pourrions intégrer un tel concept dans notre langage descriptif.

- **doute ou inquiétude**

    (11) kŭ saram-i kŭ il-ŭl jedero-na ha-lji morŭ-kess-ta / -ŭimun-ida
    cette   personne-S   ce   travail-O   bien-na   faire-si   ignorer-Fut-Décl./être
    douteux-Prés-Décl
    '(je ne sais pas je me demande) s'il est capable de faire correctement ce travail'

    (12) hoksi sago-na an nass-nŭnji kŏkjŏng-ida / yŏmnyŏ-doenda / buran-hada
    par hasard accident(S)-na Nég arriver-Dub être inquiet-Prés-Décl
    'je suis très inquiet, je me demande s'il ne lui est pas arrivé quelque chose'

Le locuteur de ces énoncés, c'est du moins de cette façon qu'ils sont couramment interprétés, redoute une certaine éventualité ou se montre inquiet au sujet de quelqu'un, d'où un prédicat qui est souvent un verbe indiquant un doute teinté d'inquiétude ou d'impatience, comme le montrent les exemples ci-dessus.

- **incertitude**

    (13) geim-ŭn imi kkŭnass-dago-na halka ?
    jeu(S)-T déjà finir-Pass-Cit dire-na Inter
    'Les jeux sont faits, on dirait'

Il serait hors de propos de compliquer inutilement les choses, mais notons au moins, pour la clarté de l'exposé, que la phrase interrogative qui emploie la terminaison -(ŭ)lkka et utilisée ici conjointement à -(i)na est moins une demande d'information que l'expression d'une certaine attitude du locuteur. Par cette phrase, ce dernier peut : 1) interroger son interlocuteur pour lui demander non pas une information, mais plutôt son opinion, son jugement par rapport à sa question ; 2) ou alors s'interroger lui-même pour exprimer une incertitude, une hésitation de sa part. La même terminaison -lkka exprime ces deux attitudes, comme l'illustrent les exemples suivants :

    (14) onŭl jŏnyŏk yŏnghwagwan-e galkka ?
    aujourd'hui soir cinéma-L aller-Inter
    'Si (on allait j'allais) au cinéma ce soir ?'

    (15) onŭl bi-ga olkka ?
    aujourd'hui pluie-S venir-Inter
    'Penses-tu qu'il va pleuvoir aujourd'hui ?/ Je me demande s'il va pleuvoir aujourd'hui'.

Lorsque cette structure interrogative intègre la combinaison que forme l'élément -*(i)na* avec le morphème de citation -*dago* en (13), c'est-à-dire une terminaison verbale conjonctive marquant le discours rapporté, l'ensemble devient une modalité d'affirmation incertaine. Il pourrait s'agir d'une sorte de style modalisant[42]. En tous cas, l'indication que fournit *-(i)na* dans cet emploi semble se situer entre l'idée de choix négatif et celle d'une évaluation approximative, ce qui expliquerait l'incertitude qui caractérise l'énoncé.

2.2. Résumé de la situation

Premièrement, les emplois du morphème *-(i)na* tels qu'ils sont repérés habituellement et au sujet desquels semble se dessiner un assez large consensus, quelles que soient d'ailleurs les méthodes d'analyse mises en œuvre à cet effet, semblent contenir un certain nombre de présupposés.

(a) *-(i)na* est un morphème fondamentalement polysémique et il est illusoire de vouloir construire à son propos un modèle explicatif plus économique permettant de dériver tout ou une partie importante de ses emplois d'un concept central.

(b) Malgré ce foisonnement sémantique, c'est tout de même la notion de choix qui se trouve au cœur même des mécanismes de l'élément *-(i)na*.

C'est donc autour de cette notion de choix que l'on essaie de présenter la majeure partie des traits sémantiques habituellement associés à ce morphème. Cependant, notons que cela reste en général au niveau de l'intuition linguistique et que certaines affinités sémantiques entre certains emplois de *-(i)na* sont seulement envisagées sans qu'il soit construit en même temps une quelconque problématique à ce sujet. D'autre part, ce concept de choix est lié d'un côté à l'idée de choix passif, de choix à contrecœur, et de l'autre à la notion de quantification. Le premier concept est à son tour associé à l'idée de concession ou d'insatisfaction. Le second concept conduit quant à lui à une quantification universelle ou existentielle. A tout cela s'ajoute l'indication d'un certain degré que l'élément *-(i)na* compte parmi ses fonctions, sans parler de l'effet exclamatif auquel il donne lieu quand il se combine avec l'expression d'une quantité chiffrée.

(c) *-(i)na* est un opérateur intervenant au niveau de l'énoncé, donc (sur) déterminant les constituants de l'énoncé.

C'est probablement pour cette raison que les hypothèses formulées pour expliquer son fonctionnement reflètent d'une manière assez pesante les

---

42 Cf. Ducrot (1995), p. 552.

structures des énoncés de surface dans leur diversité même et que la définition de -*(i)na* est finalement tributaire de ses multiples emplois qui sont manifestement irréductibles au seul concept de choix.

Deuxièmement, l'interprétation des énoncés est elle-même une décision arbitraire qui n'est pas sans conséquences pour la suite de l'analyse. Ainsi, parmi les énoncés où l'élément -*(i)na* est censé indiquer un choix passif, non désiré ou fait du bout des lèvres, il en existe un certain nombre à propos desquels nous nous interrogeons sur la pertinence de ce concept, parce que rien ne nous permet de dire que ce genre d'énoncés exprime nécessairement un choix de cette nature. Prenons pour exemple les énoncés suivants :

(16) *jebal bi-na jom siwŏnhage oji* !
plaise à dieu pluie(S)-na *un peu fraîchement venir*-Prés-Décl
'Si seulement il pleuvait un bon coup !'

(17) *ije gongbu-do kkŭnnaess-ŭni chwijik-ina hae-ya-kess-gun*
maintenant étude(O)-do[43] finir-ŭni[44] être employé(O)-ina
devoir-Fut-Prés-Décl-Const[45]
'Maintenant que tu as fini tes études, tu devrais trouver un métier'

Dans ces deux énoncés, -*(i)na* semble précisément indiquer un choix qu'il faudra bien considérer comme positif et même désiré. Dans le premier, il est question d'une pluie ardemment souhaitée dans un contexte de sécheresse ou d'une grande chaleur. L'objet désiré n'est pas un second choix, un lot de consolation dont on se contenterait, tout au contraire, c'est la meilleure chose que l'on puisse souhaiter pour soi et pour les autres.

Il en est de même du second énoncé. C'est un énoncé que l'on prononce souvent pour donner conseil à quelqu'un qui n'est d'ailleurs pas le moins du monde désemparé de quelque manière que ce soit. Aucun jeune Coréen ayant brillamment réussi ses études ne sera choqué de s'être laissé dire cet énoncé. Au contraire, il le prendra pour un compliment. Autrement dit, un tel énoncé est rarement un conseil adressé à quelqu'un qui aurait connu un échec pour lui faire entendre raison, pour l'engager à se rabattre sur une ambition moindre. C'est la plupart du temps un encouragement à continuer dans la voie déjà si bien tracée.

---

43 -*do* joue ici le rôle d'une particule modale de coorientation argumentative, équivalent de *aussi/même* en français.
44 Terminaison verbale conjonctive d'explication ou de raison, équivalent de *puisque* en français.
45 -*gun* indique ici une terminaison exprimant un contact.

En dernier lieu, ce qui vient d'être dit nous conduit à préciser les points suivants :
(a) Une lecture différente de ces énoncés est possible.
(b) D'autres types d'énoncés sont non seulement concevables mais même attestés. C'est une question de point de vue. Nous reconnaissons bien volontiers que notre lecture a tendance à privilégier ces énoncés-là.
(c) Tout cela a pour conséquence la formulation d'un autre type d'hypothèse, par exemple, le déplacement de *-(i)na* du niveau de l'énoncé à celui de l'énonciation.

Ajoutons simplement qu'une approche de ce type ne rejette pas nécessairement ce qui a déjà été accompli. C'est une tentative autre ou en tout cas qui se veut comme telle. Ce n'est qu'un changement de perspective. Les explications que nous avons déjà vues à l'œuvre ont leur propre économie de même qu'elles ont l'obligation de fonder leurs présupposés, quoi que malheureusement ce ne soit pas toujours le cas.

3. Lecture argumentative des énoncés à *-(i)na*

Au premier stade de notre travail, les phénomènes auxquels nous nous intéressons plus particulièrement sont les occurrences de ce morphème dans des énoncés simples sans enchaînement et que nous croyons pouvoir interpréter dans un premier temps comme l'expression d'une opinion critique. Notre observation ne concerne donc pour l'instant qu'une partie relativement limitée du corpus.

Cela signifie notamment que nous avons fait un choix initial qui consiste à lire *-(i)na*, du moins pour certaines de ses occurrences, comme l'indication d'une certaine attitude du locuteur vis-à-vis de son énoncé. Il s'agit d'une analyse qui attribue à *-(i)na* une fonction essentiellement, nous dirions même franchement, argumentative. C'est donc une analyse sémantique, mais qui n'est pas d'inspiration logicisante.

A l'étape suivante, nous nous intéresserons aux énoncés qu'il faut mettre pour ainsi dire en contexte afin d'en augmenter la lisibilité. Ces énoncés seront étudiés dans le cadre d'un enchaînement discursif, que ce soit sous la forme d'un dialogue ou sous la forme d'un enchaînement d'énoncés. Ils fonctionnent la plupart du temps comme un terme de comparaison, un exemple à partir duquel est jugée bonne ou mauvaise une situation. Si un énoncé de ce type n'est pas immédiatement interprétable sans ambiguïté aucune, c'est probablement parce qu'il n'est pas produit pour lui-même, servant en quelque sorte de prétexte à un autre énoncé plus important que lui et qui est en principe l'objet principal de l'énonciation. Pour cette raison, si, dans le contexte, il n'est pas précisé par rapport à quel autre énoncé il est utilisé comme instrument de mesure, il risque d'y avoir un certain flottement autour de son interprétation.

3.1. -(i)na et son environnement immédiat

La première chose que l'on constate est que, dans les énoncés déclaratifs affirmatifs simples, l'élément -(i)na se combine préférentiellement avec une expression dont on peut facilement tirer un argument favorisant une conclusion plutôt négative. Cela voudrait dire que, dans ce type d'énoncés, ce morphème tolère difficilement à l'intérieur de son espace discursif la présence d'une propriété qui, d'un point de vue argumentatif, pourrait conduire à une conclusion positive.

En revanche, le cas n'est pas rare en dehors des énoncés déclaratifs affirmatifs simples. Néanmoins, une telle combinaison ne semble pas s'effectuer dans n'importe quelles conditions : il semble que ce genre de combinaisons se réalisent la plupart du temps dans des énoncés qui traduisent plus ou moins une stratégie de rupture par rapport à l'acte d'affirmer quelque chose à propos de la réalité : énoncés interrogatifs, négatifs, impératifs ou hypothétiques ou encore énoncés exprimant des souhaits ou des doutes. Bref, il s'agirait de constructions phrastiques où la propriété affectée par -(i)na semble n'être jamais affirmée en tant que telle. Interrogée, niée ou objet d'une hypothèse, d'un ordre ou d'un souhait ou encore mise en doute, cette propriété est conditionnée pour contraindre d'une certaine manière la suite du discours. L'élément -(i)na oriente ainsi le discours dans un sens négatif.

Cela dit, -(i)na peut également affecter dans ces mêmes énoncés une expression dont l'orientation argumentative est négative, prouvant en cela que les possibilités pour ce morphème de se combiner avec une propriété ayant une valeur négative sont beaucoup plus étendues que l'autre cas de figure. Pour résumer la situation, on peut dire que c'est finalement dans les énoncés déclaratifs affirmatifs simples qu'apparaît de la façon la plus nette le profil de -(i)na.

En s'appuyant sur ce qui vient d'être dit, on peut tirer une première conclusion provisoire : l'élément -(i)na n'est jamais employé pour l'affirmation d'une valeur positive. Sa présence dans un énoncé n'est concevable que parce qu'il y est question d'un jugement ou d'une appréciation défavorable sous une forme ou sous une autre.

Notons enfin qu'il s'agit dans la plupart des cas d'énoncés qui n'occupent pas la place d'honneur dans les travaux antérieurs et qu'ils ne sont pas pour ainsi dire justiciables de l'analyse fondée sur le concept de choix passif, même si ce concept traduit de la part de ses promoteurs, sans toutefois annoncer la couleur, des préoccupations d'ordre argumentatif, puisqu'il réfère d'une certaine manière à l'attitude du locuteur.

3.2. Deux types d'énoncés : un espace discursif

Ces constatations d'ordre distributionnel sont les conséquences de *notre* lecture, que nous avons voulue argumentative, de certains énoncés en -*(i)na*. Rappelons par ailleurs que cette *lecture* nous a suggéré de considérer -*(i)na* comme l'indication d'une opinion critique. Cela dit, nous nous devons de préciser que l'examen détaillé de tous les énoncés dont il vient d'être question nous oblige à admettre ceci : l'opinion critique que l'élément -*(i)na* est censé exprimer n'est pas l'objet apparent d'un énoncé où il apparaît ou, du moins, cet énoncé ne marque cette opinion que d'une manière indirecte. Cela reviendrait à dire que, contrairement à ce que l'on pourrait penser, l'élément -*(i)na* n'entretient pas de relations directes avec la partie de l'énoncé qu'il borde formellement et que, finalement, il n'est même pas un élément constitutif de l'énoncé. S'il a accès à l'énoncé, ce n'est pas de plain-pied, ni au même titre que les autres éléments de l'énoncé, ce ne peut être que par un autre biais. On voit bien que notre lecture intuitive de ces énoncés a d'emblée posé le problème du statut de l'élément -*(i)na*, ce qui nous a obligé de nous tourner vers l'énonciation pour formuler une hypothèse selon laquelle -*(i)na* crée au sein de l'énoncé dans lequel il intervient un *espace discursif* d'où parle, s'exprime une voix critique, discordante et contradictoire. S'il en est ainsi, -*(i)na* est tout sauf une sorte d'adjectif ou d'adverbe qualifiant le terme qu'il marque. Tout compte fait, il serait plus judicieux de le considérer comme un cadre ou un lieu idéologique, un vide et non pas un plein.

Pour mieux mesurer la portée de ces considérations, il faut garder à l'esprit les considérations d'ordre distributionnel dont nous avons parlé plus haut. L'énoncé procède de deux façons différentes dans l'expression d'une opinion critique :

(a) en indiquant une certaine propriété, qu'elle soit un objet, un état ou un événement, de nature à justifier cette opinion critique.

(b) ou en mettant en cause de diverses façons une certaine propriété qui pourrait précisément justifier une opinion favorable

De tout ce qui vient d'être dit, il s'ensuit que, si les énoncés construits sur -*(i)na* s'organisent selon deux schémas stéréotypiques, ils organisent malgré tout un seul espace discursif, un espace discursif de négation et de contradiction.

3.2.1. Les énoncés où il est question d'une propriété pouvant justifier une opinion critique

(18) kŭ ae-nŭn nol-gi-na handa
cet enfant(S)-T s'amuser-Nom-*na* faire-Prés-Décl
'*Malheureusement*, cet enfant ne fait que s'amuser'

Tel que nous le lisons, cet énoncé décrit certes un enfant qui s'amuse, mais il laisse également entendre qu'il devrait plutôt se préoccuper, par exemple, de ses devoirs scolaires. C'est précisément ce qui le différencie du même énoncé sans le morphème -(i)na. Tout se passe comme si la propriété *nolda* (s'amuser ou tirer au flanc) était considérée ici comme le terme négatif d'une alternative, de façon à ce qu'elle soit décrite ou interprétée comme prévalant au détriment de l'autre propriété, celle considérée comme positive, souhaitable. D'un point de vue argumentatif, il s'agirait en quelque sorte d'un choix fait entre deux parcours argumentatifs symétriquement opposés. D'un côté, un argument positif, par exemple, *gongbuhada* (étudier, travailler) qui conduit vers une conclusion positive, par exemple, *hapkyŏkhada* (être admis) et, de l'autre, un argument négatif, en l'occurrence, *nolda* (s'amuser ou tirer au flanc) qui favorise une conclusion également négative, par exemple, *nakjehada* (être recalé). En réalité, nous sommes en train d'associer la négation à la problématique de l'élément -(i)na.

Il semble utile et même nécessaire de préciser que ce que nous appelons ici l'argumentation n'est pas celle des logiciens. Qui dit argument dit principe argumentatif. Ce dernier fonde les relations de l'argument à la conclusion. Dans la perspective qui est celle d'Anscombre, les principes argumentatifs seraient en fait des énoncés stéréotypiques, et des principes qui peuvent être considérés comme un certain type de relations privilégiées entre deux énoncés stéréotypiques.

Essayons de traduire la dimension argumentative de notre énoncé en termes de stéréotypes à partir des exemples suivants :

(a) *kŭ ae-nŭn haksaeng-ida*
 'Cet enfant est un élève'
(b) *haksaeng-ŭn gongbuhae-ya handa*
 'Un élève doit étudier'
(c) *(haksaeng-ŭn) sihŏme hapkyŏkhae-ya handa*
 'Un élève doit réussir à l'examen'
(d) *gongbuha-myŏn hapkyŏkhanda*
 'Si on étudie bien, on réussit à l'examen'
(e) *haksaeng-ŭn nol-myŏn an doenda*
 'Un élève ne doit pas s'amuser'
(f) *(haksaeng-ŭn) sihŏm-esŏ nakjeha-myŏn an doenda*
 'Un élève ne doit pas rater ses examens'
(g) *nol-myŏn nakjehanda*
 'Si on s'amuse *trop*, on rate ses examens'

Etant donné l'énoncé (a) qui contient le mot *haksaeng* (élève ou étudiant) et qui décrit simplement une situation particulière, on peut raisonnablement penser que les énoncés (b) et (c), dans lesquels le même mot se combine respectivement avec les prédicats *gongbuhada* (étudier) et *hapkyŏkhada* (être admis), sont de ces stéréotypes par lesquels se définit ce mot en tant que tel. Quant à l'énoncé (d), il semble être possible que l'on puisse le considérer comme un enchaînement (stéréo)typique et privilégié de deux énoncés stéréotypiques (b) et (c), lequel dessinerait ainsi un type de principe argumentatif. D'autre part, le même raisonnement devrait pouvoir se tenir à propos des énoncés (e), (f) et (g), mais cette fois avec une orientation inversée. Il s'agirait de deux stéréotypes négatifs – (e) et (f) – dont l'enchaînement donnerait lieu à un principe argumentatif (g) qui serait tout simplement la forme négative du premier principe (d). Ce second principe met en jeu *nolda* (s'amuser ou tirer au flanc) et *nakjehada* (être recalé). Ainsi présenté, ce schéma dessine nettement deux parcours argumentatifs parallèles et diamétralement opposés, l'un positif et l'autre négatif, et qui entretiennent des relations de négation. Une fois arrivé à ce point, on cerne mieux la nature et la problématique de notre énoncé initial (18) : c'est comme si l'énoncé (a) dont on attendrait qu'il prenne le parcours, pour ainsi dire stéréotypique, allant de (b) à (d), prenait au contraire celui de (e) à (g). Il y a inversion dans le jeu de rôles. Il y a plutôt maldonne aux yeux du locuteur. Et c'est là qu'intervient l'élément *-(i)na*, du moins d'après notre hypothèse. La structure X-*(i)na* marque une sorte de mésalliance linguistique, *-(i)na* indiquant que X a pris la place de non-X et *vice versa*.

Dans notre lecture de l'énoncé, il est simultanément question d'un choix qui s'est porté sur le parcours argumentatif se trouvant du mauvais côté. Cela voudrait dire que, si on s'en tient à cette perspective méthodologique, la problématique de *-(i)na* doit également compter avec le concept de choix.

Mais de quel choix s'agit-il au juste ? Certes, ce mauvais choix se présente comme le fait du sujet de l'énoncé mais il découle aussi et surtout de la construction de l'énoncé par le locuteur. Celui-ci décrit ou plutôt conçoit une scène où se déroulerait un événement négatif. Cette scène est le fruit d'une décision du locuteur et la langue lui donne les moyens de son action : l'élément *-(i)na* qui, ainsi conçu, s'apparente à une sombre mise en scène. Le sujet de l'énoncé est pour le locuteur ce que le personnage est pour le dramaturge.

D'après cette observation, l'énoncé marqué par l'élément *-(i)na* sert à donner indirectement une opinion critique en mentionnant une propriété jugée négative et en laissant entendre au même moment, comme procéderait un écrivain avec son personnage, que le contraire aurait certainement été préférable. Aussi l'élément *-(i) na* soulève-t-il également le problème de la polyphonie des énoncés où il apparaît[46].

---

46 Dans une perspective polyphonique, un énoncé linguistique n'est pas monodique. A travers le locuteur peuvent s'exprimer plusieurs voix différentes. Il s'agit de différents

3.2.2. Les énoncés qui mettent en cause de diverses façons une propriété qui pourrait justifier une opinion favorable (non-X+-(i)na) :

Dans ces énoncés, une propriété qui pourrait justifier une opinion favorable est évoquée de diverses manières sur un fond d'opinion négative.

3.2.2.1. Les énoncés où cette propriété est évoquée d'une façon hypothétique.

(19) kŭ ae-ga gongbu-na aju jal ha-myŏn doelkka ?
cet enfant(S) étude(O)-na très bien faire-Hyp[47] fonctionner-Inter
'Ça marcherait à la rigueur, s'il travaillait vraiment bien à l'école'

(20) il-ŭl aju wanbyŏkhage-na ha-myŏn morŭji
travail(O) vraiment parfaitement-na faire-Hyp ignorer-Prés-Décl
'S'il travaillait vraiment bien, peut-être, on ne sait jamais'

Il s'agit en général d'un enchaînement d'énoncés dont le premier élément est une proposition hypothétique construite sur la terminaison verbale d'hypothèse -ŭmyŏn et incorporant l'élément -(i)na et le second, c'est-à-dire la proposition principale, est terminé par un prédicat ayant une valeur modale de doute ou d'incertitude. Une propriété exprimant une valeur positive et évoquée ici d'une manière hypothétique fait fonction d'argument et, quant à la conclusion, elle est précisément, comme on le voit, loin d'être concluante.

Si notre lecture est correcte, l'ensemble de l'énoncé est d'abord un constat d'échec ou du moins d'une certaine carence. Dans le premier énoncé, la propriété *gongbu-rŭl aju jal hada* 'travailler très bien à l'école ou avoir des succès scolaires' n'est pas réalisée de même que, dans le second énoncé, la propriété *il-ŭl aju wanbyŏkhage hada* 's'acquitter d'une tâche à la perfection' n'est qu'un vœu pieux. L'énoncé traduit également un manque de conviction. Il est surtout destiné à insister sur le peu de chance de réussir qu'on aurait à tenter une entreprise jugée *a priori* difficile ou perdue d'avance. Tout cela fait que c'est finalement une opinion critique que délivre l'énoncé comme message principal. L'élément -(i)na pose

---

énonciateurs qui sont des entités abstraites et le locuteur peut s'identifier à certaines d'entre elles. D'une certaine manière, ces énonciateurs sont pour le locuteur ce que les personnages sont pour le romancier. **Note de l'éditeur :** diverses approches polyphoniques sont apparues et se sont développées à la fin des années soixante-dix, la notion d'énonciateur ayant disparu dans certaines d'entre elles, au profit d'une représentation en termes de source et de position du locuteur. L'historique général de la notion de polyphonie est exposé dans Anscombre, J.C. (2009), « La comédie de la polyphonie et ses personnages », *Langue française*, n° 164, pp. 11–31.

47 -*myŏn* exprime ici la formulation d'une hypothèse.

donc les décors, car sans la présence de cet élément, les deux énoncés seraient de purs énoncés hypothétiques libérés de ce parti pris critique et pessimiste. Pour le vérifier, il suffit d'enchaîner sur ces énoncés. Les exemples suivants montrent clairement que l'énoncé marqué par -(i)na est davantage un argument pour une conclusion négative que la version non marquée.

(20a) *il-ŭl aju wanbyŏkhage-na ha-myŏn morŭji*
'Si on travaillait vraiment bien, peut-être, on ne sait jamais'.
kŭrŏt-jiman himdŭlkkŏya / kŭrŏnikka han bŏn haebwa
'Mais enfin, ça va être dur / ? Donc, tu peux tenter ta chance'

(20b) *il-ŭl aju wanbyŏkha-ge ha-myŏn morŭji*
'Si on travaille vraiment bien, on ne sait jamais, ça peut marcher'.
kŭrŏtjiman himdŭlkkŏya / kŭrŏnikka han bŏn haebwa
'Mais ça sera dur / Donc, tu peux tenter ta chance'

Sur cette toile de fond négative, l'élément -(i)na semble laisser entrevoir la possibilité d'un autre choix que celui qui a été retenu dans une situation donnée et ceci sur le mode de (Si X à la rigueur, alors, (peut-être) ...) que l'on peut retraduire en « si X au lieu de non-X, alors, (peut-être) ... ». Une propriété qui aurait pu fournir un argument *a priori* favorable est associée à une conclusion qui, dès le départ, ne peut qu'être négative. Aussi peut-on penser que, là encore, -(i)na marque une combinaison de deux éléments linguistiques contradictoires d'un point de vue argumentatif, donc une combinaison non stéréotypique.

3.2.2.2. Les énoncés où la réalisation ou l'avènement de cette propriété est seulement souhaitée.

(21) *kŭ ae-ga (jebal) gongbu-na jal haess-ŭmyŏn*
cet enfant(S) (Plaise à Dieu) étude(O)-na bien faire-Pass-Hyp
'Si seulement cet enfant travaillait bien à l'école'

(22) *(jebal) bi-na hanbathang siwŏnha-ge wass-ŭmyŏn !*
(Plaise à Dieu) pluie(S)-na un bon coup être frais-Adv venir-Pass-Hyp
'Si seulement il pleuvait un bon coup !'

Dans chacun de ces énoncés, l'élément -(i)na accompagne une propriété orientée du point de vue argumentatif vers une conclusion positive *gongbu-rŭl aju jal hada* (travailler très bien à l'école ou avoir des succès scolaires) dans le premier et *bi-ga hanbathang siwŏnhage oda* (qu'il tombe un bon coup une pluie rafraîchissante) dans le second- et cette combinaison fait partie d'un énoncé hypothétique.

L'ensemble sert souvent à exprimer un souhait d'autant plus ardent que le manque de la chose désirée est cruel. Notons d'ailleurs qu'un tel énoncé comporte habituellement des adverbes soulignant l'intensité du désir ou du souhait tels que *jebal* ('Dieu fasse que...'). Autrement dit, contrairement à ce qui se passerait avec un simple énoncé hypothétique, cet énoncé porte un jugement critique sur la situation présente. Dans le premier énoncé, il est fait allusion à un élève qui fait le contraire de ce qu'il devrait faire, c'est-à-dire travailler bien à l'école. En ce qui concerne le second énoncé, on le prononce souvent dans une période de grande sécheresse ou de chaleur éprouvante, appelant ainsi de ses vœux le contraire de ce qui se passe. Ce souhait ardent est donc en même temps la négation du présent que l'on voudrait oublier. La meilleure preuve en est que, dans ces énoncés, le prédicat est souvent au passé, ce qui n'est pas sans rappeler l'emploi de l'imparfait dans l'énoncé hypothétique en français.

3.2.2.3. Les énoncés impératifs par lesquels on ordonne ou on conseille la réalisation de cette propriété.

(23) *gongbu-na (jom) haera !*
    étude(O)-na (*un peu*) faire-Imp
    'Travaille au moins !'

(24) *il-ŭl (jom) jedero-na haera !*
    travail(O) (*un peu*) *comme il faut*-na *faire*-Imp
    'Tu ne pourrais pas travailler comme il faut ?'

Là encore, l'élément *-(i)na* accompagne une propriété orientée du point de vue argumentatif vers une conclusion positive – *gongburŭl hada* 'travailler, étudier' – surtout s'il est question d'un élève – dans le premier et *il-ŭl jedero hada* 'travailler comme il faut' dans le second. Mais, cette fois-ci, la combinaison est utilisée dans la construction d'un énoncé impératif. On constate encore une fois que, sans l'élément *-(i)na*, ces énoncés se comporteraient comme de simples phrases impératives sans aucune incidence sur le plan argumentatif, alors que, marqués comme ils sont par la présence du morphème, ces énoncés impératifs se lisent simultanément comme une critique de la situation présente. Chaque fois, l'énoncé impératif X *-(i)na* ! fonctionne sur le mode de « Fais X au lieu de non-X ! ».

Les exemples suivants montrent bien que si l'énoncé non marqué peut être plus largement utilisé, tantôt comme un simple énoncé impératif, tantôt comme un reproche, l'énoncé marqué est d'une façon plus stricte un reproche déguisé en énoncé impératif.

(24a) *i il-ŭn jungyohan il-iŏsŏ*
    'Comme c'était un travail important,
    jedero haessta (? *jedero-na haessta*)
    on a procédé comme il fallait (? on a procédé, hélas, comme il fallait)'

(24b) *il-ŭl ha-ryŏ-myŏn... jedero(na) haera*
'Si tu veux travailler, fais-le (au moins) comme il faut (et pas comme ça) !'

3.2.2.4. Les énoncés où cette propriété est interrogée

(25) *kŭ ae-ga gongbu-na jedero ha-ni ?*
cet enfant(S) étude(O)-na comme il faut faire-Inter
'Il travaille bien au moins, cet enfant ?'

(26) *kŭ hoesa-nŭn wŏlgŭb-ina jedero ju-ni ?*
cette entreprise(S)-T salaire(O)-na comme il faut donner-Int
'Elle te paye correctement au moins, ton entreprise ?'

Les propriété positivement connotées, *gongbu-rŭl jedero hada* 'suivre normalement sa scolarité' d'un côté et, de l'autre, *wŏlgŭb-ŭl jedero juda* 'payer correctement un salaire', qui sont utilisées ici avec *-(i)na* dans des énoncés interrogatifs, sont des moyens détournés permettant au locuteur d'exprimer d'abord une opinion critique sur l'objet de son énonciation, un enfant dans le premier énoncé et une entreprise dans le second. Sous couvert d'une question, le locuteur cherche surtout à faire part d'un jugement bien arrêté sur ce qu'il ne sait que déjà trop bien. Les enchaînements suivants démontrent que les deux énoncés ont une orientation argumentative clairement négative. Ils ne peuvent pas être repris par un énoncé dont l'orientation argumentative est positive :

(25a) *kŭ ae-nŭn gongbu-na jedero hani ? nae maŭm-e an dŭrŏ* (? *dŭrŏ*)
'Il travaille bien au moins cet enfant ? Je ne l'aime pas (? Je l'aime bien)'

(26a) *kŭ hoesa-nŭn wŏlgŭb-ina jedero juni ? phyŏngphan-i nappa* (? *joa*)
'Cette entreprise paye bien au moins ? Elle a une mauvais (? bonne) réputation'

Ensuite, tout en exprimant ainsi le fond de sa pensée, le locuteur hasarde en quelque sorte une question sur le même sujet mais qui, on ne sait jamais, envisage une éventuelle qualité positive à son encontre. Dans le premier énoncé, le locuteur fait semblant, malgré toutes les déceptions qu'il a eues avec l'enfant en question, de lui donner une dernière chance. Est-ce qu'au moins il travaille bien à l'école ? Cependant, l'énoncé laisse entendre que le locuteur ne se fait guère d'illusions à ce sujet. Le second énoncé est du même moule. Le locuteur interroge, par exemple, l'interlocuteur sur le salaire qu'il touche. Est-ce qu'ils te paient bien au moins dans cette entreprise ? Mais là encore, l'énoncé admet implicitement que, quelle que soit la réponse à la question posée, la cause est entendue pour le locuteur : l'entreprise qui emploie l'interlocuteur est déjà sévèrement jugée par lui pour une raison ou pour une autre.

Tout se passe comme si, dans les deux cas, la question ainsi posée était choisie par le locuteur à tout hasard, un peu à titre d'exemple, histoire de voir si malgré tout il y aurait quelque part un point positif. Ici, la structure X -(i)na semble fonctionner sur le mode de « de toute façon non-X. Cela dit, X$_i$ par hasard ? ». Ce choix porterait sur un des éléments qui contribueraient à la définition de X en tant que tel. Il ne s'agit donc pas d'une opposition entre deux blocs qui seraient X et non-X, mais entre ce dernier et un des éléments constitutifs possibles de X.

Pour cette raison, envisager l'éventualité de X$_i$, une parcelle de qualité positive, face à non-X, un tout négatif et représentant une opinion globalement critique sur la situation à juger, peut s'apparenter à une petite concession. C'est ce que confirme l'exemple suivant où la particule modale de concession -(i)rado se comporte exactement de la même manière que l'élément -(i)na, ce qui ne se vérifie pas nécessairement dans tous les contextes où apparaît ce morphème :

(25b) *kŭ ae-ga gongbu-na / gongbu-rado jedero hani ?*
'Est-ce qu'il travaille bien au moins ?'

Le fait que l'élément -(i)na puisse éventuellement indiquer une idée proche de celle de concession a toujours été observé. Hong (1983) l'explique par le fait que l'élément -(i)na indique, d'après lui, un second choix dans un contexte où le meilleur choix n'est pas possible[48]. Quant à nous, nous avons bien du mal à comprendre pour quelle raison nous devrions absolument considérer les propriétés positivement connotées dans nos exemples – *gongbu-rŭl jedero hada* 'suivre normalement sa scolarité' d'un côté et, de l'autre, *wŏlgŭb-ŭl jedero juda* 'payer un salaire correct' – comme des espèces de second choix. Pour tout dire, il nous est d'autant plus difficile de fonder sur le plan méthodologique le concept de second choix qui, même chez son auteur, est un concept plus fluctuant qu'il n'y paraît ; nous avons vu que dans les contextes où le locuteur impose délibérément un choix déplaisant à l'interlocuteur, ce concept devient celui de dernier choix. Les occurrences de l'élément -(i)na oscilleraient ainsi entre le moins mauvais choix et le pire des choix. Dans une telle perspective, le concept de choix procède manifestement des objets ou propriétés sur lesquels il s'applique, alors que pour nous, le choix en question est avant tout relié à la problématique des points de vue et de la polyphonie. En ce qui nous concerne, l'emploi de -(i)na ne dépend pas de la (qualité) de l'objet à choisir, mais de la conception que se fait le locuteur du monde, non pas du monde réel, mais du monde à construire linguistiquement. Ce morphème n'est pas un attribut ou un qualificatif de l'objet,

---

48 Cf. Hong (1983), pp. 211–214.

mais une certaine façon de construire le discours, plus précisément une façon de concevoir négativement la cohésion du discours.

3.2.2.4. Le locuteur qui a une opinion globalement critique sur la situation à juger n'admet même pas la possibilité d'une petite exception à la règle en la personne de X_i.

3.2.2.5. Les énoncés où cette propriété est niée

(27) kŭ ae-ga gongbu-na jedero ha-myŏn joh-kess-ŏ.
cet enfant-(S) étude-(O)-na *comme il faut faire*-Hyp *être bon*-Fut-(Inter[49])
'Si seulement cet enfant travaillait bien à l'école !'

Il ne s'agit pas d'une vraie négation syntaxique, qui, s'agissant de l'élément -*(i)na*, peut soulever d'autres problèmes. La propriété marquée par le morphème est niée au moyen d'une question en retour, un procédé pour lequel sont mobilisées une question rhétorique et une proposition hypothétique. L'énoncé pourrait être une négation forte, un rejet catégorique d'une affirmation probablement antérieure et argumentant pour une conclusion favorable ; l'interlocuteur pourrait avoir prétendu que l'enfant en question est un bon élève, ce à quoi rétorque vertement le locuteur qui est censé argumenter dans un sens diamétralement opposé, en noircissant le tableau, en disant par exemple que l'enfant, tout au contraire, ne fait que s'amuser, ne fait rien de bon. Nous insistons sur ce point, car cet énoncé accomplit plus que ne le ferait le même énoncé sans l'élément -*(i)na*. L'énoncé marqué par -*(i)na* ne se contente pas de nier, il a tendance à inverser l'orientation argumentative :

(27a) kŭ ae-ga gongbu-rŭl jedero ha-myŏn joh-kess-ŏ.
cet enfant-S étude-O *convenablement faire*-Cond *être bon*-Fut-Inter
'Si seulement cet enfant travaillait bien à l'école !'

kŭ ae-nŭn gongbu-rŭl jal mot hae
cet enfant-T étude-O *bien Nég faire*-Prés Decl
Il n'est pas très brillant'

(27b) kŭ ae-ga gongbu-na jedero ha-myŏn joh-kess-ŏ.
cet enfant-S étude(O)-na *convenablement faire*-Cond *être bon*-Fut-Inter
'Si seulement cet enfant travaillait bien à l'école !'

kŭ ae-nŭn amugŏto an hae !
cet enfant-T *rien Nég faire*-Prés-Décl
Il ne fait absolument rien !'

---

49 Ici, s'exprime une interrogation rhétorique

Alors que l'enchaînement (27a) tend à affirmer la fausseté du premier énoncé, dans l'enchaînement (27b), les deux énoncés militent pour des conclusions complètement opposées. En termes d'argumentation, on pourrait dire que, dans le premier enchaînement, le poids de l'argument initial est seulement affaibli, alors que, dans le second, c'est l'orientation argumentative qui est totalement inversée. De ce fait, l'opposition semble être plus virulente avec un énoncé marqué par -(i)na qu'avec un énoncé non marqué.

Il s'agit donc encore une fois d'une opposition entre deux énoncés ou entre deux points de vue, l'un réalisé dans le discours et l'autre seulement présupposé, et le rôle de l'élément -(i)na consiste précisément à organiser cette opposition. Cela signifie que, s'il n'était pas marqué par -(i)na, cet énoncé ne pourrait plus recevoir une telle lecture. Le fait que l'énoncé impose une suite argumentativement orientée dans un sens négatif, c'est également à l'élément -(i)na qu'il le doit.

L'enchaînement (27b) dit à peu près ceci : « Tu dis qu'il travaille bien à l'école ? Si seulement c'était vrai, j'en serais ravi. Mais c'est faux. C'est même le contraire. Il ne fait rien de bon ! » D'après cette lecture intuitive, l'élément -(i)na qui accompagne la propriété mise en cause semble indiquer un certain choix. Ainsi l'énoncé en question pourrait être paraphrasé de la façon suivante : « Vous pensez ou on vous a peut-être dit que ce garçon travaille bien à l'école. Mais vous êtes mal tombé. L'exemple est bien mal choisi, parce que, justement, c'est archifaux ». Le mode de fonctionnement de l'énoncé X-(i)na serait ici du type « X_i ? Non, même pas ! De toute façon, c'est non-X ». A quelqu'un qui envisage une éventualité X_i comme dans 3.2.2.4., le locuteur dont le point de vue représente non-X rétorque avec une certaine véhémence. Il ne se contente pas de faire observer la fausseté d'une proposition antérieure. Encore une fois, une parcelle de qualité positive X fait face à non-X, un tout négatif, mais cette fois-ci, ces deux entités qui s'opposent n'émanent pas du même point de vue comme dans 3.2.2.4. Le locuteur qui a une opinion globalement critique sur la situation à juger n'admet même pas la possibilité d'une petite exception à la règle en la personne de X_i.

3.2.2.6. Les énoncés où cette propriété est mise en doute

(28) kŭ ae-ga gongbu-na jedero ha-lkka ?
cet enfant(S) étude(O)-na comme il faut faire-Inter
'Je me demande si cet enfant va bien travailler à l'école'

(29) kŭ saram-i gŏngang-ina joh-ŭnji morŭ-kess-ŏ
cette personne-(S) santé(S)-ina être bon-Dub[50] ignorer-Fut-Prés-Décl
'Je me demande si sa santé est bonne'

---

50 -ŭnji est une terminaison verbale déterminative indiquant le doute ou l'incertitude

Les énoncés de ce type sont habituellement utilisés lorsqu'on a des doutes sur les compétences d'une personne ou des inquiétudes au sujet de quelqu'un qui nous est cher. Dans tous les cas, il ne semble pas que la propriété en question puisse être traitée comme quelque chose que l'on pourrait assimiler au moins mauvais choix tel qu'on nous le propose. Tout au contraire, le locuteur exprime en général à travers de tels énoncés des soucis importants qui le préoccupent.

Intuitivement, ces énoncés semblent présenter comme globalement menacée, fragilisée ou mise en cause une propriété jugée positive et que l'on voudrait voir se réaliser ou se maintenir. Autrement dit, le locuteur s'inquiète, dans le premier énoncé, au sujet de la situation de l'enfant dans sa globalité et non pas uniquement à propos de sa scolarité. Dans le second énoncé, le locuteur laisse entendre que rien qui touche à la personne en question ne l'indiffère. Autrement dit, ces énoncés disent beaucoup plus que s'ils n'étaient pas marqués par l'élément -(i)na, auquel cas le premier énoncé interrogerait seulement le parcours scolaire de l'enfant et le second seulement la santé de la personne en question. Dans notre lecture des énoncés, l'emploi de l'élément -(i)na dans de tels emplois n'est pas la conséquence de l'expression d'un doute ou d'une incertitude. Tout au contraire. C'est -(i)na qui organise cette expression. D'autres lectures sont certainement possibles, mais encore une fois, il faudra les fonder sur le plan méthodologique.

Toutefois, ce faisant, le locuteur privilégie chaque fois un élément de ses préoccupations comme s'il procédait pour ainsi dire par échantillonnage. Là encore, sur un fond d'inquiétude ou de doute que nous représentons comme non-X, le locuteur évoque un point qui lui tient particulièrement à cœur, c'est-à-dire 'inquiétude ou doute au sujet de X_i', ce qui nous donne finalement non-X_i. Résultat de la course, le schéma de l'énoncé se résume en : « non-X en général et non-X_i en particulier ».

3.2.2.7. Résumé de la situation

L'analyse des énoncés que nous venons d'observer semble devoir opérer simultanément à travers deux canaux parallèles : d'abord, par le contenu de l'énoncé proprement dit qui est censé référer à une certaine situation, et ensuite, par le biais de l'énonciation qui a plutôt trait à l'attitude du locuteur face à son énoncé. Ce fait semble s'imposer comme une donnée incontournable à toute tentative d'interprétation des énoncés qui contiennent l'élément -(i)na.

Comme c'est le cas pour les énoncés du 3.2.1., où l'élément -(i)na prend en charge une propriété dont l'orientation argumentative est négative, la finalité des énoncés que nous venons de passer en revue semble être également d'exprimer un jugement négatif et, à moins d'inverser syntaxiquement leur orientation argumentative, on ne peut pas partir de ces énoncés pour conclure le discours d'une façon positive. Cependant, il ne faut pas perdre de vue le fait que leur contenu n'est pas atteint pour ainsi dire dans son intégrité : si la combinaison X -*(i)na* se trouve enclavée dans des structures syntaxiques qui ont tendance à entraver leur épanouissement argumentatif, la propriété X reste tout de même X. Cette dernière n'est ni altérée ni inversée pour devenir non-X, ce qui changerait complètement son orientation argumentative. Chaque fois, la propriété positive qui se trouve dans l'énoncé s'impose, s'affirme en tant que telle. Seulement, elle se trouve prisonnière d'un cadre discursif au-delà duquel c'est comme si elle n'existait pas. C'est en fin de compte ce cadre, cet espace discursif balisé par l'élément -*(i)na* qui oriente l'ensemble de l'énoncé dans un sens négatif et le contenu propositionnel de ce dernier n'y est pour rien.

A la suite de ce qui vient d'être dit, nous aurions presque l'obligation de conclure que l'élément -*(i)na* n'est pas un opérateur qui interviendrait au niveau de l'énoncé pour déterminer d'une certaine façon un de ses constituants. C'est pourtant un des présupposés de la quasi-*do*talité des analyses qui nous ont été proposées jusqu'ici à propos de ce morphème. Comme nous l'avons pu observer, il laisse ces derniers fonctionner selon leur nature linguistique, mais seulement à l'intérieur de l'énoncé. Tout en les enfermant ainsi à l'intérieur de son espace pour bloquer leurs potentialités argumentatives, il prend sur lui les relations de l'énoncé avec l'extérieur, c'est-à-dire avec la suite du discours.

Par voie de conséquence, il y aurait lieu de se demander si, concernant le morphème -*(i)na*, l'hypothèse la plus cohérente et à la fois la plus économique ne consisterait pas d'abord à accepter l'idée qu'il n'est pas fondamentalement un modificateur déréalisant et ensuite qu'il intervient en réalité au niveau de l'énonciation.

1.2.3. Le cas des énoncés déclaratifs

Parmi les énoncés du deuxième groupe, il en existe un certain nombre qui semblent occuper une place à part mais dont l'existence ne remet toutefois pas en cause notre lecture argumentative des énoncés. C'est le cas où l'élément -*(i) na* se trouve dans un énoncé déclaratif descriptif contenant une propriété dont l'orientation argumentative est positive. Cependant, un tel énoncé semble se singulariser par le fait que plus son contenu est affirmation ou illustration d'un principe argumentatif, positif cela s'entend, plus son degré d'interprétabilité augmente. Pour cela, la propriété en question doit se combiner avec une autre propriété de façon à ce qu'elles forment une combinaison privilégiée de stéréotypes, ou encore une combinaison de méta-prédicats constitutifs d'un principe argumentatif du type (P, Q)[51].

3.2.3.1. Enoncés interprétables

(30) *kŭrŏn illyu daehakkyo-nŭn gongbu-rŭl jal ha-nŭn saram-ina dŭrŏganda*
tel N°1 université-T étude-O bien faire-Dét personne(S)-ina entrer-Prés-Décl
'Tu sais, une université aussi prestigieuse, seuls les bons élèves y ont accès'

(31) *kŭrŏkhe himdŭn munje-nŭn ainchthain-ina phunda*
Ainsi difficile problème(O)-T Einstein-ina résoudre-Prés-Décl
'Tu sais, un problème aussi difficile, seul quelqu'un comme Einstein peut le résoudre'

Dans le premier énoncé, la propriété *gongbu-rŭl jal hada* 'travailler bien à l'école, être un bon élève', marquée par l'élément *-(i)na* est associée à l'expression *illyu daehakkyo* ('une université de première catégorie, de grand prestige'). Il en est de même du deuxième énoncé. Le premier terme du principe argumentatif est constitué par *himdŭn munje* (une question ardue) et le second par Einstein qui ne désigne pas un individu mais certaines propriétés caractéristiques[52], notamment celle d'être doué d'une intelligence supérieure.

Ainsi le contenu de l'énoncé sans l'élément *-(i)na* est déjà quelque chose que l'on peut convoquer dans un acte linguistique pour argumenter en faveur d'une certaine conclusion. D'ailleurs, il pourrait s'agir également d'un énoncé générique. Cependant, l'ensemble de l'énoncé incluant *-(i)na* a une autre visée. C'est un énoncé particulier, pour ainsi dire en situation. Le locuteur l'utilise pour critiquer quelqu'un, par exemple, l'interlocuteur, qui n'est manifestement pas dans la logique du principe argumentatif dont il se réclame. Certes, le locuteur préconise ce principe, mais ce n'est pas pour le professer en tant que tel. Le locuteur peut s'appuyer sur le premier énoncé pour dire à son interlocuteur : « Tu n'es pas un bon élève. Renonce donc à l'idée de t'inscrire à une université aussi prestigieuse ». De la même façon, à quelqu'un qui dit ou pense que n'importe qui peut venir à bout d'une certaine question, le locuteur peut déclarer au moyen du second énoncé qu'il a tort et que la question n'est pas à la portée de tout le monde. C'est ce que montrent les enchaînements suivants :

(30a) *kŭrŏn illyu daehakkyo-nŭn gongbu-rŭl jal ha-nŭn saram-ina dŭrŏganda*
tel N°1 université-T étude-O bien faire-Dét personne(S)-ina entrer-Prés-Décl
'Une université aussi prestigieuse, seuls les bons élèves y ont accès'.

---

51 Cf. Ducrot (1995 : 470), Anscombre (1995, 1998 : 49).
52 Cf. Martin (1987 : 153).

kŭrŏnikka nŏ-nŭn an doe-lkŏ-ya / kŭrŏna / kŭrŏjiman nŏ-nŭn doe-lkŏ-ya
donc toi-T Nég marcher-Fut-Décl / mais toi-T marcher-Fut-Décl
'Donc pour toi, ça ne marchera pas / Mais pour toi, ça marchera'.

(31a) kŭrŏkhe himdŭn munje-nŭn ainchtain-ina phunda
Ainsi difficile problème(O)-T Einstein-ina résoudre-Prés-Décl
'Un problème aussi difficile, seul un homme comme Einstein peut le résoudre'

kŭrŏnikka nŏ-nŭn mot phul-lkŏ-ya / kŭrŏ-na / kŭrŏ-jiman nŏ-nŭn phul-lkŏ-ya
Donc toi-T Nég résoudre-Fut-Décl / Mais toi-T résoudre-Fut-Décl
'Donc toi, tu n'y arriveras pas / Mais toi, tu y arriveras'.

Avec le connecteur *kŭrŏnikka*, que l'on peut approximativement traduire en français par « parce que (c'est ainsi) » ou « puisque (c'est ainsi) » et qui marque, nous semble-t-il, la coorientation argumentative, l'enchaînement se fait négativement et, de l'autre côté, pour que l'énoncé se poursuive de façon positive, les connecteurs *kŭrŏna* ou *kŭrojiman* semblent s'imposer ; ces deux morphèmes sont censés inverser l'orientation argumentative. Tout cela tend à montrer que les énoncés en *-(i)na* ont une orientation argumentative négative.

Puisqu'il n'est pas entièrement utilisé pour ce qu'il est mais aussi et surtout comme base d'un raisonnement, un tel énoncé ne nous dit pas clairement contre qui au juste la critique est dirigée ou de qui il est actuellement question. Mais l'énoncé reste malgré tout interprétable. L'intuition nous dit qu'il est porteur d'un jugement critique et que ce jugement est fondé sur un certain principe. Il s'y ajoute le fait que l'énoncé n'est tout de même pas une pure proclamation d'un principe général. Il s'agit également d'une description concrète, une université dans le premier énoncé et une question dans le second. Il est dit de l'une que c'est une université pour laquelle il faut passer un concours réputé très difficile et de l'autre que c'est une question extrêmement difficile à résoudre. De ce fait, la structure X *-(i)na* a tendance à présenter la propriété X comme une valeur exclusive : « X seul, à l'exclusion de non-X », d'où probablement l'effet de haut degré véhiculé simultanément par ces énoncés.

3.2.3.2. *Enoncés ambigus*

Plus leurs structures sémantiques s'éloignent de celles d'un principe argumentatif, plus les énoncés déclaratifs à vocation descriptive semblent mal se prêter à l'interprétation. Ainsi, au cas où la propriété X qui est, soulignons-le, une valeur positive, n'est pas associée à une autre propriété dotée d'une orientation argumentative nettement positive, l'interprétation commence à devenir problématique. La situation devient encore plus difficile si la propriété X n'est associée à aucune autre propriété ; l'énoncé résiste fortement à l'interprétation. Autrement dit, autant la structure non-X -*(i)na* constitue un schéma quasi stéréotypique, autant X -*(i)na* semble être un cas limite :

(32) *kŭrŏn daehakkyo-nŭn kŭrŏn saram-ina dŭrŏga-nda*
telle université-T *telle personne-ina entrer*-Prés-Décl
'Dans ce type d'université n'entre que ce genre de personnes'

Dans cet énoncé, les deux propriétés associées sont neutres ou ambiguës quant à leur orientation argumentative et il sera interprété par la plupart des locuteurs coréens comme indiquant un jugement défavorable du type : « Telle université tels candidats ». Cela semble prouver encore une fois que, sans indications spécifiques, un énoncé en -*(i)na* appelle naturellement une lecture argumentative négative. L'énoncé suivant considéré comme bizarre en est une autre illustration :

(33) ? *kŭ ae-nŭn gongbu-na jal handa*
cet enfant-T *étude-na bien faire*-Prés-Décl
? 'Hélas, cet enfant étudie bien au moins'

Cet énoncé a deux caractéristiques. D'abord, la propriété *gongbu-rŭl jal hada* 'travailler bien à l'école' ou 'être un bon élève' que nous avons déjà pu observer dans l'espace discursif de -*(i)na*, se trouve ici dans un énoncé déclaratif descriptif, alors que, jusqu'ici, nous l'avions plutôt observée dans des types d'énoncé autres que celui-là. Ensuite, tout en faisant partie d'un énoncé déclaratif, elle n'est toutefois associée à aucune autre propriété.

Ce qui vient d'être dit explique probablement le pourquoi du flottement qui entoure son interprétation. La première possibilité de lecture consisterait à y voir l'expression d'une opinion négative au sujet de l'enfant en question. Cette lecture présuppose que, contrairement à ce qu'on a vu jusqu'à présent, la propriété en question – *gongbu-rŭl jal hada* 'travailler bien à l'école' ou 'être un bon élève' – ne soit plus regardée comme une valeur positive. Elle relèverait d'un autre type de stéréotypes, comme on peut l'observer par exemple dans un énoncé du type :

(34) *gongbu-ga da-ga anida. insaeng-i dŏ jungyohada*
étude-S *tout*-S *Nég-être*-Prés-Décl. *Vie*-S *davantage être important*-Prés-Décl
'Il n'y a pas que les études dans la vie'

L'énoncé n'est nullement ambigu dans cette interprétation laquelle a d'ailleurs le plus de chance d'être retenue par les locuteurs coréens. Il s'agirait du schéma habituel de non-X -*(i)na* et non de celui de X -*(i)na* et on assisterait de nouveau à une lecture négative qui semble être ainsi privilégiée par l'espace discursif de -*(i)na*.

Cependant, le contexte aidant, il n'est pas absolument impossible de considérer la propriété en question comme un argument positif. L'énoncé serait alors encore une fois un moyen sur lequel s'appuie le locuteur pour exprimer un jugement défavorable à l'encontre de quelqu'un. L'énoncé ne serait pas utilisé pour ce qu'il est, la véritable visée se trouvant ailleurs. Seulement, dans ce cas-là, le contexte devrait être suffisamment précis pour spécifier les conditions d'emploi d'un tel énoncé. Le contexte en question serait par exemple quelque chose comme : « Ne te compare pas à lui. Lui, au moins, c'est un bon élève ». Notons seulement que, dans ce cas, les locuteurs coréens ont tendance à préférer une autre terminaison verbale conclusive.

(34') *kŭ ae-nŭn gongbu-na jal ha-ji !*
cet enfant-T étude-na bien faire-Prés-Suff-mod
'Lui, au moins, c'est un bon élève [et on ne peut pas en dire autant de toi] !'

Il semblerait que, avec l'emploi de cette terminaison verbale -ji, le locuteur s'identifie davantage à son énoncé. En tous cas, cette approche a l'avantage de préserver notre hypothèse externe, c'est-à-dire notre observation empirique. Cela dit, une approche qui ne pourrait en aucun cas être envisagée serait celle qui consisterait à associer cette lecture positive de la propriété – *gongbu-rŭl jal hada* 'travailler bien à l'école' ou 'être un bon élève' – à l'énoncé observé hors contexte. Vu sous cet angle, l'énoncé risquerait de devenir franchement bizarre. Plus une propriété marquée par *-(i)na* est isolée et plus elle affiche clairement une orientation argumentative positive, plus la combinaison ainsi formée semble avoir du mal à se couler dans un énoncé déclaratif descriptif et, surtout hors contexte. L'exemple suivant semble le démontrer d'une façon assez convaincante où l'adjectif *hullyunghada* 'être excellent' ou 'être grandiose' n'a aucune chance d'être suspecté de faiblesse face à l'élément *-(i)na* qui a tendance à profiter de la moindre faille de ses partenaires de combinaison pour leur imposer une vision – linguistique – négative et pessimiste.

(35) ? *kŭ saram-ŭn hullyungha-gi-na hada*
cette personne(S)-T être très bien-Nom-na faire-Prés-Décl
?'Hélas, il est très bien !'

Mais, de toute évidence, notre dernier exemple est un cas limite qui montre sans ambiguïté aucune que, comme nous l'avons déjà dit plusieurs fois, une propriété dont l'orientation argumentative favorise aussi incontestablement une conclusion positive n'a pas sa place dans ce type d'énoncés.

(36) **kŭ saram-ŭn il-ŭl jal-ina handa*
cette personne(S)-T travail-O bien-ina faire-Prés--Décl
*'C'est malheureux qu'il travaille bien'

Cependant la même combinaison peut parfaitement fonctionner, par exemple, dans un énoncé impératif :

(37) il-ŭl ha-ryŏ-myŏn (jom) jal-ina haera
    travail-O faire-Int-Hyp (un peu) bien-ina faire-Imp
    'Si tu veux travailler, au moins, fais-le correctement !'

Rappelons que nous avons déjà étudié ce type d'énoncé avec une combinaison similaire dans 3.2.2.3.

(24) il-ŭl (jom) jedero-na haera !
    travail-O (un peu) convenablement-na faire-Imp
    'Travaille un peu comme il faut au moins !'

3.2.4. -(i)na et stratégie discursive : un espace discursif négatif

D'après ces observations, les deux types d'énoncés construits sur -*(i)na* traduisent tous une stratégie discursive dont l'objectif est de baliser avant tout et quel que soit leur contenu propositionnel un espace discursif négatif dans lequel ne peut s'insérer une propriété ouvertement positive. Tout doit concourir à l'expression d'une opinion défavorable.

Ce n'est donc pas étonnant que, de tous les emplois de l'élément -(i)na, celui qui paraît le plus caractéristique et qui a d'ailleurs intrigué le plus les spécialistes soit constitué par le premier type d'énoncés, ceux qui combinent -(i)na avec une expression dans laquelle est inscrite une orientation argumentative négative ou du moins suffisamment neutre de ce côté-là et donc suffisamment malléable pour être pris en charge par ce morphème. C'est dans cette combinaison – que nous schématisons sous forme de non-X-(i)na – que notre morphème semble être le plus proche de ce que Ducrot appelle un modificateur déréalisant[53], puisque la propriété prise dans son espace discursif semble être plus ou moins fragilisée, effritée, en quelque sorte moins réalisée linguistiquement. Par conséquent, si une propriété positive doit malgré tout être mentionnée sur ce fond de jugement défavorable, il faut qu'elle soit, pour ainsi dire, mise en conformité avec cet impératif. Aussi cette propriété sera-t-elle le plus souvent niée, interrogée, évoquée de façon hypothétique ou mise en doute ou encore vue comme une valeur dont on prescrit la réalisation sous la forme d'un conseil ou d'un ordre. C'est ce que nous avons constaté avec les énoncés du deuxième groupe. Mais, d'un autre côté, ces énoncés nous ont fait comprendre qu'au bout du compte, l'élément -*(i)na* n'est pas fondamentalement un modificateur déréalisant, puisque la propriété qui se trouve pris dans son

---

53 Un modificateur déréalisant est un opérateur qui affaiblit le poids argumentatif ou bien inverse l'orientation argumentative de l'expression avec laquelle il se combine.

espace discursif ne voit pas inverser ni affaiblir son orientation argumentative. Tout simplement, son influence ne peut pas dépasser les limites de l'énoncé, l'élément -(i)na réglant à l'extérieur l'aiguillage argumentatif de l'énoncé dans un sens négatif. Voilà pourquoi la propriété en question ne semble jamais être affirmée pour ce qu'elle est même dans le cas des énoncés déclaratifs où elle est pourtant présentée d'une façon évidente avec toute la force d'une affirmation. Notre lecture des énoncés tend à prouver que, même si le morphème -(i)na n'est pas un connecteur au sens grammatical du terme, il s'agit tout de même d'un élément transphrastique reliant des éléments du discours et non pas de l'énoncé, opérant ainsi au niveau de l'énonciation.

4. Bilan provisoire et conditions d'une hypothèse interne

Pour étudier les mécanismes de l'élément -(i)na, nous avons dans un premier temps limité notre observation aux seuls énoncés qui semblent pouvoir se prêter à une lecture argumentative sans soulever de difficultés majeures. Cette décision que nous avons prise dans le domaine des observations empiriques, donc relevant des hypothèses externes, est de nature à aiguiller dans une certaine direction la poursuite de notre analyse. C'est effectivement ce qui se passe avec la constatation selon laquelle -(i)na contraint d'une certaine manière les continuations du discours et ce rôle que notre observation reconnaît à -(i)na est de nature argumentative.

Plus précisément, -(i)na emprisonne dans son espace discursif la propriété, qu'elle soit positive (X) ou négative (non-X), qui s'associe syntaxiquement avec lui de telle sorte que l'ensemble ainsi formé acquiert une orientation argumentative négative. L'orientation argumentative des propriétés X ou non-X demeure intacte à l'intérieur du sas ou de la clôture que constitue cet espace discursif, mais ce dernier constituant une sorte de polarité négative argumentative, le discours ne peut continuer que sur une pente négative. Voilà donc pour le profil de l'élément -(i)na que notre lecture nous a permis de faire se dégager progressivement. Mais pour parvenir à ce résultat, notre lecture des énoncés a dû intégrer implicitement un certain nombre de considérations. En d'autres termes, notre lecture nous a donné un certain nombre de résultats provisoires, certes d'inégale importance, mais qui doivent concourir à la construction d'une explication, d'une hypothèse interne, sur les mécanismes du morphème étudié.

Notre hypothèse est que, pour une interprétation correcte de l'ensemble des énoncés concernés, il faut intégrer les considérations qui suivent. Nous nous appuierons sur ces données observationnelles pour proposer une définition du morphème, établir ensuite ses critères et enfin mettre au point une série de tests afin de vérifier la viabilité de cette définition, ce qui fera l'objet de notre prochain travail.

4.1. -(i)na et sa stratégie discursive : un espace discursif négatif

D'après les observations empiriques, il existe deux types d'énoncés construits sur -(i)na, à savoir « non-X+-(i)na » et « X+-(i)na » et nous avons considéré que ces énoncés traduisent tous une stratégie discursive dont l'objectif est de baliser avant tout et quel que soit leur contenu propositionnel un espace discursif négatif dans lequel ne peut s'insérer une propriété ouvertement positive. Cette décision a été motivée par un phénomène apparemment contradictoire : la majorité des énoncés que nous avons étudiés ne permettent que des enchaînements négatifs, autrement dit favorisent une conclusion négative ; mais malgré cela, une partie importante d'entre eux sont constitués d'une combinaison de l'élément -(i)na avec une propriété favorisant une conclusion positive et dont l'orientation argumentative n'est en rien altérée par l'action du morphème. Tout se passe comme si l'élément -(i)na régulait à l'extérieur les continuations de l'énoncé tout en préservant les potentialités argumentatives de la propriété associée dans l'espace discursif qu'il constitue à l'intérieur de l'énoncé.

4.2. -(i)na connecteur ?

Un énoncé comportant -(i)na semble difficilement concevable tout seul. Sa compréhension n'est possible qu'en relation avec un autre énoncé réel ou implicite et ayant un contenu sémantique opposé au sien. Il serait plus juste de dire qu'il ne se justifie que par l'existence d'un autre énoncé contradictoire. Il s'agirait en quelque sorte de deux énoncés se rejetant mutuellement du fait de leur antinomie sémantique.

Si tel n'était pas le cas, nous ne voyons pas de quelle façon nous pouvons fonder la différence entre les énoncés marqués par -(i)na et ceux qui ne le sont pas, et cela d'autant plus que les énoncés en -(i)na sont apparemment assez différents les uns des autres autant par leurs structures formelles que par leur contenu sémantique. Nous entendons par là que si d'après notre intuition linguistique ces énoncés favorisent globalement une conclusion négative, les propriétés associées à l'élément -(i)na dans les énoncés ne suivent pas nécessairement le même mouvement argumentatif, dans la mesure où, souvent, elles favorisent une conclusion positive ; nous avons observé que l'élément -(i)na n'est pas ce que l'on pourrait appeler un modificateur déréalisant. Il n'inverse pas l'orientation argumentative d'un énoncé ni n'affaiblit son poids argumentatif. En tenant compte de tous ces facteurs, une solution a consisté pour nous à opposer l'énoncé apparent à un énoncé contradictoire hypothétiquement construit. Ainsi, contrairement à ce qu'on attendrait, l'élément -(i)na fonctionnerait en vrai connecteur entre deux énoncés, dont l'un est fondé sur un principe argumentatif positif et l'autre négatif. Il s'agirait en fin de compte d'une confrontation entre deux points de vue, un énonciateur abstrait critiquant l'autre. Cette dimension polémique de l'énoncé nous permettrait d'expliquer le fait qu'il indique l'expression d'une opinion critique.

Par ailleurs, la nécessité de prévoir l'existence d'un tel énoncé contradictoire semble être plus ou moins grande selon le type d'énoncé. Plus l'énoncé tend à présenter un contenu sémantique négatif, plus il est facile à interpréter hors contexte et moins cette nécessité semble se faire sentir.

4.3. -(i)na et son principe argumentatif à deux faces

Nous avons opté pour une lecture argumentative des énoncés en -(i)na, d'où le caractère éminemment critique de la fonction rattachée à ce morphème. Nous avons par la suite essayé de fonder cette fonction critique sur les relations conflictuelles qu'entretiennent ainsi les deux énoncés qui, d'après notre hypothèse, s'articulent autour de l'élément -(i)na.

Mais cette lecture argumentative a progressivement imposé la nécessité de définir avec plus de précision la nature conflictuelle des relations entre les deux énoncés. Ainsi, nous sommes amené à considérer que ces derniers ont des contenus sémantiques diamétralement opposés. Nous entendons par là que les deux énoncés convoquent en fin de compte le même principe argumentatif. Seulement, de ce principe argumentatif, l'un représente la face positive et l'autre la face négative. Rappelons que ce n'est pas de cette façon que Anscombre et Ducrot ont expliqué les mécanismes du connecteur français « mais ». D'après eux, si deux énoncés qui s'articulent autour de ce connecteur s'opposent, c'est parce qu'ils convoquent deux principes argumentatifs différents, les arguments que l'on peut tirer de ces énoncés militant en faveur de conclusions opposées.

4.4. -(i)na et polyphonie

Le fait que l'élément -(i)na articule deux énoncés qui se contredisent est de nature à poser le problème des sources d'énonciation. Dans notre travail, nous nous placerons d'une manière générale dans une perspective polyphonique et postulerons deux énonciateurs pour la définition du morphème -(i)na. Ainsi, l'emploi le plus typique de -(i)na est celui où le locuteur de l'énoncé s'identifie à l'un de ces deux énonciateurs en refusant d'assumer le point de vue exprimé par l'autre et qui s'oppose au sien.

4.5. -(i)na et énonciation

Il y a lieu de penser que -(i)na est un élément qui relève du niveau de l'énonciation. Dire qu'il s'agit d'un morphème d'énonciation est une décision qui doit se justifier. En effet, comme nous l'avons dit plus haut, il ne semble pas intervenir directement dans l'énoncé. Il ne qualifie pas directement une propriété décrite dans l'énoncé comme le ferait un simple adjectif ou un adverbe. Dans l'énoncé X-(i)na, l'élément -(i)na ne modifie en rien la propriété X ; il ne renforce ni n'inverse son orientation argumentative. Il nous informe seulement sur l'attitude du locuteur vis-à-vis de l'énoncé.

4.6. -(i)na et enchaînement d'énoncés

Cette conception de -(i)na nous place d'emblée devant la possibilité de considérer son emploi dans le cadre d'un dialogue ou d'un enchainement d'énoncés ; -(i)na étant de nature polémique, un énoncé qui le contient peut toujours constituer une réplique à un énoncé antérieur, tout comme il peut continuer de façon négative un énoncé par voie d'enchaînement. Dans le cas d'un dialogue, le locuteur de l'énoncé peut se trouver face à un point de vue qui peut être celui de l'interlocuteur et, dans le cas d'un enchaînement, le locuteur, s'il prononce deux énoncés qui se suivent, prend en compte une seule source d'énonciation. Avec cette seconde possibilité, apparaîtrait plus clairement la nécessité d'analyser le morphème comme ayant quelque chose du fonctionnement d'un connecteur. C'est un morphème qui relie, certes non pas syntaxiquement mais du moins sémantiquement, deux énoncés contradictoires. D'ailleurs, la présente analyse aura un prolongement dans une autre étude qui portera sur le connecteur -(û) na, formellement très proche de -(i)na.

Le morphème -*nŭnde* et le cadre discursif[54]

1. Introduction

Le connecteur -*nŭnde* semble avoir beaucoup de propriétés sémantiques souvent très éloignées les unes des autres. Aussi peut-on légitimement se demander quelle est sa véritable identité sémantique. Ce comportement a naturellement des répercussions sur la traduction de ses occurrences dans une langue étrangère.

Nous essaierons pour notre part d'en donner une définition de type instructionnel. Notre description de -*nŭnde* sera fondée sur la théorie de l'argumentation dans la langue qui, elle-même, découle de la théorie des stéréotypes[55]. Elle s'appuie également sur les propriétés des phrases génériques.

2. Problématique de -*nŭnde* et raisonnement

Le morphème -*nŭnde* fait partie de la classe des terminaisons verbales jonctives dont la fonction consiste à relier deux énoncés P et Q, la variante du même morphème pour les qualitatifs (ou adjectifs) étant -*ŭnde*. Il se trouve que, au contraire de la plupart des éléments de la même classe, il n'est pas toujours facile de circonscrire les propriétés sémantiques de ce connecteur, comme en témoignent les exemples suivants :

1.1. -*nŭnde* et sa problématique

(1) 그 사람은 몸이 아픈데 계속 일을 한다
 kŭ saram-ŭn mom-i aph-ŭnde gyesok il-ŭl handa
 cette personne-T corps-S être malade-*ŭnde*, travail-O continuer
 'il est malade -*ŭnde*, il continue à travailler'

(2) 비가 오는데 어디 가니 ?
 bi-ga o-nŭnde ŏdi ga-ni ?
 pluie-S venir-*nŭnde*, où aller
 'il pleut -*nŭnde*, où vas-tu ?'

---

54 Paru dans *Lux Coreana* (2006), n°1, Éditions Han-Seine, Paris, pp. 21–47.
55 **Note de l'éditeur :** On trouvera un exposé élémentaire de la *Théorie des stéréotypes* dans Anscombre : 2001b. Cette théorie pose que le sens d'un mot est constitué des relations privilégiées qu'il entretient avec certaines phrases de la langue, en particulier des phrases génériques. Elle s'inspire de divers travaux, dont la *Théorie des topoï* (1984/1995), mais aussi Putnam (1975) et Fradin (1984).

(3) 날씨가 좋은데 산보나 가자 !
nalssi-ga joh-ŭnde sanbo-na ga-ja !
temps-S être bon-*ŭnde* promenade sortons
'il fait beau -*ŭnde*, allons nous promener !'

(4) 해는 났는데 바람이 불어
hae-nŭn nass-nŭnde baram-i bur-ŏ
soleil-T apparaître-*nŭnde*, vent-S souffler
'il fait beau -*nunde*, le vent souffle'

(la) 그 사람은 몸이 아파도 계속 일을 한다
kŭ saram-ŭn mom-i aph-ado, gyesok il-ŭl handa
cette personne-T corps-S être malade-*ado/ŏdo*, travail-O continuer
'même s'il est malade, il continue à travailler'

= (2a) 비가 와. 어디 가니 ?
bi-ga wa. ŏdi ga-ni ?
pluie-S venir. Où aller ?
'il pleut, où vas-tu ? Mais où vas tu ? Il pleut !'

= (3a) 날씨가 좋으니까 산보나 가자
nalssi-ga joh-ŭnikka sanbo-na ga-ja !
le temps-S être bon-*ŭnikka* promenade sortons
'puisqu'il fait beau, allons nous promener !'

= (4a) 해는 났지만 바람이 불어
hae-nŭn nass-jiman baram-i bur-ŏ
le soleil-T apparaître-*jiman*, le vent-S souffler
'il y a du soleil, mais le vent souffle'

(5) 노력을 많이 했는데 결국 실패했어
noryŏk-ŭl mani haess-nŭnde kyŏlguk silphaehaess-ŏ
effort-O beaucoup avoir fait-*nŭnde*, finalement avoir échoué
'j'ai fait le maximum -*nŭnde*, j'ai échoué'

(6) 비가 많이 오는데 홍수가 나겠다
bi-ga mani onŭnde hongsu-ga na-kess-ta
pluie-S beaucoup venir-*nŭnde*, inondations-S se produiront
'il pleut énormément -*nŭnde*, il va y avoir des inondations'

(7) 집을 나서는데 갑자기 비가 왔다
jib-ŭl nasŏ-nŭnde gapjagi bi-ga wass-ta
maison-O quitter-*nŭnde*. soudainement pluie-S être venu
'je sortais de chez moi -*nŭnde*, il s'est mis à pleuvoir tout à coup'

(8) 해가 났는데
hae-ga nass-nŭnde
soleil-S être apparu-*nŭnde*
'il y a du soleil -*nŭnde*'

(8a) 해가 나서
   hae-ga nasŏ...
   soleil-S être apparu...
   'Comme/c'est qu'il y a du soleil...'

= (5a) 노력을 많이 했으나 결국 실패했어
   noryŏk-ŭl mani haess-ŭna kyŏlguk silphaehaessŏ
   effort-O beaucoup avoir fait-(*ŭ*)*na*, finalement avoir échoué
   'j'ai fait le maximum, pourtant j'ai échoué'

= (6a) 비가 많이 와서 홍수가 나겠다
   bi-ga mani wa-sŏ hongsu-ga na-kess-ta
   pluie-S beaucoup venir-*asŏ*, inondation-S va se produire
   'il pleut tellement qu'il va y avoir des inondations'

= (7a) 집을 나설 때 갑자기 비가 왔다
   jib-ŭl nasŏ-l ttae gapjagi bi-ga wassta
   maison-O quitter-(*ŭ*)*l ttae*, soudainement pluie-S être venu
   'je sortais de chez moi, quand, tout à coup, il s'est mis à pleuvoir'

Le constat qui s'impose d'emblée est que, d'un enchaînement d'énoncés « P -*nŭnde* Q » à l'autre, le connecteur -*nŭnde* ne semble pas donner la même indication sur la nature des relations qui s'établissent entre les énoncés P et Q. Ainsi, dans chacun des cas qui se présentent, on peut remplacer -*nŭnde* par un connecteur différent. On peut même envisager des solutions sans connecteur, le cas extrême étant constitué par un enchaînement tronqué sous forme de « P -*nŭnde* », qui est pour nous un énoncé avec trois points de suspension, un énoncé dans lequel tout n'a pas été dit.

La problématique de -*nŭnde* semble pouvoir se résumer en deux points. D'abord, de quelle nature peut être la fonction qu'il assure dans tous ces contextes dont, c'est le moins qu'on puisse dire, la cohérence ne saute pas aux yeux ? Ensuite, malgré la diversité et l'étendue de ses emplois, ces derniers connaissent-ils malgré tout des limites ?

1.2. Cadre d'un raisonnement

Premièrement, en ce qui concerne la fonction de -*nŭnde*, la très grande variété des connecteurs qui peuvent effectivement se substituer à ce morphème semble suggérer que tout compte fait, ce connecteur « s'abstient » de définir d'une façon contraignante l'articulation entre les deux énoncés et que c'est là précisément sa particularité. S'il en est ainsi, la « vraie » fonction de -*nŭnde* ne serait pas de donner des indications concernant les liens entre les énoncés P et Q, mais seulement de les suggérer, voire d'inciter et même d'obliger le destinataire de l'énoncé à les repérer ou les déterminer lui-même.

Si on accepte cette hypothèse, les indications sémantiques que donnerait le connecteur -*nünde* devraient être, selon notre langage descriptif, qui se veut relever d'une sémantique instructionnelle, du type : « Tu interpréteras l'énoncé Q dans le cadre de l'énoncé P. Mais attention, leurs relations peuvent varier d'un extrême à l'autre en fonction des contenus respectifs des deux énoncés. À toi de raisonner juste ». En fin de compte, c'est ce que nous avons fait à travers les opérations de substitution ci-dessus, mais en nous fiant seulement à notre instinct linguistique, sans nous donner une métalangue qui nous permette de décrire d'une façon explicite et non contradictoire le fonctionnement du connecteur. En tout cas, il ne s'agissait plus, dans cette interprétation empirique, de suivre à la lettre les instructions que fournirait -*nünde*, comme c'est souvent le cas avec d'autres connecteurs, mais de raisonner en nous fondant essentiellement sur les données situationnelles fournies par les deux propositions P et Q.

Ainsi : (1) quand on est malade, il n'est pas raisonnable d'aller travailler ; (2) quand il pleut, il vaudrait mieux rester chez soi ou à l'abri pour éviter de se faire inutilement mouiller ; (3) par un beau temps ensoleillé, la tentation est grande d'aller se promener ; (4) quand il y du soleil, on s'attendrait plutôt à ce que la température grimpe ; (5) la finalité des efforts que l'on fournit n'est certainement pas l'échec ; (6) une pluie torrentielle fait légitimement craindre des inondations, surtout par les temps qui courent ; (7) un homme non averti et qui sort de chez lui pour une nouvelle journée qu'il espère prometteuse ne s'attend pas *a priori* à ce qu'il pleuve ; (8) puisqu'il pleut. Il faudrait se rappeler qu'il y a des choses que l'on fait ou que l'on ne fait pas dans de telles conditions climatiques.

Cependant, et c'est là notre deuxième problématique, il ne faudrait pas sous-estimer le fait que si notre connecteur semble désigner un cadre global du raisonnement, tout ne semble pas être permis, la poursuite du discours s'effectuant de deux manières sensiblement différentes, du moins en apparence.

1.2.1. -*nünde* : un connecteur d'opposition ?

Ainsi, dans toutes ces interprétations pour lesquelles nous avons pratiquement procédé à une sorte de traitement d'informations de nature référentialiste, on distingue une première série d'emplois de -*nünde* qui paraissent suffisamment cohérents pour que l'on puisse parler à leur propos d'un connecteur d'opposition ; c'est d'ailleurs comme tel que ce morphème a été la plupart du temps perçu et même décrit. En effet, toutes ces occurrences montrent que dans le cadre de l'énoncé P prend place un raisonnement avec lequel la suite du discours ne se trouve pas en conformité ou entre en conflit. Il s'agit des énoncés (1), (2), (4), (5) et (7) dans lesquels le raisonnement dont nous venons de parler se trouve systématiquement démenti par « les faits ». Aussi ces énoncés expriment-ils souvent l'étonnement ou la déception de voir le « raisonnement juste » bafoué ou le bon sens ignoré ou foulé aux pieds. En opposant de la sorte les deux énoncés P et Q, -nŭnde semble synonyme de -jiman = 'mais', ou de -(ŭ)na = 'mais/pourtant', tous deux habituellement connus comme connecteurs d'opposition[56], ou encore du connecteur de concession -ado/-ŏdo ='même si'.

(9) 비가 오(-는데 / -지만 / -으나 / -아도) 그 사람은 우산을 안 쓴다[57]
 bi-ga o(-nŭnde / -jiman / -na / -ado) kŭ saram-ŭn usan-ŭl an ssŭnda
 pluie-S venir(-nŭnde/-jiman/-(ŭ)na/-ado) cette personne-T parapluie-O ne prend pas
 'il pleut, mais il ne prend pas le parapluie'

Cependant, -nŭnde remplit une fonction qui n'est pas dans le répertoire des autres connecteurs auxquels il est comparé dans cet exemple. C'est précisément celle qu'on peut observer dans l'autre série d'emplois de notre connecteur, à savoir les énoncés (3), (6) et (8)[58] où le raisonnement en question s'exerce sans entraves, sans être mis à l'épreuve des faits. Dans les exemples suivants (où il est question de la pluie), la suite du discours (ayant pour sujet la chaussée mouillée) se déroule, en ce qui concerne -nŭnde, selon notre attente, d'une manière non conflictuelle :

---

56 Pour la différence entre -jiman et -(ŭ)na, voir ici-même l'article de Choi Seung-Eun : « Le puzzle argumentatif du carré, -(i)na/-(ŭ)na et -man/-jiman ».

57 Dans ce contexte, -nŭnde peut être suivi de -do 'même, aussi', un des suffixes dits spécifiques/particules dites spécifiques (que, pour notre part, nous appelons suffixes pragmatiques/particules pragmatiques), sans que cette intervention s'accompagne d'une quelconque modification du sens de l'énoncé :

(9a) 비가 오(-는데 / -는데도 / -어도) 그 사람은 우산을 안 쓴다
 bi-ga o(-nŭnde / -nŭndedo / -ado) kŭ saram-ŭn usan-ŭl an ssŭnda
 pluie-S venir(-nŭnde / -nŭndedo / -ado) cette personne-OT parapluie-O ne pas prendre
 'il pleut, mais il ne prend pas le parapluie'

Dans un contexte où, par exemple, deux énoncés s'opposent ou sont en contraste du point de vue du contenu sémantique comme c'est le cas ici, puisqu'il s'agit de l'opposition 'il pleut' versus 'ne pas prendre de parapluie', le morphème -do 'même, aussi' qui est une sorte d'opérateur de surenchérissement peut indiquer une idée qui s'apparente à la concession, c'est-à-dire 'même sous la pluie, ne pas prendre le parapluie'. Il y a donc lieu de penser que le connecteur de concession -ado/-ŏdo est en fait dérivé du suffixe spécifique/pragmatique -do.

58 L'énoncé (8) sera analysé plus en détail dans la section 2.1., où il sera question de stéréotypes.

(10) 오늘은 비가 많이 오는데 길이 (미끄럽겠다 / 미끄러웠지 ?)
onŭl-ŭn bi-ga mani o-nŭnde, gil-i (*mikkŭrŏp-kess-ta / mikkŭrŏ-wŏss-ji ?*)
aujourd'hui-T, pluie-S bcp venir-*nŭnde* (chaussée-S sera glissante / était glissante, non ?)
'aujourd'hui il pleut bcp-*nŭnde*, la chaussée va être glissante / était glissante, non ?'

조심해서 (운전해 / 운전해야 돼
/ 운전하고 싶지 않아
josimhaesŏ (*unjŏn hae / unjŏn haeya doe / unjŏnhago sipji ana*)
avec prudence (conduis / il faut conduire / je n'ai pas envie de conduire)
attention en conduisant / il faut être prudent au volant / je n'ai pas envie de conduire'
ce qui n'est absolument pas le cas des trois autres connecteurs :

(10a) *오늘은 비가 많이 오(-지만 /-나 /-아도) 길이 미끄(-럽겠다/-러웠지 ?)
**onŭl-ŭn biga mani o*(*-jiman /-na /-ado) gil-i mikkŭ (rŏp-kess-ta/r-ŏwŏss-ji ?*)
aujourd'hui-T, pluie-S bcp venir(*-jiman/-na/-ado*) route-S sera/était glissante, non ?
'*Aujourd'hui, il pleut bcp (*-jiman/-na/-ado*) la chaussée va être glissante/ était glissante, non ?'
조심해서 (운전해 / 운전해야 돼   / 운전하고 십지   않아
josimhaesŏ (*unjŏn hae / unjŏn haeya doe / unjŏnhago sipji ana*)
avec prudence (conduis / il faut conduire / je n'ai pas envie de conduire)
attention en conduisant / il faut être prudent au volant / je n'ai pas envie de conduire'

1.2.2. -nŭnde : un connecteur de justification ?

Ainsi, contrairement aux connecteurs *-jiman* 'mais', *-(ŭ)na* 'mais/pourtant' et *-ado/ŏdo* 'même si', le morphème *-nŭnde* permet de concevoir l'énoncé Q dans la logique même de l'énoncé P, le premier justifiant en quelque sorte l'énonciation du second. Dans cet emploi, il accomplit quasiment la même tâche que le connecteur *-(ŭ)nikka* 'puisque/comme' :

(10b) 오늘은 비가 많이 오(는데/니까) 길이 미끄(-럽겠다/-럽지 않았어?/-러웠지?)
onŭl-ŭn bi-ga manhi o(*-nŭnde/-nikka*) *gil-i mikkŭ*(*-rŏpkessta/-rŏpji anhassŏ ?/-rŏwŏssji ?*)
'aujourd'hui, il pleut beaucoup (*-nŭnde/ -nikka*), la chaussée va être/n'était-elle pas/était glissante non ? '

조심해서 (운전해 / 운전해야 돼
/ 운전하고 십지 않아
josimhaesŏ (*unjŏn hae / unjŏn haeya doe / unjŏnhago sipji ana*)

avec prudence (conduis / il faut conduire / je n'ai pas envie de conduire) attention en conduisant / il faut être prudent au volant / je n'ai pas envie de conduire'

étant entendu que ce connecteur -(ŭ)nikka 'puisque/comme' n'aura jamais, contrairement à notre -nŭnde, le pouvoir d'opposer les énoncés P et Q :

(9a) 비가 오(는데 / *니까) 그 사람은 우산을 안 쓴다
bi-ga o(-nŭnde / *-nikka) kŭ saram-ŭn usan-ŭl an ssŭnda
pluie-S venir(-nŭnde /*-nikka), cette personne-T parapluie-O ne pas prendre
'il pleut (-nŭnde *-nikka), il ne prend pas le parapluie'

Cependant, s'il est vrai qu'à travers P, -nŭnde tend à légitimer l'énonciation de Q, il procède néanmoins d'une façon bien particulière, comme on peut le constater dans les exemples déjà cités ; l'énoncé Q, dans ce contexte précis, ne servira jamais, quoi qu'il arrive, à constater les faits survenus ou avérés. Tous les types d'énoncés sont concevables à partir du moment où il ne s'agit pas précisément d'un énoncé de type constatatif ; les relations entre les deux énoncés P et Q ont beau être multiples et variées, le connecteur -nŭnde ne va pas jusqu'à autoriser un enchaînement d'énoncés de type « cause à effets » au sens strict du terme. Les exemples suivants en sont de parfaites illustrations :

(6c) 비가 많이 (오는데 왔는데)홍수가 (나겠다 / ?난다 /?났다)
bi-ga manhi o(-nŭnde / -ass-nŭnde), hongsu-ga (nakessta / ? nanda / ? nassta)
pluie-S bcp venir(-nŭnde/être venu-nŭnde) inondation-S va se produire/ ?se/ ?s'est produit)
'il pleut/a plu énormément -nŭnde, il va y avoir/ ? il y a/ ? il y a eu des inondations'

dans lesquels les énoncés où il est question de *hongsu* 'inondation', divergent seulement par la temporalité du verbe *nada* 'se produire', successivement au futur, au présent et au passé. Alors que l'emploi du connecteur est tout à fait justifié lorsque le lien causal entre la pluie et l'inondation est du domaine des suppositions, il n'en est pas de même lorsque ce même lien est avéré ou vérifié. Dans ce contexte, dès l'instant où l'énoncé Q exprime les conséquences réelles d'un événement décrit dans l'énoncé P, l'enchaînement dans son ensemble devient problématique.

Autrement dit, avec cet emploi du connecteur -*nŭnde*, c'est-à-dire dans un contexte de justification, on ne quittera jamais le domaine du virtuel, du possible ou du souhaitable. Jusqu'ici, cet aspect du fonctionnement de -*nŭnde* n'a pas vraiment attiré l'attention qu'il mérite. Notons que dans les enchaînements de ce type, l'énoncé Q est souvent un énoncé au futur (ou plutôt ayant la modalité de la probabilité), un énoncé interronégatif ou une demande de confirmation à la manière de *N'est-ce pas que Q* ? Ce peut également être un énoncé à l'impératif ou exprimant une obligation ou encore un souhait, bref, tous les types d'énoncés dont le contenu sémantique pourrait être qualifié de « déréalisé », ainsi que le montrent les exemples déjà cités :

> (10) 오늘은 비가 많이 오는데 길 미끄(-럽겠다 / -러웠지 ?)
> *onŭl-ŭn bi-ga manhi o-nŭnde, gil-i mikkŭ(-rŏpkessta / -rŏwŏssji ?)*
> aujourd'hui-T, pluie-S bcp venir-*nŭnde* (chaussée-S sera glissante / était glissante, non ?)
> 'aujourd'hui il pleut bcp-*nŭnde*, la chaussée va être glissante / était glissante, non ?'
>
> 조심해서 (운전해 / 운전해야 돼   / 운전하고 싶지 않아
> *josimhaesŏ (unjŏn hae / unjŏn haeya doe / unjŏnhago sipji anha)*
> avec prudence (conduis / il faut conduire / je n'ai pas envie de conduire)
> attention en conduisant / il faut être prudent au volant / je n'ai pas envie de conduire'

Certes, toutes les tournures phrastiques que nous venons de relever dans le contexte en question, surtout prises individuellement, ne sont pas l'apanage du connecteur -*nŭnde,* loin de là, mais ce qui singularise ce connecteur par rapport aux autres connecteurs dont on peut éventuellement trouver des occurrences dans le même contexte, c'est notamment le fait qu'il est le seul, en dehors de -(*ŭ*)*nikka* 'puisque/comme', à toutes les cumuler et surtout, à admettre une phrase impérative en lieu et place de Q. C'est ainsi que le connecteur -*gi ttaemunae* 'parce que/voilà pourquoi', dont on pourrait penser que sémantiquement il lui serait possible de le faire, ne peut cependant pas remplacer -*nŭnde* de façon satisfaisante dans un contexte où Q est une phrase impérative, car sa fonction consiste surtout à définir les relations d'ordre logique qu'entretiennent les énoncés P et Q :

> (10c) 오늘은 비가 많이 오기 때문에 길이 미끄(럽겠다/럽지 않았어 ? 러웠지 ?)
> *onŭl-ŭn bi-ga manhi ogi ttaemunae, gili mikkŭ(rŏpkessta/rŏpji anassŏ/rŏwŏssji ?)*
> aujourd'hui-T, pluie-S bcp venir-*nŭnde* (chaussée-S sera glissante / était glissante, non ?)
> 'aujourd'hui il pleut bcp-*gi ttaemunae,* la chaussée va être/n'était-elle pas/était glissante non ?'
>
> 조심해서 운전(해야 돼/하고 싶지않아/ ?해 / ?우산을 써)
> *josimhaesŏ (unjŏn haeya doe / hago sipji ana / ?hae !/ ? usan-ŭl ssŏ !)*
> avec prudence (il faut conduire/je n'ai pas envie de conduire/ ?conduis ? prends le parapluie)
> 'il faut être prudent au volant/je n'ai pas envie de conduire/ ?fais attention en conduisant !/ ?prends le parapluie !'

De la même façon, le connecteur de causalité -*asŏ/ŏsŏ* 'comme/étant donné que', comme on le verra plus loin, ne sera jamais associé à une phrase impérative (voir *infra* section 1.2.2.1.).

Ainsi, -*nŭnde* ne se contente pas, contrairement à ce que font certains connecteurs, de préciser la nature du lien logique ou temporel entre les énoncés P et Q, mais fonctionne plutôt comme une sorte de rampe de lancement pour permettre au locuteur d'effectuer une variété d'actes de parole tels que ceux que nous avons présentés ici, ce qui va bien dans le sens de notre première observation selon laquelle ce connecteur délimite avant tout un cadre pour la poursuite du discours. En somme, le locuteur dit d'abord au nom de quoi il parle (l'énoncé P) et précise ensuite ce qu'il a à dire (l'énoncé Q). Si le premier énoncé a tendance à référer aux croyances ou aux principes du locuteur qui sont par définition de portée générale, le second énoncé, lui, sera une parole spécifique adaptée à une situation concrète, de telle sorte que les deux énoncés ne se trouvent pas du tout sur le même plan. Ainsi, dans le contexte qui nous occupe, -*nŭnde* semble relier non pas directement deux énoncés se trouvant de plain-pied l'un avec l'autre, mais un énoncé présenté comme un propos sensé sur sa source ou sur son fondement.

1.2.2.1. -nŭnde n'est pas un connecteur de déduction

Autant -*nŭnde* nous indique quelle sorte de conséquences nous pourrions ou devrions prévoir de telle ou telle situation, autant il est étranger à la fonction d'en préciser les conséquences réellement vécues. Tout se passe comme si dans un contexte « réel », devenir négatif ou contradictoire était la seule option possible pour ce morphème dont la raison d'être est de servir seulement le virtuel. C'est donc un outil plutôt mal adapté quand il faut déduire les conséquences réelles d'une situation réelle. Ce rôle est dévolu, en ce qui concerne la langue coréenne, au connecteur -*asŏ/ŏsŏ* qui indique, entre autres, les relations de cause à effet :

(11) 오늘은 비가 많이 ?왔는데/와서 길이 미끄럽겠다/홍수가 났다
onŭl-ŭn bi-ga manhi ?wassnŭnde/wasŏ gil-i mikkŭrŏpkessta/hongsuga nassta
aujourd'hui-T, pluie-S bcp tombé ?-*nŭnde*/-*asŏ* route-S serait glissante/inondation-S êtreproduit
'aujourd'hui, il a énormément plu (?-*nŭnde*/-*asŏ*), la chaussée serait glissante/il y a eu des inondations'

Notons d'autre part que ces deux connecteurs se différencient pour une autre raison : ils n'ont pas le même comportement face à l'impératif. Si dans un contexte où l'énoncé Q exprime des suppositions, on peut employer indifféremment l'un ou l'autre :

(11a) 오늘은 비가 많이 오는데 / 와서 길이 미끄럽겠다 / 홍수가 났다
onŭl-ŭn bi-ga manhi onŭnde /wasŏ gil-i mikkŭrŏpkessta / hongsu-ga nass-ta
aujourd'hui-T, pluie-S bcp venir-*nŭnde*/*asŏ* route-S serait glissante/inondation-S être produit
'aujourd'hui, il pleut beaucoup -*nŭnde*/-*asŏ*, la chaussée va être glissante / il y y a eu des inondations'

dès qu'il s'agit de donner un ordre ou un conseil à partir de la même situation décrite ci-dessus, l'emploi du connecteur -*asŏ*/*ŏsŏ* est formellement interdit :

(12) 오늘은 비가 많이 오는데/*와서 (조심해서 운전해라 ! / 우산을 써라 !)
onŭl-ŭn bi-ga manhi o-nŭnde/ *wasŏ josimhaesŏ unjŏn haera ! / usan-ŭl ssŏra !
aujourd'hui-T, pluie-S bcp venir-*nŭnde*/*-*asŏ* prudemment conduis/ parapluie-O prends
'aujourd'hui, il pleut beaucoup -*nŭnde*/*-*asŏ*, conduis avec prudence / prends le parapluie'

A l'instar de -*gi ttaemunae* 'parce que/voilà pourquoi', dont on a déjà observé le comportement face à l'impératif, le morphème -*asŏ*/*ŏsŏ* définit exclusivement les relations logico-temporelles qui unissent les deux énoncés P et Q qu'il présente comme un bloc décrivant une suite d'événements dont l'un est l'antécédent ou la cause, et l'autre le conséquent ou l'effet.

1.2.2.2. -*nŭnde* : un connecteur d'hypothèse ?

Puisque, dans les énoncés que nous avons observés, il est question, étant donnée une situation, d'une projection dans un futur possible, nous pourrions être tenté de rapprocher -*nŭnde* du connecteur -(*ŭ*)*myŏn*, souvent traduit en français, à tort ou à raison, par le *si* hypothétique. Là encore cependant, on se rend compte de l'originalité du connecteur -*nŭnde* dans la mesure où l'énoncé P à partir duquel s'effectue cette projection dénotera toujours un « fait avéré » et non pas une hypothèse, ce qui n'est pas le cas du connecteur -(*ŭ*)*myŏn*. C'est ce que montrent les exemples suivants :

(13) 지금 창문 밖에 비가 많이 오는데 / ?오면 길이 미끄럽겠다
jigŭm changmun bakke bi-ga manhi o-nŭnde/ ?o-myŏn gil-i mikkŭrŏpkessta
maintenant fenêtre dehors pluie-S bcp venir-*nŭnde*/ ?-*myŏn*, route-S va être glissante
'en ce moment, (je vois à travers la fenêtre qu') il tombe dehors une pluie battante -*nŭnde*/ ?-*myŏn* la chaussée va être glissante !'

(14) 혹시 내일 비가 많이 ?오는데 / 오면 길이 미끄럽겠지 ?
hoksi naeil bi-ga manhi ?o-nŭnde / -omyŏn gil-i mikkŭrŏpkessji ?

par hasard demain pluie-S bcp ?venir -nŭnde/-myŏn, route-S sera glissante, n'est-ce pas ?
'par hasard demain il pleut bcp ?-nŭnde/-myŏn la chaussée va être glissante, hein ?'

Par la même occasion, on constate que -(ŭ)myŏn est loin de partager les mêmes propriétés sémantiques que le connecteur français si, ce dernier autorisant un enchaînement si P, Q avec P décrivant un fait « réel » et de surcroît, dans un contexte où le raisonnement à partir de P est remis en cause par Q :

(15) S'il a beaucoup plu, (en tout cas) il n'y a pas eu d'inondations.

Ce qui vient d'être dit signifie deux choses : d'abord, si -nŭnde agit comme une injonction à raisonner juste, il le fait à partir d'un certain état de choses et non pas d'une hypothèse ; ensuite, ces propriétés sémantiques du connecteur -nŭnde font qu'il semble étonnamment proche du connecteur français si, puisque dans un contexte où l'énoncé P décrit un fait réel, ce dernier connecteur a tendance à fonctionner comme un connecteur d'opposition de la même manière que le connecteur coréen, alors que tout compte fait, avec un énoncé P hypothétique, il indique plutôt un raisonnement à suivre. Avec toutefois cette réserve que, encore une fois, s'agissant de -nŭnde, l'énoncé P n'est jamais hypothétique :

(16) S'il pleut beaucoup, il y aura des inondations.
(16a) S'il pleuvait beaucoup, il y aurait des inondations.
(16b) S'il avait beaucoup plu, il y aurait eu des inondations.

Ce fait nous paraît d'autant plus étrange que d'ordinaire, on rapproche la conjonction si du connecteur -(ŭ)myŏn, comme il a été dit plus haut[59]. Ce rapprochement nous paraît cependant d'autant moins justifié que précisément le connecteur hypothétique coréen -(ŭ)myŏn n'inverse jamais l'orientation du raisonnement initial comme le fait son soi-disant équivalent français si :

(17) 비가 많이 왔(?-으면 / -는데 / -지만) 홍수는 안 났다
bi-ga manhi wass(?-ŭmyŏn/-nŭnde/-jiman) hongsu-nŭn an nassta
pluie-S bcp être venu (?-ŭmyŏn/-nŭnde/-jiman) inondation-T ne pas s'être produit
'il a énormément plu (?-ŭmyŏn/-nŭnde/-jiman) 'mais' il n'y a pas eu d'inondations'

En conclusion, on peut résumer de la manière suivante les résultats de nos premières décisions observationnelles :

a) Dans l'enchaînement d'énoncés de type P-nŭnde Q, le connecteur -nŭnde agit comme une injonction à raisonner juste, et cela, seulement à partir d'un certain état de choses que décrit l'énoncé P, et non pas d'une hypothèse.

---

59 Ce rapprochement nous a été suggéré par J.Cl. Anscombre.

b) Dès lors, il peut en découler deux conséquences apparemment contradictoires : tantôt ce raisonnement est contredit par ce qui est décrit dans l'énoncé Q, et alors -nŭnde est quasi-synonyme des connecteurs d'opposition -jiman 'mais' et -ŭna 'mais/pourtant' ou encore du connecteur de concession -ado/ŏdo 'même si'.

c) Tantôt le raisonnement trouve ses prolongements dans l'énoncé Q. Dans ce cas et dans ce cas seulement, -nŭnde est très proche de -(ŭ)nikka 'puisque/comme'. L'énoncé Q exprime les relations de cause à effet entre P et Q. Ce peut notamment être une phrase impérative. Pour ces deux raisons, -nŭnde et -asŏ/ŏsŏ – ce dernier indiquant, entre autres, les relations de cause à effet – sont antinomiques.

d) Le corollaire de tout ceci est que le cadre que met en place -nŭnde pour la poursuite du discours par un raisonnement juste à partir d'une situation donnée n'est pas adapté à une déduction logique.

Certes, chacune de ses propriétés est loin d'être exclusivement un trait distinctif du connecteur -nŭnde, mais lui seul les cumule toutes et d'une façon apparemment aussi contradictoire. Quelle pourrait être en fin de compte une description efficace et économique d'un tel morphème ? Nous avons choisi de mener ces réflexions, qui relèvent des hypothèses internes, dans le cadre de la théorie de l'argumentation dans la langue et de la théorie des stéréotypes.

2. Lecture argumentative de -nŭnde

En mettant à profit ce que nous apprend la théorie de l'argumentation dans la langue, on peut considérer un enchaînement d'énoncés P + Q comme porteur de relations de type argument + conclusion. Il est cependant essentiel de ne pas oublier que ces relations sont fondées sur ce que l'on appelle les principes argumentatifs. Par exemple, un principe argumentatif associerait haega nada 'l'apparition du soleil' à ttattuthaejinda 'il fait doux/la température monte', ce qui nous donnerait un couple de phrases, haega namyŏn ttattŭthaejinda 'Quand il y a du soleil, la température monte'. Cela signifie que dans l'argumentation que porte un enchaînement d'énoncés P + Q, il faut obligatoirement passer par un troisième terme qui n'est pas explicité.

Cela étant, il n'est pas nécessaire que l'énoncé P exprime directement l'argument et l'énoncé Q la conclusion. Ainsi, plusieurs cas de figure sont possibles dans l'argumentation des énoncés. Il arrive qu'un connecteur relie deux énoncés qui représentent deux principes argumentatifs différents, tout en opposant en surface seulement l'argument de l'un à l'argument de l'autre. C'est le cas par exemple d'un des enchaînements d'énoncés que nous avons déjà cité :

(4) 해는 났는데 바람이 불어
    hae-nŭn nassnŭnde baram-i burŏ
    il y a du soleil-*nŭnde*, le vent souffle
    'il y a du soleil, mais le vent souffle'

et dans lequel s'opposent en réalité deux principes argumentatifs, deux points de vue irréconciliables : 'quand il y a du soleil, la température monte' *versus* 'quand le vent souffle, il fait plus frisquet'. Nous avons là deux orientations argumentatives opposées. Dans le cas contraire, on parle de coorientation argumentative. S'agissant de l'exemple ci-dessus, nous avons déjà constaté que le morphème -*nŭnde* n'indique pas lui-même les rapports conflictuels entre ces deux points de vue, comme aurait fait par exemple ses concurrents -*jiman* 'mais' ou -*(ŭ)na* 'mais/pourtant'. Nous les avons interprétés en nous appuyant sur notre seule compétence à la fois linguistique et culturelle.

Etant donné que ce connecteur nous place en face de deux énoncés de toute évidence liés d'une certaine façon, sans pourtant nous dire précisément laquelle, la problématique de -*nŭnde* semble étroitement liée à deux opérations : d'abord l'identification, le repérage du/des principe(s) argumentatifs qu'est censé porter l'enchaînement P -*nŭnde* Q ; et ensuite, la décision concernant l'orientation argumentative de P et Q.

1.1. Stéréotypes et raisonnement en langue

La langue ne décrit pas la réalité. Elle se construit une image du monde à sa manière, selon ses structures sémantiques propres. C'est là un point de vue qui favorise une linguistique non référentialiste et non cognitiviste. La signification d'un mot – qui se définit par conséquent selon un critère interne à la langue et non pas relativement à un référent – est constituée d'une liste non fermée de phrases, appelées *stéréotypes* (ou encore *phrases stéréotypiques*), attachées à ce mot.

D'autre part, on peut légitimement s'interroger sur la nature des phrases qui sont censées être à la base d'un principe argumentatif comme ceux dont nous parlons ici. Selon une hypothèse que nous avons faite nôtre depuis un certain nombre d'années, les deux éléments constitutifs d'un principe argumentatif, tel l'exemple que nous venons de voir, seraient précisément les deux termes d'un stéréotype entretenant des relations privilégiées dans la langue. Ainsi, dans le cas de l'enchaînement P -*nŭnde* Q suivant :

(4) 해는 났는데 바람이 불어
    hae-nŭn nass-nŭnde baram-i burŏ
    il y a du soleil-*nŭnde*, le vent souffle
    'il y a du soleil, mais le vent souffle'

Dès que la phrase *hae-ga/nŭn nada* 'le soleil apparaît/il y a du soleil' est évoquée, le connecteur *-nŭnde* aura tendance à convoquer, dans son incitation à raisonner juste, la partenaire privilégiée de cette première phrase, à savoir *nalssi-ga ttattŭthada* 'il fait doux/la température est clémente', pour que la paire fonctionne comme un principe argumentatif, auquel réplique, contre toute attente, une autre phrase, *barami bunda* ' le vent souffle', laquelle est à son tour étroitement associée à la phrase *nalssi-ga sŏnsŏnhada* 'il fait frisquet'. Étant donné que les deux stéréotypes *nalssi-ga ttattŭthada* 'il fait doux/la température est clémente' et *nalssi-ga sŏnsŏnhada* 'il fait frisquet' sont sémantiquement antagonistes, les deux principes argumentatifs dont ils constituent respectivement les conclusions ont une orientation argumentative diamétralement opposée, ce qui a pour effet le conflit entre deux principes argumentatifs, deux points de vue, d'où cette impression de l'attente déçue, d'un premier raisonnement contrarié et bloqué par un autre raisonnement qui se présente avec plus de force ou comme étant plus pertinent.

Dans cette même configuration, rien ne s'opposerait d'ailleurs à ce que le choix pour l'énoncé Q porte sur la partie conclusion du principe argumentatif : *baram-i bulmyŏn nalssi-ga sŏnsŏnhada/sŏnsŏnhaejinda* 'si le vent souffle, il fait frisquet/le temps se rafraîchit', comme dans l'exemple suivant :

(4b) 해는 났는데 날씨가 선선해
hae-nŭn nass-nŭnde nalssi-ga sŏnsŏnhae
soleil-T être apparu-*nŭnde* le temps-S être frisquet
'il y a du soleil-*nŭnde*, il fait frisquet '

où le raisonnement dont nous parlons consisterait précisément à chercher des stéréotypes qui peuvent fournir un argument pour cette conclusion, dont, entre autres, notre phrase *baram-i bunda* 'le vent souffle'. C'est selon ce mécanisme que semble fonctionner l'enchaînement suivant qui, d'ailleurs, a déjà été mentionné :

(1) 그 사람은 몸이 아픈데 계속 일을 한다
kŭ saram-ŭn mom-i aph-ŭnde, gyesok il-ŭl handa
'il est malade -*ŭnde*, il continue à travailler'

pour lequel on peut aisément prévoir une variante du type :

(1c) 그 사람은 몸이 아픈데 의무감이 철저해
kŭ saram-ŭn mom-i aph-ŭnde, ŭimugam-i chŏljŏhae
cette personne-T corps-S être malade-*ŭnde* sens du devoir-S être profond
'il est malade -*ŭnde*, c'est un homme de devoir'

car, l'un comme l'autre, ces deux enchaînements présupposent l'existence de deux principes argumentatifs qui se contredisent sous une forme telle que *momi aphŭmyŏn, irŭl an handa* 'quand on est malade, on ne travaille pas' versus *ŭimugami issŭmyŏn, mathŭn barŭl da handa* 'quand on a le sens du devoir, on n'abandonne pas son poste/sa tâche'.

Un cas totalement opposé est celui des enchaînements des énoncés suivants qui sont néanmoins tout aussi explicables dans le même langage descriptif :

(18) 해가 났는데, 날씨가 따뜻하겠다 / 따뜻하겠지 ?
hae-ga nass-nŭnde nalssi-ga ttattŭtha-kess-ta / ttattŭtha-kess-ji ?
soleil-S être apparu-*nŭnde* le temps-S sera doux / sera doux, n'est-ce pas ?
'il y a du soleil-*nŭnde*, il va faire doux / il va faire doux, n'est-ce pas ?'

et dans le contexte où un point de vue qui incarne un principe argumentatif ne se voit pas opposer un autre point de vue, et a ainsi la possibilité de déployer son pouvoir argumentatif dans toute son étendue sans courir le risque d'être brimé ou contesté. Le sens de l'enchaînement P -*nŭnde* Q est constitué, pour l'essentiel, par le raisonnement même que rend possible ce principe argumentatif.

Dans ce même contexte, étant donné l'énoncé P qui est la partie visible d'un principe argumentatif sous-jacent, le connecteur -*nŭnde* favorisera l'apparition de toute sorte d'énoncés Q pour peu qu'ils n'entrent pas en contradiction avec ce principe.

Ainsi, dans l'exemple suivant :

(18a) 해가 났는데, 산보나 나가자 !
hae-ga nass-nŭnde sanbo-na nagaja !
soleil-S être *apparu-nŭnde*, promenade sortons faire
'il y a du soleil-*nŭnde*, allons nous promener !'

il n'est pas impossible de voir une combinaison de deux principes argumentatifs ayant chacun son identité propre, mais qui ne se contredisent pas pour autant, c'est-à-dire le principe déjà cité *hae-ga namyŏn, nalssi-ga ttattŭthada/ ttattŭthaejinda* 's'il y a du soleil, il fait doux/la température monte' dans lequel vient s'imbriquer un autre principe, à savoir *nalssi-ga ttattŭthamyŏn, sanbo hago sipta/siphŏjinda* 's'il fait beau, on a envie d'aller se promener', celui qui fonde et explique l'enchaînement (3). Le fonctionnement d'un tel enchaînement ou plutôt d'une telle imbrication pourrait être représenté de la manière suivante :

hae-ga na-nda 'il y a du soleil' → *nalssi-ga ttattŭthada* 'il fait bon/doux'
→ *sanbo hago sipta* 'on a envie d'aller se promener'

Une autre possibilité, toujours dans le même contexte, est que le stéréotype qui ouvre le parcours argumentatif ne soit pas suivi de son compagnon de route, laissant ainsi l'enchaînement d'énoncés inachevé, c'est-à-dire sous la forme tronquée de P -*nŭnde*, d'où l'impression d'une argumentation dans l'expectative :

(8) 해가 났는데
    hae-ga nass-nŭnde
    'il y a du soleil-*nŭnde*'

Il s'agit néanmoins d'une fausse impression, car cet énoncé isolé n'en représente pas moins un stéréotype qui est suffisamment évocateur d'un autre (ou d'autres) stéréotype(s) au(x)quel(s) la communauté linguistique l'associe habituellement. En d'autres termes, le destinataire de cet énoncé aura tendance à raisonner en reprenant à son compte un enchaînement complet dont il n'aura pas grand mal à rétablir le chaînon manquant grâce à sa compétence linguistique :

(18) 해가 났는데, 날씨가 따뜻하겠다 / 따뜻하겠지 ?
    hae-ga nass-nŭnde nalssi-ga ttattŭtha-kess-ta / ttattŭtha-kess-ji ?
    'il y a du soleil-*nŭnde*, il va faire doux / il va faire doux, n'est-ce pas ?'

Une pluralité de principes argumentatifs ou de points de vue fonctionnant simultanément dans un énoncé ne manque pas de soulever le problème d'une possible polyphonie : certes un énoncé présuppose l'existence d'un locuteur, mais celui-ci ne s'identifie pas nécessairement à la totalité des points de vue qui peuvent s'exprimer dans cet énoncé. Il importe donc de savoir lesquelles de ces voix il laisse résonner à travers sa parole, lesquelles il fait vraiment siennes. Or, dans l'enchaînement d'énoncés P + Q où les deux énoncés ont une orientation argumentative opposée, il apparaît clairement que selon que le connecteur utilisé est *-jiman* ou *-nŭnde,* la cible de cette identification n'est pas la même. Si dans le cas de *-jiman,* le locuteur prend sur lui ce qui est dit dans Q, c'est plutôt P qui exprime l'opinion du locuteur en ce qui concerne *-nŭnde.* C'est ce que montre sans ambiguïté le test suivant qui consiste à faire un enchaînement sur ce même enchaînement P + Q ; on constate que dans le nouveau parcours argumentatif [P + Q, R] qui s'instaure à la suite de cette opération, l'orientation argumentative s'inverse totalement d'un connecteur à l'autre. Dans les deux cas, nous l'avons dit, c'est la partie conclusive qui a toujours plus de poids argumentatif pour s'imposer en finale. Or, l'ultime conclusion de ce nouvel enchaînement est orientée de façon positive pour *-jiman*[60] :

(19) 그 사람은 아프지만 일해야 돼. 당연한 일야
    kŭ saram-ŭn aphŭ-jiman il-haeya doe. dangyŏnhan il-iya
    cette personne-T être malade *-jiman* travailler devoir. Evident travail-être.
    'il est malade, mais il est obligé de travailler. C'est normal'

Ce qui voudrait dire que dans la confrontation de deux principes argumentatifs respectivement représentés ci-dessus, la première fois par P et Q, et la seconde fois

---

60 Pour l'analyse du connecteur *-jiman,* voir ici-même le chapitre suivant.

par P + Q et R, le locuteur se range résolument du côté de la conclusion Q ou de R, alors que c'est le contraire qui se passe avec -nŭnde, car la séquence d'enchaînements [P + Q, R] se termine dans son ensemble par une conclusion négative.

(20) 그 사람은 아픈데 일해야 돼. 부당한 일이야
 kŭ saram-ŭn aph-ŭnde il-haeya doe. budanghan il-iya
 cette personne-T être malade-ŭnde travailler devoir. Injuste travail-être
 'il est malade, mais il est obligé de travailler, ce n'est pas juste'

Ce détour par la polyphonie confirme, s'il en était encore besoin, ce que notre analyse a déjà suffisamment mis en lumière, à savoir que, dans un contexte conflictuel, le locuteur d'un énoncé avec -nŭnde voit son argument (l'énoncé P) systématiquement 'démoli' par le défenseur ou, d'après la terminologie que nous avons adoptée, par l'énonciateur d'un autre point de vue qui est argumentativement plus fort, tandis qu'avec -jiman, c'est en définitive son argument (l'énoncé Q) qui l'emporte sur un point de vue qu'il laisse s'exprimer dans son énoncé, mais auquel il ne s'identifie nullement. Ce fait est suffisamment important, nous semble-t-il, pour être souligné.

En conclusion, le recours au double concept de stéréotype et de principe argumentatif pour expliquer les interprétations que nous avons initialement retenues pour les divers types d'énoncés que construit le connecteur -nŭnde, nous fait entrevoir la possibilité de prévoir un mécanisme à deux temps pour le fonctionnement de ce connecteur. Cela signifie qu'à ce stade de l'analyse, la problématique se résume à cette question : « Un principe argumentatif ou ? ». Avec -nŭnde, le tout est donc de savoir si nous avons affaire à un point de vue ou deux. Le critère qui fonde notre explication est, étant donné un principe argumentatif, la présence ou l'absence d'un autre principe argumentatif concurrent ou contestataire.

Aussi longtemps qu'un principe argumentatif n'est pas mis en cause, le raisonnement dont nous parlons ici suivra son cours à travers multiples formes d'énoncés linguistiques. Lorsqu'un autre principe argumentatif se met en travers du parcours que suit ce raisonnement, c'est toujours pour rappeler, avec une certaine brutalité, l'existence d'un fait réel qui rend caduc un tel raisonnement. Voilà pourquoi dans un cas, nous aurons des énoncés à contenu virtuel, et dans l'autre un cas classique d'opposition argumentative ; les deux énoncés P et Q représentent chacun un principe argumentatif différent, le connecteur -nŭnde faisant pencher la balance en faveur de celui de l'énoncé Q.

Il s'ensuit que le discours que construit ce connecteur est tantôt monodique, tantôt polyphonique, donnant lieu selon le cas à une simple succession de deux énoncés provenant d'une seule et même voix, ou à l'hétérogénéité radicale de deux énoncés qui s'excluent mutuellement. C'est là que réside précisément l'originalité de -nŭnde, car la plupart du temps, les connecteurs correspondent plutôt à l'une ou à l'autre de ces deux configurations.

En dernier lieu, adopter cette explication revient également à admettre que l'argumentation à laquelle nous procédons à longueur de journée n'est possible que dans la seule mesure où la langue permet habituellement l'association de deux phrases sous la forme séquentielle antécédent + conséquent, même s'il est concevable que puisse se poser par ailleurs la question de l'adéquation d'une telle argumentation analysable en termes linguistiques avec ce que les logiciens appellent l'acte d'argumenter.

2.2. -nŭnde et le cadre discursif

Si le recours aux stéréotypes assure une certaine cohérence à notre tentative pour expliquer la manière dont le connecteur -nŭnde met sur pied le cadre d'un raisonnement, il semble en fait que ce concept nous permet de franchir un pas supplémentaire pour donner du morphème en question une définition plus étendue. Cela est dû à la nature même des stéréotypes. Ces derniers constituent, avec les phrases génériques et aussi d'autres éléments de la langue tels que les proverbes, ce que l'on peut appeler le savoir partagé d'une communauté linguistique à propos du monde. Une séquence de discours, par exemple un enchaînement d'énoncés P + Q, peut être considérée comme une certaine prise de position par rapport à ce fonds commun linguistique. Aussi, les connecteurs et les opérateurs de la langue qui organisent en quelque sorte les relations entre les phrases de la langue dans la construction d'un discours ont-ils une fonction éminemment argumentative. À la suite de Jean-Claude Anscombre, nous appelons ce fonds commun linguistique le cadre discursif, et nous postulons précisément que la fonction essentielle du connecteur -nŭnde consiste à porter ces éléments du cadre discursif au sein même d'un discours.

Nous nous contenterons ici de citer un proverbe pour démontrer que dans un enchaînement d'énoncés P -nŭnde Q, un élément du cadre discursif se trouve toujours dans l'énoncé P -nŭnde et jamais dans l'énoncé Q, à condition, bien entendu, que le locuteur ne laisse pas s'exprimer dans l'énoncé Q une voix discordante qui ferait appel à un autre proverbe à orientation argumentative opposée :

(21) 사촌이 논을 사면 배가 아프다
 sachon-i non-ŭl sa-myŏn bae-ga aphŭda
 cousin-S rizière-O acheter-*Cond* ventre-S être douloureux
 'quand un cousin s'achète une rizière, on a mal au ventre'

(21a) 사촌이 논을 사면 배가 (아픈데 / 아프다는데) 너는 아무 느낌도 없니?
 sachon-i non-ŭl sa-myŏn baega aphŭnde/aphŭdanŭnde nŏnŭn amu nŭkkimdo ŏpni?
 cousin-S rizière-O acheter-Cond ventre-S être malade-*nŭnde* toi-T aucun ressentiment avoir?
 '(Ø/on dit que) quand un cousin s'achète une rizière, on a mal au ventre-*ŭnde*, toi tu n'éprouves rien?'

(21b) ?너는 아무 느낌도 없는데 사촌이 논을 사면 배가 아프(-다 / -니?)
 ? *nŏ-nŭn amu nŭkkimdo ŏpnŭnde sachon-i non-ŭl sa-myŏn bae-ga aphŭ (-da/-ni?)*
 toi-T aucun ressentiment avoir-*nŭnde* cousin-S rizière-O acheter-Cond ventre-S être douloureux / est-il douloureux?
 '? toi, tu n'éprouves rien -*nŭnde*, quand un cousin s'achète une rizière, on a mal au ventre / est-ce qu'on a mal au ventre?'

Cet exemple montre clairement que le connecteur -*nŭnde* a pour mission de poser la base, c'est-à-dire un énoncé de portée générale, sur laquelle doit être jugé ou apprécié un énoncé particulier.

Aussi l'énoncé P-*nŭnde* constituera-t-il ce que l'on appelle le *thème*, lorsque les connaissances partagées qu'il est censé véhiculer concernent davantage la sphère privée des protagonistes de l'acte de parole que la communauté linguistique dans son ensemble, l'énoncé Q étant alors le propos (information nouvelle), comme dans l'exemple suivant :

(1) 그 사람은 몸이 아픈데 계속 일을 한다
 kŭ saram-ŭn mom-i aphŭnde gyesok il-ŭl handa
 cette personne-T corps-S être malade-*ŭnde* continuellement travail-O faire-Prés-Décl
 il est malade -*ŭnde*, il continue à travailler
 'même s'il est malade, il continue à travailler'

2.3. Évolution de l'élément -*de*

Le fait que le connecteur -*nŭnde* a pour fonction de mettre en place un cadre discursif et sert ainsi à imposer un lieu énonciatif à la poursuite du discours, peut trouver une explication dans l'évolution de l'entité linguistique -*de*[61]. Cette dernière est, du point de vue morphologique, un nom dépendant et, de ce fait, ne jouit pas, tout en étant un nom, de l'autonomie d'un nom de plein droit, ce qui l'oblige à s'actualiser dans une phrase à la seule condition d'être déterminée d'une certaine façon, en l'occurrence par ce que l'on peut appeler une proposition relative. Celle-ci se termine, comme chacun sait, par un prédicat verbal

---

61 Voir sur ce sujet LEE Kee-dong (1980 : 134).

ou qualitatif (ou encore adjectival) muni d'une terminaison verbale dite terminative, autrement dit *-nŭn* dans un cas, et *-ŭn* dans l'autre. Tout cela débouche finalement sur une structure phrastique qui se présente de la manière suivante :

- Proposition / *V-nŭn de*
- Proposition / *Qual (Adj)-ŭn de*

D'autre part, sur le plan sémantique, l'élément *-de* signifie quelque chose comme 'lieu, endroit', et est à ce titre synonyme de *jangso* ' lieu/endroit', qui, lui, a un statut nominal plein.

2.3.1. *-de, lieu concret*

Il est établi que l'évolution de l'élément *-de* présente trois phases, la première étant celle où, précisément, il indique un lieu concret tel que l'on peut le lire dans les énoncés suivants :

(22) 여기는 학생들이 공부하는(데 / 장소)이니까 조용히 하세요
 yŏgi-nŭn haksaeng-dŭl-i gongbuhanŭn (de / jangso)-nikka joyonghi haseyo
 ici-T étudiants-S travaillant lieu (*de*/*jangso*)-*nikka* 'puisque' ne faites pas de bruit
 'ici, c'est un lieu (*de*/*jangso*) où travaillent les étudiants, ne faites donc pas de bruit'

(23) 물이 깊은 (-데 /장소)에서는 수영 하지마 !
 mul-i giphŭn (de / jangso)-esŏ-nŭn suyŏng hajima !
 eau-S étant profond endroit (*-de* / *jangso*) à/dans ne nage pas
 'ne te baigne pas là (*-de* / *jangso*) où l'eau est profonde'

On constate que dans les contextes où il délimite un espace concret qui sert de cadre à un état ou à un procès, l'élément *-de* peut parfaitement être remplacé par le mot *jangso* 'lieu/endroit'.

2.3.2. *-de, lieu abstrait*

À un stade intermédiaire de son évolution, l'élément *-de* exprime l'idée d'un lieu abstrait, tout en jouant, sur le plan morpho-syntaxique, un rôle central dans la constitution des syntagmes adverbiaux :

(24) 나는 이 논문을 끝내는 (-데 / *장소)에 5 년이 걸렸다
 *na-nŭn i nonmun-ŭl kkŭtnae-nŭn (de / *jangso)e o nyŏn-i gŏl-lyŏss-ta*
 moi-T cette thèse-O à/pour (*-de* / *jangso*) achever 5 ans-S avoir été nécessaire
 'j'ai mis cinq ans à (*-de* / **jangso*) finir cette thèse'

(25) 그 사람은 출세하는 (-데 / *장소)에만 관심이 있다
 그 사람은 출세하는 (데 / *장소)에만 관심이 있다
 *kŭ saram-ŭn chulseha-nŭn (de / *jangso)-e-man gwansim-i issta*

cette personne-T à/dans (-*de* / *jangso) faire carrière seulement intérêt-S exister
'il ne s'intéresse qu'à (-*de* / *jangso) faire carrière'

Notons que dans ces contextes, la substitution de *jangso* ' lieu/endroit' au nom dépendant
-*de* n'est plus possible.

2.3.3. *-de, lieu énonciatif*

L'ultime étape de son évolution débouche sur la création d'une forme figée, une terminaison verbale jonctive, autrement dit le connecteur *-nŭnde* pour le verbe et *-ŭnde* pour le qualitatif tels que nous les avons étudiés ci-dessus. Cela étant, si dans les deux précédents emplois l'élément *-de* a une portée limitée, restant confiné à l'intérieur d'un énoncé, le connecteur *-ŭnde* a une grande portée, car la proposition P-*nŭnde* porte sur la totalité de la proposition Q :

(1) 그 사람은 몸이 아픈데 계속 일을 한다
Cette personne-T corps-S être *malade*-Suff.mod toujours travail-O faire
il est malade -*ŭnde* il continue à travailler

Le connecteur *-nŭnde* constitue un lieu énonciatif où une énonciation s'articule à une autre et où un point de vue fait face à un autre pour se projeter dans la même direction ou pour s'opposer.

Conclusion

Le connecteur *-nŭnde* est un introducteur du cadre discursif qui nous sert de base pour la poursuite du discours. Quant à la suite du discours, elle dépend précisément de la présence sous-jacente, dans l'énoncé, d'un ou de deux points de vue qui sont par ailleurs analysables en termes polyphoniques. C'est ce qui explique que l'enchaînement d'énoncés P-*nŭnde* Q peut se dérouler soit sur un mode unitaire soit sur un mode conflictuel. Dans le premier cas, l'énoncé se poursuit conformément au principe ou au système de valeurs que présente le seul point de vue présent en lice. Dans le second, nous avons un enchaînement similaire à ceux que l'on construit au moyen des connecteurs dits d'opposition.

Étant donné que ce morphème se contente de mettre sur pied un cadre pour le discours à venir au lieu de donner, comme font bon nombre de connecteurs, une indication précise quant à la nature des relations, d'ordre logique, temporel ou autre, entre l'énoncé P et l'énoncé Q, la seule indication fournie par ce connecteur serait peut-être une injonction à raisonner juste. C'est à ce titre que *-nŭnde* peut éventuellement être un de ces moyens linguistiques qui nous permettent de dire certaines choses sans nécessairement assumer toutes les conséquences qui en découlent.

En tout cas, un tel mécanisme linguistique est essentiellement fondé sur la confiance accordée à notre savoir-faire linguistique. C'est à nous de repérer, d'identifier les points de vue implicitement présents dans l'énoncé et d'en mesurer toutes les conséquences.

C'est là le domaine des stéréotypes qui constituent le savoir partagé de la communauté linguistique et qui font partie, pour nous, des compétences linguistiques nous permettant précisément d'effectuer les repérages que nous venons d'évoquer.

Le puzzle argumentatif du carré -(i)na/-(ŭ)na et -man/-jiman en coréen[62]

1. Introduction

Les deux connecteurs -(ŭ)na et -jiman ont toujours été considérés comme synonymes : ils sont censés indiquer une relation d'opposition entre deux énoncés qu'ils ont pour rôle de relier syntaxiquement. Pour une raison totalement mystérieuse, on a même prétendu que la seule différence entre les deux morphèmes est que le premier est davantage utilisé à l'oral et le second davantage à l'écrit.

Nous tenterons de montrer qu'il n'en est rien et que, si interchangeables qu'ils soient dans de nombreuses constructions, ils obéissent en réalité à des mécanismes fort éloignés. Cette hypothèse de base est fondée sur l'intuition que, tout compte fait, le connecteur -(ŭ)na est morphologiquement et sémantiquement assez proche de la particule -(i)na tandis que, parallèlement, le connecteur -jiman est apparenté à la particule -man. Notre démonstration comportera les étapes suivantes :

-(i)na et -(ŭ)na ont la même origine ou du moins, l'un est dérivé de l'autre et, de ce fait, ils sont sémantiquement apparentés ;
-jiman est dérivé de -man, et on peut raisonnablement penser qu'il subsiste encore dans le connecteur, des vestiges sémantiques de la particule.

Tout indique donc que les particules -(i)na et -man sont sémantiquement très éloignées, voire même opposées. Dans ces conditions, rien ne semble justifier la thèse selon laquelle les connecteurs -(ŭ)na et -jiman accomplissent une tâche identique ou presque. Il existe précisément des énoncés qui montrent assez clairement que ces deux morphèmes ne se comportent pas toujours de façon convergente.

Considérant ces morphèmes comme fondamentalement argumentatifs, nous travaillerons de préférence sur les énoncés qui facilitent une lecture argumentative. Il s'agira d'enchaînements d'énoncés comportant un argument et une conclusion.

---

[62] Paru dans *Faits de langues*, n°17, Éditions Ophrys, Paris, mai 2001, pp.289~302. (ISSN : 1244–5460).

Sur le plan théorique, notre analyse des morphèmes grammaticaux s'inspire de la démarche adoptée depuis quelques années par J.C. Anscombre, et elle a pour cadre la théorie des stéréotypes. Il est à noter que parmi les énoncés stéréotypiques figurent un grand nombre de phrases génériques, car « le savoir partagé d'une communauté linguistique comprend entre autres choses une représentation du monde, ce qui ne peut se faire que par le biais de phrases génériques »[63]. De ce point de vue, « les enchaînements de type argument + conclusion dont nous venons de parler reposent sur des phrases génériques typifiantes »[64], qu'elles soient *a priori* ou locales[65].

Notre choix se justifie d'abord par le fait que nous avons affaire à des morphèmes dont le rôle principal consiste précisément à réguler ce que l'on pourrait appeler l'argumentation dans la langue. Nous pensons par ailleurs que cette argumentation est essentiellement fondée sur l'image du monde qu'une communauté linguistique se donne, et qui est très souvent exprimée au moyen des phrases génériques. S'y ajoute une autre raison. Cette approche, qui nous permet de rompre définitivement avec une vision référentialiste des phénomènes linguistiques, nous procure un pôle de stabilité dans l'interprétation des énoncés.

2. -(i)na et -man

Les morphèmes *-(i)na* et *-man* sont souvent perçus comme marqueurs d'une fonction adverbiale à l'intérieur de la phrase sans être de vrais adverbes (cf. Hong S., 1983 : 34). La vulgate grammaticale les classe dans la catégorie des particules modales, par opposition à la catégorie des particules casuelles, dont le rôle consiste essentiellement à indiquer la fonction syntaxique du syntagme nominal auquel elles se postposent. En nous appuyant sur des énoncés qui favorisent une lecture argumentative, nous allons essayer de montrer que ces morphèmes interviennent à un niveau supraphrastique, et non pas à l'intérieur de la phrase comme le ferait un simple adverbe de constituant. Ce faisant, ils fonctionnent plutôt comme des particules pragmatiques.

---

63 Cf. J.-C., Anscombre (2001), « *Surtout* et *particulièrement* : le traitement des particules pragmatiques dans le cadre de la théorie des stéréotypes », *Cuadernos de filología*, « La pragmática de los conectores y las partículas modales », H. Ferrer & S. Pons éds., Universitat de Valencia, vol.VI, pp.1–22.
64 Ibid.
65 Cf. G. Kleiber (1988), « Phrases génériques et raisonnements par défaut », *Le français moderne*, 56, n°1/2, pp.1–15.

Même s'il est difficile de comparer en tous points les deux morphèmes, il semble que, globalement, *-man* est du domaine de l'affirmation et que *-(i)na* est plutôt du domaine de la négation. Etant donné une propriété X qui, de par sa structure sémantique, est susceptible de constituer un argument favorisant une conclusion positive, l'élément *-man* dans la combinaison X *-man* épouse les potentialités argumentatives de la propriété X, alors que l'élément *-(i)na* se présente préférentiellement sous la forme d'une structure négative *non X -(i)na*, la propriété X étant la plupart du temps sous-jacente à l'énoncé (cf. Choi S.-U., 2000b).

Dans ce qui suit, nous essaierons de présenter dans la mesure du possible les fonctions respectives des deux particules, car les comparer entre elles peut présenter un intérêt pour notre objectif, qui est de réexaminer la paire *-(eu)na/-jiman*.

2.1. -(i)na

Nous nous contenterons ici de résumer brièvement nos précédentes études[66].

D'après les observations empiriques, il existe deux types d'énoncés construits sur *-(i)na*, à savoir *non-X + -(i)na* et *X + -(i)na*. Ils relèvent d'une même stratégie discursive, dont l'objectif est d'orienter négativement un contenu propositionnel, quel qu'il soit. Cette analyse a été motivée par un phénomène apparemment paradoxal : la majorité des énoncés que nous avons étudiés ne permettent que des enchaînements négatifs, autrement dit favorisent une conclusion négative. Pourtant, une partie importante de ces énoncés sont constitués d'une combinaison de l'élément *-(i)na* avec une propriété favorisant une conclusion positive et dont l'orientation argumentative n'est en rien altérée par l'action du morphème. Tout se passe comme si l'élément *-(i)na* régulait à l'extérieur les continuations de l'énoncé tout en préservant à l'intérieur de l'espace discursif les potentialités argumentatives de la propriété associée.

(1) kŭ haksaeng-ŭn nol-gi-na handa
    cet étudiant-T s'amuser-Nom-na faire
    'Cet étudiant ne fait que s'amuser'

Tel que nous le lisons, cet énoncé décrit certes un élève qui s'amuse, mais il laisse également entendre qu'il devrait plutôt se préoccuper, par exemple, de ses devoirs scolaires. C'est précisément ce qui le différencie du même énoncé sans *-(i)na*.

---

66 Cf. Choi S.-U., 2000a, 2000b, 2000c.

Tout se passe comme si *nolda* ('s'amuser' ou 'tirer au flanc') était considéré ici comme le terme négatif d'une alternative, interprété comme prévalant au détriment de son contraire positif, souhaitable. D'un point de vue argumentatif, il s'agirait en quelque sorte d'un choix fait entre deux parcours argumentatifs : l'un qui va de l'argument 'travailler' à la conclusion 'réussir à l'examen' et celui, symétrique, qui va de l'argument 's'amuser' à la conclusion 'échouer à l'examen'.

Dans une analyse précédente, nous avons abordé cette problématique du point de vue des stéréotypes linguistiques. Dans une telle optique, le sens d'un mot est identifiable à une série de relations privilégiées qu'il entretient avec certaines phrases de la langue. Ces stéréotypes déterminent et contraignent d'une certaine manière les enchaînements discursifs. D'où l'idée d'Anscombre d'étudier les principes argumentatifs à partir des stéréotypes. Par exemple, il est possible de considérer que l'expression *haksaeng* 'élève' ou 'étudiant' est définie, entre autres, par un stéréotype qui l'associe au prédicat *gongbuhada* 'étudier'. De son côté, le prédicat *nolda* 's'amuser' fait partie d'un stéréotype qui définit le mot *nongttaengi* 'cancre'.

Ainsi présentée, cette approche dessine nettement deux parcours parallèles et diamétralement opposés, l'un positif et l'autre négatif. Une fois arrivé à ce point, on cerne mieux la nature et la problématique de notre énoncé initial. Le mot *haksaeng* 'élève' ou 'étudiant', dont on attendrait qu'il s'associe d'une façon privilégiée avec le prédicat *gongbuhada* 'étudier', est lié ici au prédicat stéréotypique de son contraire *nongttaengi* 'cancre'. Et c'est là qu'interviendrait, du moins d'après notre hypothèse, l'élément *-(i)na*. La structure *non-X+-(i)na* marquerait une sorte de mésalliance linguistique, *-(i)na* indiquant que *non-X* a pris la place de *X*.

Le fait que l'élément *-(i)na* articule deux énoncés qui se contredisent est de nature à poser le problème des sources d'énonciation. Dans une perspective polyphonique, le morphème *-(i)na* suppose deux énonciateurs. L'emploi le plus typique est celui où le locuteur de l'énoncé s'identifie à l'un de ces deux énonciateurs en refusant d'assumer le point de vue exprimé par l'autre et qui s'oppose au sien.

(2) *kŭrŏn illyu daehakkyo-nŭn gongbu-rŭl jal ha-nŭn haksaeng-ina dŭrŏganda*
tel de première catégorie université-T étude-O qui fait bien élève-*ina* entrer
'Tu sais, une université aussi prestigieuse, il faut être vraiment top pour y entrer'

Dans cet énoncé, apparaissent deux points de vue, l'un qui est présent d'une façon explicite dans l'énoncé même et qui convoque un principe argumentatif selon lequel seuls les bons élèves peuvent viser une certaine catégorie d'universités très cotées, et l'autre dont nous prévoyons seulement l'existence de façon hypothétique, et pour lequel être admis dans ces universités est à la portée de tout le monde. On peut raisonnablement penser que le premier point de vue est celui qu'adopte le locuteur, qui ainsi, adresse une critique ou une mise en garde.

-(i)na ne qualifie pas directement un élément dans l'énoncé comme le ferait un simple adjectif ou un adverbe. Dans l'énoncé X+-(i)na, l'élément -(i)na ne modifie en rien la propriété X ; il ne renforce ni n'inverse son orientation argumentative. Comme nous l'avons dit plus haut, l'élément -(i)na semble réguler à l'extérieur les continuations de l'énoncé tout en préservant à l'intérieur de l'espace discursif les potentialités argumentatives de la propriété associée. C'est pour cette raison que nous avons parlé à son propos de *moteur inférentiel supraphrastique* (Cf. Choi S.-U., 2000c : 19).

-(i)na présuppose, comme nous l'avons dit, deux parcours argumentatifs, dont l'un est rejeté. Cette fonction critique de l'élément -(i)na peut en fin de compte suggérer l'idée d'une alternative, d'où la possibilité de dériver la notion de choix que certains privilégient dans la définition qu'ils donnent de ce morphème.

Ensuite, il est aisé de faire dériver de son comportement exclusif la notion d'unicité. D'autres morphèmes véhiculent celle-ci à leur façon, parmi lesquels le morphème -*man* qui, à ce titre, peut nous servir de test ou de comparaison. Notre stratégie consiste à faire prévaloir l'idée que si ce dernier exclut, c'est pour mieux approuver le choix retenu, alors que l'exclusion opérée par -(i)na tend au contraire à marquer une certaine désapprobation. Dans cette optique, l'un indiquerait un choix *pour* et l'autre un choix *contre*.

2.2. -*man*

2.2.1. *Valeurs principales : restriction, exclusion et présupposé d'existence*

Il semble largement admis que la particule -*man* indique avant tout l'idée de restriction laquelle entraîne dans son sillage celle d'exclusion. Un consensus non moins large semble associer également à cette particule un présupposé d'existence (Hong, 1983 : 209). Ainsi, l'énoncé suivant est considéré comme porteur d'au moins trois indications :

> (3) kŭ ae-nŭn manhwa-*man* ilknŭnda
> cet enfant-T bandes dessinées-*man* lire
> 'Cet enfant ne lit que des bandes dessinées'

Il signifie que la lecture de l'enfant se limite aux bandes dessinées et, en conséquence, que rien d'autre ne peut l'intéresser. Il présuppose aussi non seulement l'existence des bandes dessinées mais celle d'objets qui leur sont comparables et opposables, autrement dit d'autres types de livres.

2.2.2. Valeurs dérivées : aspect duratif, fonctions minorante et haut degré

Dans certains types de contextes, -*man* peut prendre une valeur durative, minorante ou de haut degré :

(4) *bi-man wass-ta*
pluie-*man* être venu
'Seule la pluie tombait'

L'interprétation la plus naturelle est : 'Il pleuvait sans arrêt'. On rencontre souvent dans ce genre de phrases des adverbes qui font ressortir l'aspect duratif du type de *haru jongil* 'toute la journée', ou *kyesok(haesŏ)* 'continuellement', 'sans arrêt'. On pourrait aussi comprendre : 'Il ne tombait rien d'autre que la pluie', en se fondant sur l'idée d'unicité et d'exclusion évoquée ci-dessus.

Un énoncé tel que :

(5) *jamkkan-man iyagi ha-psida*
(nous) un instant-*man* parler
'Parlons juste un moment'

s'emploie souvent pour amener l'interlocuteur à épouser notre propre point de vue ou pour solliciter une faveur. -*man* s'ajoute à une expression quantifiée ou non, de nature minorante.

En (6), au contraire, on renforce l'intensité de l'adverbe avec -*man* :

(6) *kŭjŏ mŏlliman ga-go sipta*
(moi) simplement loin-*man* aller avoir envie de
'J'ai seulement envie de partir loin'

Enoncé qu'on pourrait gloser par : « J'ai envie de partir loin, très loin ».

2.2.3. Pour une réinterprétation argumentative de -man comme particule pragmatique suprasegmentale

Nous ferons l'hypothèse que -*man* indique qu'il n'existe dans le contexte donné qu'un seul principe argumentatif à prendre en considération. Elle repose sur le constat suivant. Les valeurs généralement attribuées à -*man* ont été relevées quasi-exclusivement dans des énoncés où -*man* est associée à une propriété classifiante[67]. Or, il en existe d'autres où la particule porte sur une propriété qualifiante[68], et qui se prêtent plus aisément à une lecture argumentative. Notre

---

67 *Cf.* J. C. Milner (1978), *De la syntaxe à l'interprétation*, Seuil, Paris ; chap. 7, § 5.
68 Ibid.

intuition est que, tout comme pour -(i)na, il est plus économique et plus efficace de nous appuyer sur une lecture argumentative de -man pour expliquer ensuite son fonctionnement dans des énoncés pour lesquels cette lecture est moins évidente.

Une lecture argumentative suppose tout d'abord que -man, tout comme d'ailleurs -(i)na, porte non pas sur un élément de la phrase mais sur toute la phrase. Elle nous oblige en effet à placer nos énoncés dans le cadre d'un enchaînement qui relie un argument à une conclusion et à reconnaître que cet enchaînement est fondé sur un principe argumentatif, correspondant à une phrase générique typifiante. On aura alors P (X -man), Q qui est un enchaînement du type précédent + conséquent. La logique de notre lecture suggère que le précédent sans la particule, P (X), est déjà un argument favorisant la conclusion Q. L'apparition de -man ajoute seulement du poids à l'argument P (X), en indiquant que, en réalité, P (X) est le seul, l'unique argument pour Q. En d'autres termes, la portée de -man dans P (X -man) ne se limite pas au syntagme X, bien que celui-ci soit l'élément-noyau par lequel l'énoncé P est un argument pour Q. -man joue ainsi le rôle d'une particule pragmatique qui permet au locuteur de moduler l'ensemble de son énoncé, et non pas seulement un des éléments constitutifs de cet énoncé, par rapport à la suite du discours.

Ce point de vue peut être soumis à l'épreuve des faits, qui, pour une fois, ne sont pas trop cruels : -man semble bien imposer des contraintes aux continuations des énoncés sans porter atteinte aux potentialités argumentatives du syntagme X. Quelle que soit l'orientation argumentative de celui-ci, -man contribue à ce que P soit de toute façon un argument favorable à la conclusion exprimée par Q. Ainsi voit-on que -man imprime sa marque à l'ensemble de l'énoncé P, ce qu'illustre l'exemple suivant :

(7) him(-ŭl) nae ! jogŭm-man ga-myŏn dochakhanda
    force(-O) produire-Imp ! un peu-*man* aller-Cond arriver
    'Courage ! On marche encore un peu et on est arrivé'

Il apparaît ainsi impossible de considérer -man en dehors du schéma argument – conclusion. Même si l'énoncé P (X -man) se présente seul, on doit l'interpréter comme présupposant Q. Il faut donc associer à -man au moins une assertion sous-jacente qui est la conclusion Q. Qu'elle soit manifeste ou non est tout à fait secondaire. On posera qu'avec -man, le poids de l'argument est fonction de la nature de la conclusion sous-jacente, ni plus ni moins.

On peut alors expliquer ce qui nous a toujours paru un paradoxe : le fait que -man semble être à l'origine de deux sortes d'énoncés P (X-man), justiciables tantôt d'une lecture majorante, auquel cas, il apporte un argument-massue, tantôt d'une lecture minorante, auquel cas, il constitue un argument non pas important, mais suffisant, pour la conclusion visée. C'est ce qui différencie ce connecteur de son concurrent -*bakke* + Nég. Ce dernier est ce qu'on pourrait appeler un modificateur déréalisant. Dans une lecture minorante, il impose, contrairement à -*man*, une conclusion négative. Ces phénomènes ont souvent été observés, mais n'ont pas été clairement diagnostiqués :

(7a) *him(-ŭl) nae ! jogŭm (-man ga-myŏn/*-bakke an ga-myŏn) dochakhanda*
 force(-O) produire-Imp ! un peu (-*man* aller-Cond / *-*bakke* Nég aller-Cond) arriver
 'Courage ! On marche encore un peu et on est arrivé'

Autrement dit, l'idée de restriction que l'on a toujours associée à -*man* ne signifierait pas nécessairement ou seulement qu'il n'y ait qu'un argument à prendre en compte dans le contexte face à la conclusion sous-jacente. Mais elle implique que cet argument soit à la hauteur de la conclusion attendue. Aussi, lorsque la barre est placée très haut, l'argument est-il susceptible d'exprimer le haut degré et, dans le cas contraire, il suffit qu'il soit suffisant.

Une description qui intègre ces considérations se donne les moyens de réconcilier partiellement les multiples définitions de la particule rappelées ci-dessus : restriction, unicité, exclusion, présupposé d'existence, aspect duratif, fonction minorante et haut degré.

Cette approche a pour autre conséquence d'éliminer les interprétations par exclusion et présupposé. Dire que *kŭ ae-nŭn manhwa-man ilknŭnda* 'cet enfant ne lit que des BD' présuppose l'existence de BD ainsi que celle d'autres types de livres, témoigne d'une attitude par trop référentialiste. L'existence de *manhwa* 'bandes dessinées' est bien présupposée, puisque l'énoncé peut être nié ou interrogé, sans modifier X-*man*. Mais la présupposition d'existence des autres livres est loin d'être évidente. Pour nous, la combinaison X-*man* vise essentiellement à insister sur l'unicité, donc sur l'importance, de l'argument que l'on peut tirer de l'élément X. C'est la vraie et la seule finalité de cette structure. L'existence de *non-*X ne la concerne pas et ce n'est qu'une préoccupation logiciste qui est étrangère au fonctionnement de la langue. On nous objectera peut-être qu'un énoncé comme *josik dongmul-ŭn phulman mŏknŭnda* 'les herbivores se nourrissent exclusivement d'herbes' n'admet aucune exception, puisqu'il s'agit d'une vérité scientifique – et d'ailleurs n'a-t-on pas vu ces derniers temps ce qu'il nous en coûte de l'ignorer ? –. Mais il n'en va pas de même pour (3) *kŭ ae-nŭn manhwaman ilknŭnda* 'cet enfant ne lit que des bandes dessinées' qui tolère parfaitement des exceptions du type *kŭ ae-nŭn manhwa-man ilk-nŭnde, onŭl-ŭn oenillo sosŏl-ŭl da ilknŭnda / gongbu-rŭl da handa* 'cet enfant ne lit que des bandes dessinées, mais aujourd'hui, on ne sait pourquoi, il lit un roman / il étudie'.

2.3. Bilan et nouvelles perspectives

Les particules -*(i)na* et -*man* peuvent signifier toutes les deux l'idée d'unicité, mais elles le font chacune à sa manière et dans des domaines très différents. Dans la structure *X-man*, la présence de l'élément -*man* est essentiellement dictée par les exigences de la propriété X, tandis que l'élément -*(i)na* se présente déjà préférentiellement sous la forme d'une structure négative *non-X-man*, la propriété X étant la plupart du temps sous-jacente à l'énoncé. -*man* est fondamentalement du domaine de l'affirmation et -*(i)na* de celui de la négation, ce qui nous amène à rapprocher ce couple de particules du couple de connecteurs interpropositionnels -*(ŭ)na* et -*jiman* auxquels elles sont apparentées morphologiquement et, d'après notre intuition, sémantiquement.

Un autre élément capital est la portée de chacune de ces particules. Notre analyse a montré que l'une et l'autre portent sur l'intégralité de l'énoncé dans lequel elles interviennent.

3. -(ŭ)na et -jiman

Ces deux connecteurs sont habituellement considérés comme opposant deux énoncés. Quelques remarques préliminaires d'ordre morphologique s'imposent. En français, les connecteurs se présentent très souvent sous forme de conjonctions. C'est notamment le cas pour *mais*, qui sert souvent d'équivalent aux connecteurs d'opposition coréens. En coréen, les connecteurs relèvent de la catégorie des suffixes verbaux, parfois appelés terminaisons verbales.

Comme il existe par ailleurs d'autres terminaisons verbales destinées non pas à connecter deux segments du discours, mais à terminer une phrase, on distingue deux catégories principales de terminaisons : les unes à fonction conjonctive et les autres à fonction conclusive. C'est donc comme si les conjugaisons verbales servaient les unes à relier deux propositions et les autres à clore une phrase. De ce fait, une phrase coréenne comportant deux propositions en son sein se présente la plupart du temps selon le schéma suivant :

P-terminaison verbale conjonctive, Q-terminaison conclusive[69]

A première vue, le remplacement de -*jiman* par -*(ŭ)na* ou l'inverse, souvent possible, ne semble pas entraîner de changement sémantique important à tel point que l'on en vient à se demander s'il est vraiment possible et même justifié

---

[69] Ajoutons que l'ordre P-terminaison conjonctive + Q-terminaison conclusive est absolument obligatoire et régulier.

de tenter d'établir une quelconque distinction entre eux. Considérons l'exemple suivant :

(8) yŏlsimhi gongbu-rŭl haess(-ŭna / -jiman) ttŏrŏjŏssta
assidûment étude -O avoir fait -(ŭ)na / -jiman) avoir échoué
'j'ai vraiment bossé, mais j'ai été collé'

Les deux morphèmes semblent permettre au locuteur, à la manière du *mais* français, d'orienter un 'après' à la suite d'un 'avant' et de se positionner, étant donné un premier contenu, vis-à-vis du contenu qui va suivre. Les analyses qui leur ont été consacrées jusqu'à présent s'accordent, au-delà de leur diversité méthodologique, sur un point : ces connecteurs opposent les deux énoncés qu'ils relient.

3.1. Approche argumentative

Notre perspective argumentative nous incite à envisager l'opposition, si elle existe, non pas nécessairement au niveau de l'articulation de P à Q mais plutôt au niveau des conclusions que l'interlocuteur est amené à tirer des arguments que véhiculent P et Q. Or, cette lecture argumentative, fondée sur les relations argument-conclusion sous-jacentes aux énoncés, nous a fait progressivement prendre conscience d'un certain décalage entre les indications données par les deux connecteurs.

3.1.1. Opposition argumentative et poids argumentatif

Considérons les deux énoncés suivants :

(9) kŭ saram-ŭn jaeju-do iss(-jiman / ?-ŭna) nolyŏk-do mani handa
cette personne-T talent-aussi exister (-jiman / ?-ŭna) effort aussi faire
'Certes, il a du talent, mais, surtout, il travaille beaucoup'

(10) nŏ-do phigonha(-jiman / ? -na) na-nŭn dŏ phigonhada
toi aussi être fatigué (-jiman + ? -(ŭ)na) moi-T plus être fatigué
'D'accord, tu es fatigué, mais moi je le suis encore plus'

Ils constituent pour nous de véritables paires minimales, dans la mesure où ils montrent que le choix entre les deux connecteurs n'est pas toujours indifférent. Pourtant beaucoup persistent à le penser, confortés d'ailleurs dans leur certitude par les poncifs débités régulièrement dans les grammaires scolaires.

En (9), on a un enchaînement qui suppose deux phrases génériques : la première serait du type *jaeju-ga issŏya sŏngonghanda* 'il faut avoir du talent pour réussir' et la seconde *nolyŏk-haeya sŏngonghanda* 'il faut travailler pour réussir', le tout signifiant quelque chose comme *jaejuga issŏdo nolyŏk an hamyŏn sŏngonhaji mot handa* 'même si on a du talent, sans le travail, on ne réussit pas / sans le travail, le talent n'est rien'. Pour produire ce résultat, notre exemple met donc en balance deux phrases génériques qui proposent chacune un argument pour une conclusion identique, *sŏnggonghanda* 'réussir'. Autrement dit les deux arguments sont co-orientés, à ceci près que, dans l'enchaînement, ils sont présentés comme n'ayant pas le même poids argumentatif. Ainsi, cet exemple montre que lorsque les deux énoncés (P et Q) sont argumentativement co-orientés, il est nettement préférable de les articuler autour du connecteur *-jiman* plutôt qu'autour de *-(ŭ)na*.

Si l'exemple (9) « oppose » deux propriétés ayant la même orientation argumentative mais de poids différent, l'exemple (10) semble « opposer » deux intensités différentes d'une seule et même propriété. Aussi (10) sera-t-il utilisé dans un contexte où deux personnes rivalisent en quelque sorte de mauvaise volonté pour refuser une corvée quelconque. L'énoncé dit en somme : « Désolé, je ne peux pas te rendre ce service. Si tu es fatigué, moi, je le suis encore plus que toi. » On peut, par ailleurs, lui faire correspondre une phrase générique comme *phigonhamyŏn il-hago sipji antha* 'la fatigue n'incite pas à l'effort '.

Lorsque, étant donné une conclusion, seul le poids argumentatif est en jeu entre deux énoncés, ces derniers partageant la même orientation argumentative, *-jiman* est plus apte à les opposer que *-(ŭ)na*. Cela étant, qui dit deux arguments orientés dans un sens opposé, dit deux conclusions opposées. C'est là un conflit entre deux principes argumentatifs ou entre deux parcours argument-conclusion ou encore entre deux phrases génériques typifiantes de type antécédent-conséquent. Lorsque ce conflit entre deux arguments se structure dans un enchaînement d'énoncés, le connecteur *-(ŭ)na* est tout à fait à sa place.

Cependant, même dans ce dernier cas de figure, on peut parler de poids argumentatif, car l'argument en faveur de la conclusion que l'on cherche à imposer a certainement un poids argumentatif plus grand que celui qui plaide pour la cause perdue. C'est à ce titre que le connecteur *-jiman* peut aussi articuler de tels enchaînements. C'est pourquoi *-jiman* peut remplacer *-(ŭ)na*, ce qui explique probablement la confusion dans l'analyse des deux connecteurs et l'emploi plus généralisé de *-jiman*.

3.1.2. Emplois particuliers

En dehors de ces enchaînements pour lesquels le critère de l'orientation argumentative nous a permis de surmonter l'obstacle d'une très grande synonymie, les deux connecteurs ont chacun des emplois plus spécifiques.

Le connecteur -(ŭ)na peut être répété sous forme de V$_1$ -(ŭ)na V$_2$ -(ŭ)na, ce qui est totalement exclu pour -jiman. Cet emploi de -(ŭ)na fait irrésistiblement penser au mécanisme de répétition de la particule -(i)na : X$_1$ -(i)na X$_2$ -(i)na. Dans les deux cas, cette structure redoublée met en jeu une alternative reposant sur les deux faces, positive et négative, d'une même valeur, l'ensemble signifiant que, entre ceci ou cela, on ne choisit pas vraiment ou que, quel que soit le choix, le résultat est de toute façon le même.

(11) gongbu-rŭl (hana mana / *hajiman maljiman) haess-ta
      (moi) étude-O (faire-na cesser-na /*faire-jiman cesser-jiman) faire-Pass-Décl
      'J'ai étudié comme-ci comme-ça /mais finalement c'est comme si je ne l'avais pas fait'

Lorsqu'il entre dans cette structure redoublée, -(ŭ)na a une variante, -gŏna :

(12) gongbu-nŭn (hana an hana / hagŏna an hagŏna) machangajida
      étude-T (faire-na cesser-na / faire-gŏna ne pas faire-gŏna) être égal-Prés-Décl
      'Etudier ou ne pas étudier, c'est du pareil au même'

Cet emploi du connecteur -(ŭ)na, où se profilent les mêmes indications sémantico-pragmatiques de négation, choix ou exclusion que pour la particule -(i)na, est une incitation de plus à les étudier ensemble.

De son côté, -jiman a aussi un emploi spécifique révélateur. Il s'agit d'un enchaînement P -jiman Q, où P n'est pas relié au contenu sémantique de l'énoncé Q, mais à l'acte même de le prononcer.

(13) joesongha (-jiman / ?-na), Q
      (moi) être désolé / s'excuser (-jiman / ?-na), Q
      'Excusez-moi / s'il vous plaît, Q'

(14) nŏ-do bŏlssŏ al-kess-(-jiman / ?-ŭna), Q
      toi aussi déjà savoir (-jiman / ? -ŭna), Q
      'Comme tu le sais, Q'

Le rôle de -jiman est ici, avant tout, d'opposer la raison de prendre la parole à la raison de ne pas le faire, la première finissant toujours par l'emporter. Toutefois, ce conflit d'ordre pragmatique n'est pas explicité au niveau de l'énoncé.

3.2. Bilan et perspectives

Ces résultats, certes provisoires, semblent cependant suffisamment clairs pour nous permettre d'avancer les conclusions suivantes.

1) D'une manière générale, -(ŭ)na ne prendra place que dans un contexte conflictuel où deux argumentations s'opposent d'une façon frontale, alors que

-jiman, dont la fonction n'est pas d'opposer franchement mais de mesurer les poids respectifs des argumentations, co-orientées ou non, a souvent tendance à exprimer l'idée de concession plutôt que celle d'opposition.
2) Contrairement au connecteur *-(ŭ)na*, *-jiman* peut intervenir au niveau supraphrastique du dire. Mais si le connecteur *-(ŭ)na* a dans sa portée la totalité de l'énoncé P, il est tout de même tributaire du prédicat, alors que *-jiman* est un morphème qui opère au-delà de l'énoncé dont il s'est émancipé et porte sur l'intégralité de l'énoncé, dont la fermeture est toujours marquée, en coréen, par une forme finale du prédicat.

4. Proximité morphologique

Puisque c'est une similitude morphologique évidente qui nous a incité à comparer les particules *-(i)na* et *-man* au couple de connecteurs *-(ŭ)na* et *-jiman*, voyons à présent si la morphologie peut apporter d'autres arguments qui confirment ou infirment nos analyses sémantico-pragmatiques.

4.1. Analyse morphologique de -(i)na/-(ŭ)na

L'évolution historique de ces morphèmes est mal connue et l'on ne sait trop si une forme précède l'autre et laquelle. Kim Seungkon (1978 : 66) affirme que *-(i)na* provient de *-(ŭ)na* et situe son apparition au 15e siècle. Cependant, notre propos est plutôt de tirer parti des éléments que nous pouvons contrôler aujourd'hui encore. De ce point de vue, il nous semble raisonnable de dériver la particule *-(i)na* du connecteur *-(ŭ)na*. Cette solution est pour nous plus facile à concevoir que le contraire, qui nous oblige à faire un saut dans l'inconnu. Elle permet de considérer la particule *-(i)na* comme le résultat d'une 'conjugaison', au moyen de la terminaison verbale conjonctive *-(ŭ)na*, du verbe *ida*, généralement considéré comme un verbe-copule. Dans ce cas, l'élément *-i-* de *-(i)na* serait le radical du verbe *ida*. Or, le verbe *ida* ne se combine qu'avec des substantifs. Et de ce fait, Kim Seung-Kon (1978 : 201) affirme que, dans un premier temps, la particule *-(i)na* se combinait seulement avec des substantifs. Elle a accepté l'adverbe dans son espace discursif au 18e siècle et c'est au 19e siècle qu'elle a enfin accepté le verbe, devenant ainsi pratiquement ce qu'elle est aujourd'hui.

Une telle évolution de la forme *-(i)na* irait de pair avec l'extension progressive de sa portée. Tributaire du verbe, son figement avec le radical du verbe *ida* peut lui avoir donné une certaine autonomie, qu'elle n'a cessé de consolider par la suite. En passant ainsi du statut de suffixe verbal à celui de particule pragmatique, elle aurait surtout acquis, en même temps que la liberté de positionnement, la faculté de porter sur toutes les parties de la phrase et même sur la phrase dans son intégralité.

4.2. Analyse morphologique de -*man*/-*jiman*

4.2.1. Dérivation : de -man à -jiman

Si, dans le cas de *-(i)na/-(ŭ)na*, le connecteur a donné naissance à la particule, avec le couple *-man/-jiman*, l'évolution aurait suivi le chemin inverse. Nos connaissances actuelles sur ces deux formes incitent à dériver *-jiman* de *-man*.

Notons d'abord que, à côté de *-jiman*, il existe une autre forme qui est quasiment son double et qui remplit le même rôle en tant que connecteur. Il s'agit de *-daman*. Par ailleurs, on sait qu'en coréen, aussi bien *-da* que *-ji* sont des terminaisons verbales conclusives, servant à clore une phrase. De là à considérer que ces deux formes *-jiman* et *-daman* représentent, en réalité, des phrases nominalisées coiffées en quelque sorte par la particule *-man*, il n'y a qu'un pas que nous sommes enclin à franchir.

Par rapport au connecteur *-(ŭ)na* qui reste encore d'essence verbale, *-jiman*, où *-man* intervient après la formation complète de la phrase, pourrait être une forme beaucoup plus indépendante des mécanismes strictement internes de la phrase, ce qui lui permettrait d'opérer, comme nous l'avons vu plus haut, au niveau du dire.

4.2.2. Evolution de -man

Notons d'abord que, même en coréen moderne, il existe un homonyme de *-man* qui n'est pas une particule, mais un nom dépendant que nous noterons *-man*$_2$. Cette dernière forme n'apparaît pratiquement que dans la combinaison X *-man*$_2$ + *hada* (faire), qui signifie à peu près « valoir (autant que) X ». Aussi, *-man*$_2$ est-il souvent considéré comme indiquant l'idée de degré ou de comparaison.

(15) *kŭ chaek-ŭn ilk-ŭl man*$_2$ *hada* (Degré)
ce livre-T lire-Fdét-Fut-*man*$_2$ faire-Prés-Décl
'Ce livre vaut la peine d'être lu'

(16) *kŭ-man*$_2$ *han saram-i ŏpta* (Comparaison)
ce(lui-là)-*man*$_2$ qui vaut/fait personne-S il n'y a pas-Prés-Décl
'Des types comme ça, il n'y en a pas'

La particule *-man* pourrait avoir sa source dans ce nom dépendant, encore très vivant en coréen moderne. Une telle analyse nous aiderait à mieux comprendre pourquoi la particule *-man*, tout en indiquant une idée d'unicité et de restriction, reçoit une lecture tantôt majorante, tantôt minorante. Dans la structure X -man_2 + *hada* (faire), l'élément X se comporte comme un étalon par rapport auquel le reste doit se mesurer, ce qui rejoint notre proposition d'interpréter la particule -*man* en fonction de la conclusion sous-jacente à l'énoncé.

Conclusion

Pour recomposer le puzzle des relations qu'entretiennent nos deux connecteurs, il nous a fallu examiner le fonctionnement des particules qui leur sont apparentées et cette incursion dans le domaine des particules pragmatiques nous a fait entrevoir les rapports complexes et parfois troubles qu'entretiennent ces deux catégories de morphèmes grammaticaux. Le processus de dérivation qui donne naissance à ces morphèmes semble être tout aussi complexe. On considère généralement que c'est un morphème lexématique, la plupart du temps un verbe ou un substantif, qui, avec l'adjonction d'un suffixe, devient progressivement une particule pragmatique, souvent après avoir connu une phase adverbiale[70], de même que c'est très souvent une particule pragmatique qui, postposée à un suffixe verbal, devient progressivement un connecteur. Les marqueurs de -*(i)na*/ -*(ŭ)na* et -*man*/-*jiman* s'inscrivent en faux contre cette idée.

Nous sommes arrivé à la conclusion que pour comprendre les mécanismes gouvernant les particules pragmatiques et les connecteurs coréens, il est essentiel de prendre en compte leur portée. Ainsi, les particules -*man*, qui s'est progressivement formée à partir d'un substantif, et -*(i)na*, qui est le résultat d'une évolution mettant en jeu le connecteur -*(ŭ)na* et la copule *ida*, se sont toutes deux émancipées de l'emprise de la phrase. Le connecteur -*(ŭ)na* a dans sa portée toute la phrase, mais, étant dès le départ une terminaison verbale, il est resté un élément intervenant à la limite de celle-ci. Quant au connecteur -*jiman*, étant dérivé de -*man*, il lui doit son autonomie vis-à-vis des mécanismes internes à la phrase et peut intervenir en dehors des limites de celle-ci, c'est-à-dire au niveau du dire.

Au-delà des « découvertes » que nous avons faites dans nos pérégrinations au pays des particules et connecteurs, l'examen croisé de ces morphèmes nous a permis de démontrer que -*(ŭ)na* et -*jiman*, quoique souvent confondus, suivent des trajectoires très différentes.

---

70 Cf. Hong S., 1983, p. 38–39.

La particule pragmatique -(i)rado et les phrases génériques[71]

1. Introduction

La problématique de l'élément -(i)rado peut se résumer, en ce qui nous concerne, de la manière suivante :

a) Il semble que, dans toutes ses occurrences, l'élément -(i)rado indique un caractère hypothétique de la propriété à laquelle il est relié.
b) -(i)rado est censé donner des indications telles que choix négatif, valeurs limites, ou quantification universelle. Le problème est donc de savoir pourquoi et dans quelles conditions une propriété hypothétique combinée à -(i)rado peut déboucher sur des indications apparement aussi divergentes.
c) Pour certaines de ses occurrences, -(i)rado semble s'apparenter sémantiquement à -(i)na et, pour d'autres, à -do. Dans notre optique, le premier met en place un espace discursif négatif pour favoriser une argumentation négative et le second indique une pluralité d'arguments dans l'énoncé.
d) Un grand nombre de travaux consacrés à l'élément -(i)rado l'observent préférentiellement dans l'environnement d'une expression indiquant une valeur négative. En réalité, il semble que -(i)rado se trouve à la base d'un nombre non négligeable d'énoncés qui font à l'inverse référence à des propriétés positives.

2. Significations reconnues à -(i)rado

Il n'est pas question de contester la légitimité des significations que l'on a cru repérer jusqu'ici à propos de cette particule (Hong : 1983). Néanmoins, on peut tout aussi légitimement penser que ces significations découlent d'une lecture relativement proche des structures de surface des énoncés étudiés. S'écarter de cette lecture, c'est – et ce doit être – s'éloigner de la surface, lire d'autres énoncés qui n'apparaissaient pas au grand jour et enfin interpréter autrement les énoncés que nous croyons connaître comme notre poche.

---

71 Conférence donnée le 23 novembre 2001.

2.1. Choix négatif

-(i)rado indiquerait un choix fait à contrecœur et nous savons que dans cet emploi, ce morphème peut être remplacé par *-(i)na*[72] :

(1) amugŏto ŏpsŭni, igŏs (-irado / -ina) mŏkja
    rien il n'y a-puisque, ceci (-irado / -ina) manger-Exh
    '(puisque) il n'y a rien, mangeons cela'

Dans ce type d'énoncés, étant donné le schéma X-*(i)rado*, le locuteur est censé espérer ou désirer plus que X. La philosophie des énoncés de ce type serait ainsi un peu ce que dit le proverbe coréen « Du poulet à la place du faisan » ou encore le proverbe français « Faute de grives, on mange des merles ». Par ailleurs, il semble que, dans tous les énoncés de ce type, X relève d'une certaine hypothèse, quelque chose qui n'a pas été prévu ou envisagé dès le départ.

2.2. Valeurs limites

-(i)rado est souvent inséré dans des énoncés qui expriment le haut degré d'une certaine propriété du type *très difficile* ou *très facile*, etc. Dans ces énoncés, le morphème *-(i)na* ne semble pas, contrairement au contexte précédent, être un substitut adéquat, alors que *-do* l'est parfaitement et on peut supposer que ce fait s'explique par la présence dans *-(i)rado* de l'élément *-do/*, car ce dernier est connu pour sa fonction d'indication du haut degré.

(2) i munje-nŭn chŏnjae(-rado / ? -na /-do) phul su ŏpta
    ce problème-T, un génie (-(irado / ? -(i)na / -do) résoudre-Imposs
    'ce problème, même un génie ne pourrait le résoudre'

(3) i munje-nŭn babo(-rado / ? -na / -do) phul su issta
    ce problème-T idiot (-rado / ? -na / -do) résoudre-Poss-Prés-Décl
    'ce problème, même un idiot pourrait le résoudre'

Ce qu'il faut noter par rapport à ces énoncés, c'est que l'élément X de la structure X-*(i)rado* représente un critère, une mesure de la propriété qu'ils décrivent, par exemple facilité ou difficulté, comme c'est le cas ici. On pourrait cependant penser que ce n'est pas l'élément *-(i)rado* qui est à l'origine de l'indication du haut degré en question ; même sans la présence de *-(i)rado*, ces énoncés continueraient à signifier globalement la même chose. Il n'en est pas moins vrai que X est tout de même évoqué de façon hypothétique. Le premier énoncé dit : « Même si un génie était là », tout comme le second énoncé dit « Même si un idiot s'en occupait ».

---

72 HONG Sa-Man, 1983.

Relèvent, d'après nous, de la même catégorie les énoncés du type suivant qui sont souvent utilisés pour exprimer une attitude inflexible ou un rejet catégorique ou encore un refus de toute faiblesse. Dans de tels énoncés, la structure X-*(i)rado* réfère la plupart du temps à une valeur limite :

(4) *han chi(-rado / ? -na / -do) yangbohal su(ga) ŏpta*
un pouce (*-(i)rado / ? -(i)na / -do*) ne pas pouvoir céder
'il ne faut pas céder (même) d'un pouce'

Dans de tels énoncés, l'élément X, toujours envisagé de façon hypothétique, est la plupart du temps invoqué comme le minimum limite de la propriété dont il s'agit.

2.3. Quantification universelle

(5) *i munje-nŭn ...nugu (-rado / -na / ? -do) phul su issta*
ce problème-T, quiconque (*-(i)rado / -(i)na / ?-do*) pouvoir résoudre
'ce problème, tout le monde peut le résoudre'

(6) *... nugu (-rado / ? -na / -do) phul su ŏpta*
... quiconque (*-rado / ? -na / -aussi*) ne pas pouvoir résoudre
'ce problème, personne ne peut le résoudre'

(7) *amu (-rado / -na / ? -do) phul su issta*
... n'importe qui (*-(i)rado / -(i)na / ? -do*) pouvoir résoudre
'ce problème, tout le monde peut le résoudre'

(8) *amu (? -rado / -do) phul su ŏpta*
... n'importe qui (?- (i)rado / -do) ne pas pouvoir résoudre
'ce problème, personne ne peut le résoudre'

(9) *amu-na phul su ŏpta*
... n'importe qui *-(i)na* ne pas pouvoir résoudre
'ce n'est pas n'importe qui qui peut résoudre ce problème'

Nous avons déjà étudié ce point à propos de *-(i)na* dans Choi (2000a). Les trois particules *-(i)rado*, *-(i)na* et *-do* se retrouvent dans un mécanisme particulier : combinées à des expressions indéfinies – en fait, elles fonctionnent comme des mots interrogatifs dans un contexte interrogatif –, elles donnent lieu à des quantificateurs universels. Cette question mériterait une analyse complète à elle seule. Notons seulement les points suivants. Premièrement, dans ce procédé de quantification, *-(i)rado* semble être l'élément qui, globalement, pose le moins de problèmes ; il semble être adapté à la fois au prédicat affirmatif et au prédicat négatif. Deuxièmement, l'élément *-do* semble poser le plus de contraintes, s'accommodant mal d'un contexte affirmatif. Quant à -*(i)na*, il semble occuper une situation intermédiaire, car, dans un contexte négatif, il semble pousser le mécanisme vers la quantification existentielle et non pas universelle.

2.4. Emplois figés

(10) *kŭ aedŭl-ŭn machi sŭngni-rado han (gŏt chŏrŏm / gŏt gatchi / dŭsi) ttwiŏdaessta*
cet enfant-T victoire-*(i)rado* comme si avoir fait/gagné, sauter-Pass-Décl
'les enfants sautaient de joie comme s'ils avaient remporté la victoire'

(11) *musŭn bulkhwaehan il-irado issŏss-nŭnji, ŏlgul-i jochi anass-ta*
quel désagréable-Fdét travail-rado être-Pass mine-S être bon-Nég-Pass-Décl
'il avait l'air maussade, comme s'il lui était arrivé quelque chose de désagréable'

Ces énoncés sont destinés à décrire un certain état de chose et ils ont recours, à cet effet, à un procédé de comparaison dont -*(i)rado* est l'élément clé. Les structures utilisées dans le premier énoncé, à savoir V-terminaison verbale déterminative (*gŏt chŏrŏm / gŏt gachi / dŭsi*), indiquent entre autres que ce qui est décrit par V, état ou événement, ne s'est pas vraiment réalisé, ce qui voudrait dire que, là encore, l'élément X de X-*(i)rado* est quelque chose d'hypothétique. L'énoncé (10) signifie de fait : 'Les enfants n'ont gagné aucune victoire, mais s'ils en avaient gagné une, ils auraient été effectivement aussi joyeux qu'ils l'étaient'. La présence de l'adverbe *machi* = 'comme si' habituellement utilisé dans ces énoncés est un indice de cet aspect hypothétique que prend le terme de comparaison.

Dans le second exemple qui est en fait un enchaînement d'énoncés, la terminaison -*nŭnji* qui clôt la première proposition indique en général l'incertitude et est souvent utilisée dans un contexte de doute ou d'interrogation. Encore une fois, on peut dire que, à travers l'élément X, le locuteur exprime une réalité incertaine ou, du moins, qu'il formule une hypothèse à propos d'un certain fait. L'énoncé (11) signifie : 'Il avait l'air aussi maussade que s'il lui était arrivé quelque chose de désagréable'.

2.5. Bilan provisoire

Ce qui est constant dans les énoncés que l'on vient de passer en revue, malgré leur diversité et ce, d'ailleurs, sur quoi l'accent n'a pas été suffisamment mis, est que, dans la structure -*(i)rado* qui constitue le noyau, l'élément X est une propriété hypothétiquement envisagée. C'est en réalité le seul lien sémantique entre tous ces énoncés, et une définition correcte de l'élément -*(i)rado* semble difficilement concevable si on ne place pas ce facteur au centre du dispositif analytique.

3. Lecture argumentative des énoncés à -(i)rado

Les trois définitions de -(i)rado que nous venons de passer en revue résument assez bien la situation actuelle du discours dominant au sujet de ce morphème. Elles émanent toutes d'un corpus censé être le recueil des énoncés les plus connus. Quant à notre démarche qui consiste à analyser ces énoncés d'un point de vue argumentatif, elle présente un certain nombre de caractéristiques, à savoir :

(a) Lecture des énoncés en termes d'argument et de conclusion

L'application d'une lecture argumentative aux occurrences de -(i)rado comme nous l'avons fait avec -(i)na a tendance à privilégier des énoncés sensiblement plus adaptés à une analyse qui met l'accent sur les possibles relances du discours, plus concrètement sur les enchaînements d'énoncés, car pratiquer une lecture argumentative sur les énoncés que l'on étudie revient à les interpréter en termes d'argument et de conclusion, même si ces éléments ne sont pas toujours repérables en tant que tels dans ces énoncés.

(b) Enoncés sous-jacents

Si les énoncés à -(i)rado que nous présentons sous forme de X-(i)rado sont considérés, dans la perspective argumentative qui est la nôtre, comme justiciables d'une lecture en termes d'argument et de conclusion, il convient cependant de dire que cette structure sémantique ne se vérifie pas nécessairement telle quelle sur le plan formel, d'où la nécessité méthodologique de prévoir des énoncés sous-jacents : sous-jacents parce que de tels énoncés, dont nous postulons seulement l'existence, demeurent, même invisibles, un élément nécessaire à la compréhension des énoncés X-(i)rado.

(c) Propriétés qualifiantes

Notre analyse des occurrences de -(i)rado a tendance à privilégier des énoncés d'un certain type. Nous entendons par là les énoncés dans lesquels -(i)rado se trouve associé à des propriétés dont les potentialités argumentatives apparaissent comme plus tangibles. Il semble, par exemple, que des désignations rigides telles que noms propres ou propriétés strictement classifiantes ne fournissent pas un environnement adéquat pour une lecture argumentative des énoncés.

(d) -(i)rado, connecteur sémantique

Une lecture argumentative appliquée à un énoncé comportant -(i)rado, présenté ici sous la forme de P(X -(i)rado), nous conduit comme nous venons de le dire à voir derrière cet énoncé d'autres énoncés, ou derrière la production ou l'apparition de cet énoncé, c'est-à-dire son énonciation, d'autres énonciations. Cette observation n'est encore une fois qu'une des conséquences directes du langage descriptif que nous avons adopté. Les structures d'un énoncé à *-(i)rado* pourraient donc être du type P (X *-(i)rado*) / Q. Cela voudrait dire que, à l'instar de ce que nous avons déjà vu avec l'analyse de l'élément *-(i)na*, *-(i)rado* aussi fonctionne comme une sorte de connecteur sémantique.

(e) Principes argumentatifs

Interpréter les énoncés d'un point de vue argumentatif, c'est comme nous venons de le voir, choisir de les observer en termes d'argument et de conclusion. Cela signifie que notre analyse est fondée sur des principes argumentatifs. Dans l'enchaînement P (X- (i)rado) + Q, l'énoncé P est un argument pour l'énoncé Q pour le locuteur dans le contexte considéré, si celui-ci admet l'existence d'un principe argumentatif, c'est-à-dire d'un genre de topos du type T (P, Q) où P serait l'antécédent et Q le conséquent, par exemple, *Quand il fait beau* (P), *on va se promener* (Q).

(f) Orientation argumentative, énoncé et énonciation

La lecture argumentative que nous avons adoptée à l'égard des énoncés que nous étudions fait que l'expression qui se trouve dans l'espace discursif de *-(i)rado* nous intéresse avant tout en ce qu'elle influence la suite du discours et qu'elle représente par conséquent un certain type de possibilités argumentatives, car celles-ci ne sont pas indifférentes à la poursuite de l'énoncé. Ainsi, dans la structure X-*(i)rado*, l'orientation argumentative de la propriété X constitue en fait un enjeu majeur de notre analyse et conditionne directement les relations qui s'établissent entre l'énoncé P (X-*(i)rado*) et son environnement.

Certaines particules modales inversent l'orientation argumentative d'une propriété et d'autres la maintiennent. La confrontation avec des énoncés du corpus a tôt fait de montrer que le morphème *-(i)rado* relève plutôt de la première catégorie. Cependant, la situation n'est pas toujours aussi limpide. Il existe des énoncés à *-(i)rado* dans lesquels cette inversion n'a apparemment pas lieu. Une longue fréquentation des particules modales du coréen nous apprend que, souvent, ce type de non-inversion de l'orientation argumentative n'en est pas vraiment une, car le mécanisme d'inversion s'exerce dans ce cas de figure du niveau de l'énoncé à celui de l'énonciation. Ainsi, lorsque l'énoncé P (X-*(i) rado*) s'oppose sur le plan argumentatif non pas à un autre énoncé, sous-jacent, mais à son énonciation, les potentialités argumentatives de X ne sont pas en jeu, l'inversion ne concernant précisément que le niveau énoncé.

3.1. Enchaînement entre les énoncés P (X -*(i)rado*) et Q

Dans les énoncés suivants, la conclusion à laquelle aboutit la propriété X combinée à l'élément -*(i)rado* n'est pas le résultat d'un déploiement normal des potentialités argumentatives de cette propriété. Celle-ci débouche finalement sur une conclusion que seul rendrait possible un argument à l'opposé de celui que l'on peut tirer de la propriété X et qui est donc bridé, voire inversé.

3.1.1. Inversion de l'orientation argumentative : du négatif au positif

(a) Inversion

Une interprétation correcte des énoncés suivants qui sont des phrases simples sans enchaînement nous oblige malgré tout à les lire en tenant compte précisément des possibilités d'enchaînement. Dans cette lecture, l'orientation argumentative de la propriété X qui représente une valeur négative est systématiquement inversée. Fondés essentiellement sur une propriété à valeur plutôt négative, ces énoncés expriment tous chacun à leur manière un soulagement plutôt qu'une déception ou un dépit :

- *moime nŭkerado gassta*
  'même en retard, on est allés à la réunion'

- *chorahan hothel-irado chajasstta*
  'on a trouvé un hôtel, même s'il est délabré'

- *kŭ saram-ŭn kŭraedo iranŭn sinyung-irado handa*
  'lui au moins, il fait semblant de travailler'

Le test au moyen des adverbes d'énoncé *dahaenghi* 'heureusement' et *burhaenghi* 'malheureusement' révèle sans ambiguïté cette tendance :

(12) *dahaenghi* (*moime nŭkerado gass-ta* / *chorahan hothel-irado chajassta* / *kŭ saram-ŭn kŭraedo ira-nŭn sinyung-irado handa*)
'heureusement que (même en retard, on est allé à la réunion / on a trouvé un hôtel, même s'il est délabré / lui au moins, il fait semblant de travailler)'

(12a) **buraenghi* (*moime nŭkerado gass-ta* / *chorahan hothel-irado chajassta* / *kŭ saram-ŭn kŭraedo ira-nŭn sinyung-irado handa*)
'*malheureusement, (même en retard, on est allé à la réunion / on a trouvé un hôtel, même s'il est délabré / lui au moins, il fait semblant de travailler)'

A côté de ces énoncés simples, il existe des enchaînements d'énoncés qui ne font que confirmer ce qui vient d'être dit au sujet de l'inversion de l'orientation argumentative. Dans les trois énoncés suivants, l'enchaînement se fait autour du suffixe verbal connecteur *-(ŭ)ni(kka)* 'puisque' qui est censé ne pas modifier l'orientation argumentative de la propriété mise en jeu, *nŭke* 'en retard' dans le premier cas, *chorahan hothel* 'hôtel délabré, minable' dans le deuxième et *sinyung(ŭl) hada* 'faire semblant' dans le troisième. Chaque fois, la partie argument laisserait présager une conclusion plutôt négative, mais en réalité, c'est le contraire qui se produit. L'enchaînement par *dahaengida* 'être heureux' donne lieu à des énoncés naturels, ce qui n'est pas le cas avec *hansimhada* 'être lamentable' :

(12b) (*moime nŭkerado gass-ŭni / chorahan hothel-irado chajass-ŭni / kŭ saram-ŭn kŭraedo iranŭn sinyung-irado hani*) *dahaengida*
'c'est encore heureux que (même en retard, on soit allé à la réunion / l'on ait trouvé cet hôtel, même s'il est délabré / lui au moins, il fasse semblant de travailler)'

(12c) *(*moime nŭkerado gass-ŭni / chorahan hothel-irado chajass-ŭni / kŭ saram-ŭn kŭraedo iranŭn sinyung-irado hani*) *hansimhada*
'*c'est lamentable que (même en retard, on soit allé à la réunion / l'on ait trouvé cet hôtel, même s'il est délabré / lui au moins, il fasse semblant de travailler)'

La même lecture devrait s'appliquer à l'énoncé suivant que les Coréens adressent de façon quasi rituelle à leurs invités et que l'on pourrait presque considérer comme une formule de politesse consacrée au même titre que les équivalents coréens de *Bonjour* ou *Au revoir* :

(14) *mas-i ŏpnŭn gŏrado jom dŭseyo*
'mangez-en / servez-vous-en (même si ce n'est pas très bon)'

Dans cette formule d'usage où s'exprime toute la modestie asiatique, la propriété *mas-i ŏpnŭn gŏt* 'plat qui n'est pas très bon' qui, si elle déployait pleinement ses possibilités argumentatives, favoriserait certainement une conclusion négative, argumente ici, placée qu'elle est sous le contrôle de *-(i)rado*, dans un sens positif.

(b) Caractère exceptionnel de l'inversion argumentative

De même que, dans le cadre des énoncés tels que nous les avons observés, l'orientation argumentative de la propriété X est systématiquement inversée, de même il semblerait que cette inversion ne se produise pas dans n'importe quelles conditions. Ainsi, il paraît être possible et même nécessaire de postuler dans la quasi-totalité des cas incriminés un contexte qui tendrait à tracer les limites au-delà desquelles le principe argumentatif inscrit dans la propriété X perdrait sa validité. D'autre part, nous ne voyons pas pourquoi il ne nous serait pas possible, dans notre conception sémantique des faits de langue, de considérer ce contexte comme un énoncé sous-jacent, par exemple un énoncé R contenant la propriété Z. Ainsi, dans le cas où l'inversion argumentative s'effectue du négatif au positif, cet énoncé sous-jacent serait de nature à indiquer que, étant donné un contexte, implicite cela s'entend, marqué par un caractère extrêmement négatif ou d'une extrême gravité, un argument favorisant une conclusion négative revêt, une fois placé dans ce contexte, un aspect somme toute moins négatif et donc, d'une certaine façon, positif, d'où probablement le caractère concessif d'un énoncé à *-(i)rado*. En tous cas, c'est dans les énoncés de ce type – R(Z) + P(X-*(i)rado*) + Q(Y) – que le caractère concessif se manifeste avec le plus de netteté : ils correspondraient en fin de compte à la catégorie d'énoncés que nous avons observés dans la section 1.1.

> *aju jungyohan ankŏn-ŭl nochilppŏn haess-nŭnde moime nŭkerado gass-ŭni dahaengida*
> 'c'est encore heureux que, même en retard, on soit allé à la réunion ; on a failli rater un ordre du jour très important'
> *gilesŏ jalppŏn haess-nŭnde chorahan hothel-irado chajass-ŭni dahaengida*
> 'c'est encore heureux que l'on ait trouvé cet hôtel, même s'il est délabré, sinon on dormait dans la rue'
> *modŭn saram-i nongttaengi-rŭl chi-nŭnde kŭ saram-ŭn kŭraedo iranŭn sinyung-irado hani dahaengida*
> 'c'est encore heureux que, lui au moins, il fasse semblant de travailler, alors que tout le monde se tourne les pouces'

Pour démontrer la réalité de ce mécanisme, il suffit de remplacer ces énoncés sous-jacents par d'autres avec une orientation argumentative inversée, ce qui donne des énoncés à peu près incompréhensibles :

> ?*byŏllo jungyohan ankŏn-i ŏp-nŭnde moim-e nŭkerado gass-ŭni dahaengida*
> ' ?c'est encore heureux que, même en retard, on soit allé à la réunion ; l'ordre du jour n'était pas très important'
> ? *johŭn hothel-i ŏlma-dŭnji iss-nŭnde chorahan hothel-irado chajass-ŭni dahaengida*
> ' ? c'est encore heureux que l'on ait trouvé cet hôtel, même s'il est délabré, alors que des hôtels de qualité, il y en a en veux-tu en voilà'
> ? *modŭn saram-i yŏlsimhi il-hanŭnde kŭ saram-ŭn kŭraedo il-hanŭn sinyung-irado hani dahaengida*
> ' ? c'est encore heureux que, lui au moins, il fasse semblant de travailler, alors que tout le monde travaille sérieusement'

3.1.2. *Inversion de l'orientation argumentative : du positif au négatif*

(a) Inversion

A l'opposé de ce qui vient d'être dit, il existe des énoncés dans lesquels une propriété qui devrait donner lieu à un argument favorisant une conclusion positive se trouve finalement à l'origine d'une conclusion négative.

gŏnganghan saram-irado gakkŭm aphŭda
être en bonne santé-Fdét personne-irado parfois être malade-Prés-Décl
'même les gens en bonne santé tombent de temps en temps malades'
kŭ byŏng-ŭn amuri joŭn yak-irado soyong-i ŏpta
cette maladie-T même bon médicament-aussi utilité-S être absent-Prés-Décl
'contre cette maladie, même les meilleurs médicaments sont sans effet'

Ces énoncés sont des énoncés simples sans enchaînement, mais derrière la propriété impliquée dans l'emploi de -*(i)rado*, il faut lire, d'après nous, un énoncé sous-jacent qui réaliserait ses potentialités argumentatives. Les propriétés *gŏnganghada* 'être en bonne santé' et *joŭn yak* 'remède efficace' sont virtuellement et pour des raisons différentes des arguments contre la maladie, mais c'est plutôt l'inverse qui se vérifie dans les énoncés réels. L'exemple suivant est un enchaînement qui réalise précisément au niveau de la surface cette inversion argumentative.

mas-i issnŭn gŏrado jaju mŏk-ŭmyŏn siljhŭng-i na-nda
goût-S avoir-même souvent manger-Cond dégoût-S apparaître-Prés-Décl
'même les choses délicieuses, si on en mange souvent, on n'en a plus envie'

b) Caractère exceptionnel de l'inversion argumentative

Nous avons vu plus haut que, si l'inversion de l'orientation argumentative se fait dans le sens du négatif au positif, l'argument associé à la propriété X et qui favorise une conclusion négative, est bordé par un contexte également orienté sur le plan argumentatif dans un sens négatif, mais avec une intensité telle que cet argument négatif, qui s'avère finalement d'un poids relativement modéré par rapport à ce contexte, tend à se comporter comme un argument positif, débouchant ainsi sur une conclusion positive. La situation semble un peu différente dans les énoncés que l'on vient d'observer. Dans ces énoncés, la propriété X qui donne lieu à un argument favorisant une conclusion positive se trouve complètement neutralisée, encadrée qu'elle est par un contexte (énoncé sous-jacent) R à caractère très fortement négatif (propriété Z), donc avec un poids argumentatif exceptionnellement important. Ainsi donc, dans les deux cas, la propriété X se trouve face à un contexte à caractère exceptionnel qui neutralise ses potentialités argumentatives. Cependant, la situation n'est pas tout à fait identique d'un cas à l'autre ; dans l'un il s'agit surtout de poids argumentatifs différents et, dans l'autre, on a plutôt affaire à une situation proche de celle d'une négation.

byŏng-e-nŭn jangsa-ga ŏpta, gŏnganghan saram-irado gakkŭm (aphŭda / aphŭn gŏsŭn dangyŏnhada)
'face à la maladie. il n'y a pas de superman (même les gens en bonne santé tombent de temps en temps malade / que même les gens en bonne santé tombent de temps en temps malade est tout à fait normal)'

kŭ byŏng-ŭn buljhi-ŭi byŏngirasŏ_amuri joŭn yak-irado soyong-i ŏpta
'c'est une maladie incurable et même les meilleurs médicaments sont sans effet contre elle'

Dans ces exemples, l'énoncé sous-jacent constitue chaque fois un espace discursif sur lequel le principe argumentatif que l'on peut associer à la propriété X n'a aucune prise. Par rapport à cette dernière, il s'agit donc d'un espace discursif à la fois négatif et exclusif, protégé en quelque sorte par un mur, une limite infranchissable, et l'on s'aperçoit que les énoncés étudiés dans la section 1.2. et qui sont censés indiquer les valeurs limites sont du même type :

(2) *i munje-nŭn chŏnjaerado phul su ŏpta*
'ce problème, même un génie ne pourrait le résoudre'

(2a) *i munje-nŭn (gŏ-ŭi) phulgi bulganŭnghan munje-rasŏ chŏnjae-rado phul su ŏpta*
'ce problème est (presque) impossible à résoudre. Donc, même un génie ne pourrait le résoudre'

(3) *i munje-nŭn babo-rado phul su issta*
'ce problème, même un idiot pourrait le résoudre'

(3a) *i munje-nŭn nŏmu swiwŏsŏ babo-rado phul su issta*
'ce problème est tellement facile et même un idiot pourrait le résoudre'

Par ailleurs, on peut facilement démontrer la légitimité qu'il y a à postuler ce genre d'énoncés sous-jacents, en inversant l'orientation argumentative de ces derniers, ce qui donne encore une fois des énoncés impossibles à interpréter :

? *gŏngang-i jeil johŭn yak-ida. gŏnganghan saram-irado gakkŭm (aphŭda / aphŭn gŏsŭn dangyŏnhada*
' ? la santé est le meilleur remède (même les gens en bonne santé tombent de temps en temps malade / que même les gens en bonne santé tombent de temps en temps malade est tout à fait normal)'
amuri johŭn yak-irado soyong-i ŏpta
' ? c'est une maladie sans gravité et même les meilleurs médicaments sont sans effet contre elle'

3.1.3. Inversion du poids argumentatif

Comme c'est habituellement le cas pour l'inversion de l'orientation argumentative, -(i)rado peut inverser l'intensité ou la force argumentative d'une propriété de deux manières différentes, à savoir du fort au faible et *vice versa* :

kŭ saram-ŭn khun il-irado na(-myŏn / -ya) gakkŭm ŏlgul-ŭl bichinda
's'il y a une catastrophe, il se montre (et encore !)) / il faut une catastrophe pour qu'il se montre (mais pas toujours !)'

Dans cet énoncé, la propriété *khŭn il-i nada* = 'il arrive de gros ennuis' n'autorise pas une argumentation pour une conclusion alarmiste comme elle le devrait, et l'abaissement de son poids argumentatif est dû à la présence de la particule. C'est un énoncé souvent utilisé pour décrire une personne qui n'est jamais là quand on en a besoin ou qui ne se déplace jamais sans un motif vraiment sérieux. A l'opposé se trouve le mécanisme illustré par les exemples suivants :

> *(kŭ ae-nŭn) yakkan gŏndŭrigi-rado hamyŏn phokpal handa*
> 'dès qu'on le titille un peu, il explose'

> (18) *jogŭm nŭke-rado hamyŏn khŭnil nanda*
> 'même un léger retard, ce sera une catastrophe'

> (18a) *jogŭm nŭjŭ-myŏn (kwaenchantha / khŭnil nanda)'*
> 'un léger retard, (ce n'est pas grave / ce sera une catastrophe)

Dans ces énoncés, l'orientation argumentative inhérente à la propriété reste maintenue, puisque l'argument orienté négativement conduit à une conclusion également négative. Seul le poids argumentatif qui est faible *yakkan gŏndŭrida* 'titiller un peu' et *jogŭm nŭta* 'avoir un léger retard' connaît, au travers d'un mécanisme d'inversion, une sorte de maximalisation de sa force avec une conclusion en conséquence.

3.2. Enchaînement qui se fait sur une hypothèse

Dans le prolongement des énoncés où *-(i)rado* inverse l'orientation argumentative de la propriété X, il existe des énoncés où cette inversion concerne surtout le caractère hypothétique de la propriété placée dans l'espace discursif lié à la particule. L'enchaînement se fait donc non pas par rapport à un énoncé mais à une énonciation, en opposition à un point de vue, à un énonciateur virtuel qui ne ferait aucun crédit à la possibilité d'une telle hypothèse. Dans ces énoncés, l'orientation argumentative de la propriété X elle-même n'est pas en cause, de telle sorte que ses potentialités argumentatives semblent devoir se lire telles quelles en cas de la continuation de ces énoncés sous forme d'enchaînement. D'autre part, ces potentialités argumentatives sont orientées tantôt positivement tantôt négativement.

3.2.1. *Orientation argumentative*

(a) Orientation positive

Nous avons vu que dans l'énoncé suivant :

(14) *mas-i ŏp-nŭn gŏrado jom dŭseyo*
'mangez-en (même si ce n'est pas très bon) '

l'élément *-(i)rado* transforme un argument orienté dans un sens défavorable en un argument favorable. A côté de cet énoncé, en voici un autre qui apparemment en est l'exact contre-pied de telle sorte que ces deux énoncés forment une paire minimale. Ils partagent les mêmes termes sauf que l'expression *mas-i ŏp-nŭn* '(qui est) sans saveur' dans l'un est remplacé dans l'autre par son antonyme *masi issnŭn* '(qui est) délicieux' :

(14a) *mas-i (ŏp-nŭn / issnŭn) gŏrado jom dŭseyo*
'(mangez-en même si ce n'est pas très bon) / (vous devriez manger quelque chose de bon)'

Le problème, est pour ainsi dire que les deux énoncés sont aussi corrects l'un que l'autre. Seulement, le locuteur du premier énoncé déclare : « Veuillez prendre ce plat, même s'il n'est pas digne de vous » et celui du second : « Je sais que vous êtes à cent lieues de penser à faire bonne chère, pourtant vous devriez, vous verrez, cela vous fera du bien ! ». Si le premier énoncé est adressé à un invité, le second sert à inciter ou à secouer une personne devenue apathique à la suite d'une maladie ou d'une dépression, etc. Il est clair que l'élément *-(i)rado* assure dans les deux énoncés une fonction de même nature, celle qui consiste précisément à indiquer qu'il faut inverser l'orientation argumentative. Il faut donc, pour sauver notre dispositif analytique, prévoir que le changement d'orientation ne vise pas la même cible dans les deux énoncés. C'est ainsi que si, dans le premier énoncé, une possibilité de conclusion négative est transformée en conclusion positive, dans le second, une propriété qui n'est qu'hypothétique, donc de réalité douteuse et qui devrait par conséquent favoriser une conclusion négative, est en réalité présentée comme devant être prise en considération pour finalement favoriser une conclusion positive. Le locuteur d'un énoncé de ce type entend signifier donc qu'un bon choix, même si on n'y a pas pensé tout de suite, reste un bon choix.

Tout se passe comme si chacune des propriétés *mas-i (ŏp-nŭn / issnŭn) gŏt* = 'quelque chose (qui est sans saveur / qui est délicieux)' représentait un enchaînement d'énoncés sous-jacents du type argument / conclusion. On pourrait d'ailleurs en dire autant du prédicat commun *dŭlda* 'prendre, manger (honorifique)'. Résultats des courses : dans le premier énoncé, s'articuleraient autour de *-(i)rado*, deux parcours argumentatifs, le premier allant de l'argument *mas-i ŏp-nŭn gŏt* 'quelque chose qui est sans saveur' à la conclusion sous-jacente 'ne pas manger', et le second de l'argument sous-jacent *mas-i issnŭn gŏt* = 'quelque chose qui est délicieux' à la conclusion explicite 'prendre, manger' *dŭlda* (honorifique)'. Par conséquent, les deux arguments sont de nature à conduire à des conclusions diamétralement opposées. Notre interprétation fait ainsi apparaître la manière dont l'élément -(i)rado concilie deux parcours argumentatifs apparemment irréconciliables, c'est-à-dire par voie d'inversion de l'orientation argumentative. Le premier énoncé serait donc, au niveau de la surface, une combinaison de l'argument du premier parcours et la conclusion du second parcours.

En ce qui concerne le second énoncé, nous voyons à l'œuvre l'autre face du même mécanisme. Nous avons cette fois affaire, au niveau de l'énoncé, à une explicitation pure et simple du parcours argumentatif qui va de l'argument *masi innûn kôt* ='quelque chose qui est délicieux' à la conclusion 'prendre, manger' *dŭlda* (honorifique). Il n'y a donc pas inversion de l'orientation argumentative. La raison de cette différence entre les deux énoncés pourrait difficilement s'expliquer en dehors du cadre polyphonique. Ainsi, on pourrait dire que le premier énoncé comme le second contiennent deux points de vue opposés. Seulement, dans le premier énoncé, l'opposition entre les deux points de vue sous-tend celle de l'orientation argumentative qui existe entre la propriété-argument et la propriété-conclusion, le locuteur s'identifiant au point de vue qui représente cette dernière. Quant au second énoncé, cette opposition de points de vue est celle de deux énonciations, l'une sous-jacente et l'autre actuelle, et qui est à la source de l'énoncé en question.

C'est comme si, dans cet énoncé, le locuteur citait ou faisait sien un énoncé préexistant pour s'opposer à un point de vue qui n'est pas exprimé à l'intérieur de son propre énoncé. Il peut s'agir de celui de l'interlocuteur ou d'une tierce personne. Dans notre exemple, cet énoncé préexistant serait quelque chose qui combinerait l'idée de bons petits plats et celle d'appétit. Le locuteur se fonderait sur un énoncé de ce type pour exhorter quelqu'un d'apathique, en fait l'interlocuteur, à reprendre goût à la vie ou tout simplement recouvrer l'appétit, parce que, justement, il s'agit d'une personne qui, d'après lui, ignore ou fait fi de la philosophie de cet énoncé. Il lui ferait envisager en quelque sorte l'hypothèse d'une telle perspective.

Ainsi, l'opposition entre les deux points de vue n'est pas inscrite dans l'énoncé même. Elle marque ici la ligne de partage entre l'énoncé observé et un point de vue qui lui est extérieur et auquel s'adresse le locuteur. S'il en est ainsi, cela voudrait dire que le morphème *-(i)rado* fonctionne au niveau de l'énonciation. Aussi, lorsqu'il agit sur la nature hypothétique de la propriété X, *-(i)rado* relie-t-il deux énonciations et non pas deux énoncés, deux propriétés comme c'est le cas dans les énoncés où *-(i)rado* porte sur les potentialités argumentatives *stricto sensu*. Cet aspect du problème semble encore plus accentué avec l'énoncé suivant qu'une maman utilise souvent pour secouer son enfant qui a tendance à paresser :

> (21) kŭrŏkhe simsimhamyŏn gongburado jom haera !
> 'si tu t'ennuies autant, tu pourrais travailler un peu !'

Par définition, un élève doit étudier, en entendant par là qu'un des stéréotypes linguistiques du mot *élève* est très certainement *il étudie*. L'énoncé ne préconise donc pas une sorte de compromis avec une quelconque triste réalité : c'est simplement un conseil de bon sens. Encore une fois, s'agissant d'un énoncé où il est question d'un élève, la propriété *gongburŭl hada* 'étudier, travailler' n'a rien d'une concession. Si concession il y a, ce serait par rapport au fait qu'il faut savoir changer d'avis, surtout si c'est pour une bonne cause. Les potentialités argumentatives de cette propriété ne sont pas effectivement mises à profit pour donner lieu à un enchaînement. Tout en présupposant un énoncé sous-jacent qui réalise telles quelles ses potentialités argumentatives, cette propriété est évoquée dans l'énoncé comme une simple éventualité et c'est justement le fait même d'évoquer cette éventualité qui semble constituer un enchaînement. Les structures phrastiques des énoncés qui satisfont à la fois les deux conditions dont il vient d'être question, à savoir d'une part que la propriété X soit revêtue d'un caractère hypothétique, et d'autre part que ses potentialités argumentatives ne soient pas atteintes dans leur orientation semblent être relativement contraignantes. Ainsi, une combinaison de ce type semble être favorisée par un contexte qui accentue le côté contingent de la propriété X, de telle sorte qu'elle ne puisse être évoquée au mieux que d'une façon hypothétique :

> kŭ saram-ŭn (ŏchŏdaga / gakkŭm / sigan-i namyŏn) yŏhaeng-irado hamyŏnsŏ insaeng- ŭl jŭlginda
> 'il profite de la vie en voyageant (si l'occasion s'en présente / de temps en temps / s'il en a le temps)'

D'autres types d'énoncés favorisent également cette combinaison. Il en est ainsi des énoncés qui, déclaratifs, impératifs ou interrogatifs, sont surtout structurés de façon à exprimer d'une manière ou d'une autre le caractère optatif ou jussif de la propriété X. Rien dans leurs structures phrastiques ne doit donc entraver l'expression d'un souhait, celui de voir se réaliser une certaine hypothèse. Ainsi, les exemples suivants, qui ne prétendent à aucune exhaustivité, sont successivement un énoncé impératif, un énoncé hypothétique et une question rhétorique négative :

> bi-rado jom siwŏnhage (wara ! / wass-ŭmyŏn / wae an olkka ?)
> '(qu'il pleuve / s'il pleuvait / pourquoi il ne pleut pas ?) un bon coup'

Tous ces types d'énoncés ont ceci de commun que la propriété X y est systématiquement présentée comme une valeur non encore réelle ou tout simplement déréalisée.

(b) Orientation négative

> Il existe des énoncés du même type mais dont l'orientation argumentative de la propriété X est négative. Ils peuvent se présenter comme dans l'exemple suivant sans l'énoncé Q, c'est-à-dire sans enchaînement :
> *hoksi sago-rado nalji morŭnda*
> 'un accident pourrait arriver'

Mais, dès qu'on explicite l'énoncé sous-jacent, on s'aperçoit que l'argumentation tend à une conclusion négative :

> *hoksi sagorado (nalkkabwa kŏkjŏng-ida / na-myŏn khŭnil-ida)*
> 'l'idée qu'il puisse arriver un accident m'inquiète/j'ai peur qu'il arrive un accident/ (si jamais il y a un accident, ça sera une catastrophe /on sera drôlement avancé)'

ce qui semble montrer que l'orientation argumentative de la propriété X n'est pas inversée. Il faut par conséquent en conclure que la présence de l'élément *-(i) rado* est sans aucun effet sur le déploiement des potentialités argumentatives de l'énoncé, d'où la nécessité de situer son action au-delà, c'est-à-dire au niveau de l'énonciation. D'autre part, on constate que ce type d'énoncés, l'argument tiré de la propriété X revêtant un caractère hypothétique et la conclusion, explicitée ou non, relevant du registre négatif, tendent à exprimer l'appréhension de voir se réaliser des valeurs fondées sur des principes argumentatifs négatifs. En revanche, comme nous l'avons vu précédemment, les énoncés où la propriété X est argumentativement orientée plutôt dans un sens positif ont vocation à exprimer le souhait que des valeurs positives se réalisent.

3.2.2. *Caractère exceptionnel de l'énonciation*

Nous avons vu que le mécanisme d'inversion de l'orientation argumentative lié à l'élément *-(i)rado*, lorsqu'il intervient au niveau de l'énoncé, présuppose l'existence d'un énoncé sous-jacent R qui fixe en quelque sorte les limites à l'application du principe argumentatif sur lequel se fonde l'énoncé incriminé. Il semble que la situation ne soit pas fondamentalement différente même lorsque ce mécanisme d'inversion s'enclenche au niveau de l'énonciation. Certains contextes rendraient en effet impossible l'invocation d'un principe argumentatif :

> A : *hangug-ŭn kyŏul-e nalssi-ga nŏmu chuwŏ*
> 'en Corée, il fait trop froid en hiver'

B : *hangug-ŭn (kŭraedo) kyŏul-e sŭphaji-rado anchi*
'(mais) au moins, en Corée, ce n'est pas humide en hiver'

Il arrive souvent que seul l'énoncé du locuteur B, qui pourrait éventuellement être une réplique à l'énoncé du locuteur A, constitue la matérialité d'un discours. La propriété X dans l'énoncé B *kyŏul-e sŭphaji antha* 'ne pas être humide en hiver' doit être prise pour un argument favorisant une conclusion positive signifiant que l'hiver n'est pas pourri (en Corée). Il faut donc reconnaître que, malgré la présence de l'élément *-(i)rado*, l'orientation argumentative de la propriété n'a pas subi une inversion. Néanmoins, aucun sujet parlant coréen n'interpréterait cet énoncé comme une description absolument favorable, sans nuages et sans équivoque, du climat de la Corée. Certes, il s'agit d'une opinion favorable, mais donnée pour ainsi dire en échange d'un jugement plus défavorable préalablement concédé ou admis, exprimé dans l'énoncé R au moyen d'une propriété Z, ici *kyŏul-e nalssiga nŏmu chupta* 'faire trop froid en hiver'. Ainsi, tout se passe comme si l'énoncé du locuteur B était prononcé à l'intérieur d'un discours globalement défavorable au sujet de l'hiver coréen, ce qui constituerait une sorte de barrage destiné à contenir le débordement, le déploiement des possibilités argumentatives de la propriété. Traduit en d'autres termes, cela signifierait que, dans le contexte en question, le principe argumentatif associé à la propriété *kyŏul-e sŭphaji antha* 'ne pas être humide en hiver' n'avait pas à être invoqué, n'avait même pas sa place.

C'est donc dans le cadre de cet implicite discursif qui rend improbable, voire même impossible son apparition que surgit, se faufile l'énoncé qui contient le principe argumentatif. La production de l'énoncé se fait donc dans des conditions non prévues, exceptionnelles. Le meilleur moyen d'en rendre compte semble être, d'après nous, de reconnaître à cet avènement énonciatif un caractère hypothétique et de conforter l'élément *-(i)rado* dans sa fonction d'inversion argumentative. Dans cette optique, le locuteur B proposerait au locuteur A de faire une hypothèse plus ou moins forte sur le principe argumentatif en question, ce qui réduirait à néant son opinion de départ. Le locuteur B tenterait de cette façon de faire changer d'avis le locuteur A ou de l'amener à mettre de l'eau dans son vin en lui ouvrant les yeux sur une autre réalité, sur une autre façon de voir les choses. Si, dans le cas où le mécanisme de *-(i)rado* joue au niveau de l'énoncé, l'inversion de l'orientation argumentative peut être effective, elle ne semble être que virtuelle lorsque ce mécanisme affecte une énonciation qui devient alors contestataire, exceptionnelle. Ce qu'expriment une partie de cette catégorie d'énoncés a précisément trait au caractère exceptionnel de cette énonciation. Il s'agit d'énoncés que nous avons mentionnés dans la section 1.4. et qui ont une fonction de comparaison :

(10) kŭ ae-dŭl-ŭn machi sŭngni-rado han (gŏt chŏrŏm / gŏt gachi / dŭsi) ttwiŏdaessta
Cet enfant-Pl-T tout comme si triomphe-rado une (comme) sauter-Pass Décl 'ces enfants sautaient de joie comme s'ils avaient triomphé/gagné le match'

(11) musŭn bulkhwaehan il-irado issŏss-nŭnji, ŏlgul-i jochi anass-ta
quel désagréable-Fdét travail-rado être-Pass mine-S être bon-Nég-Pass-Décl
'il avait l'air maussade, comme s'il lui était arrivé quelque chose de désagréable'

Chacun de ces deux énoncés que nous avons déjà partiellement étudiés exprime le degré d'une certaine propriété au moyen d'un procédé de comparaison. Le premier énoncé indique l'intensité d'une joie *ttwiŏdaeda* 'sauter/sautiller (de joie)' qui pourrait être celle des vainqueurs (*sŭngni-rŭl hada* 'triompher') et le second la gravité d'une expression (du visage) *ŏlgul-i jochi anta* 'avoir un visage sombre', aussi sombre que le visage d'une personne contrariée (*bulkhwaehan il* 'désagrément'). Chaque fois, l'intensité de la propriété en question semble être accentuée par le fait même que l'énoncé comportant -(i)rado, censé être impensable donc exceptionnel, sert de critère de comparaison permettant de la mesurer éventuellement.

3.3. Bilan provisoire

Notre première décision, celle d'une lecture argumentative des énoncés à -(i)rado, nous a amené à considérer -(i)rado comme un connecteur sémantique et à voir des énoncés là où ils ne sont pas visibles. Dans notre lecture, l'influence de ce morphème ne s'arrête pas à l'expression linguistique à laquelle il est postposé. Son action contribue à réguler et à déterminer les possibilités d'argumentation d'une certaine propriété dont cette expression est le noyau. C'est comme si derrière cette expression il fallait voir un énoncé lequel serait, de son côté, relié à un autre énoncé sous-jacent, les rapports argumentatifs de ces énoncés étant réglés par le mécanisme lié à -(i)rado. Dans une telle perspective argumentative, -(i)rado est vu comme fournissant un certain nombre d'indications au sujet de l'interprétation de l'énoncé dans lequel il se trouve impliqué, c'est-à-dire X-(i)rado. Interpréter l'énoncé X-(i)rado, c'est tenir compte des rapports de force de nature argumentative s'établissant entre trois énoncés sous-jaccents, lesquels sous-tendent respectivement trois propriétés dont X, les deux autres – que nous nommerons Y et Z pouvant éventuellement se matérialiser dans l'énoncé.

• Propriétés X et Y : -(i)rado, inverseur de l'orientation argumentative :

Ces deux propriétés constituent un enchaînement d'énoncés sous la forme X-(i} rado, Y, dans lequel X-(i)rado et Y sont argumentativement coorientés. Pourtant, X n'est pas une propriété (linguistiquement) attendue ou appelée par Y. En somme,

X n'est pas une propriété prévue ou envisagée à l'origine dans la perspective de Y, autrement dit, les liens entre les deux propriétés ne sont pas automatiques ou stéréotypiques. En fait, il faudrait même dire que les deux propriétés relèvent de parcours argumentatifs opposés. L'élément -(i)rado provoque donc une inversion dans l'orientation argumentative de la propriété X.

- Propriétés X et Z : -(i)rado, indicateur d'un contexte exceptionnel :

Ces deux propriétés donnent lieu à un enchaînement que l'on peut formellement présenter sous la forme Z, X -(i)rado, dans lequel le poids argumentatif de la propriété Z est tel qu'à l'intérieur de l'espace discursif qu'elle constitue, les potentialités argumentatives de la propriété X se trouvent complètement muselées, affaiblies et deviennent insignifiantes avec pour résultat l'inversion de son orientation argumentative. En somme, les structures sémantiques de Z sont de nature à créer un contexte exceptionnel dans le cadre duquel la propriété X peut donner lieu à un argument contraire à celui pour lequel elle est linguistiquement structurée.

- Propriétés X(Z) et Y : -(i)rado, indicateur de concession :

En fin de compte, si l'incompatibilité argumentative entre X et Y est résolue, c'est que la propriété X se présente non pas en tant que telle mais en tant que prise dans l'espace discursif de la propriété Z, ce que nous présenterons comme X(Z) -(i)rado, Y. C'est, nous semble-t-il, à une structure sémantique de ce type que l'énoncé doit son côté concession souvent perceptible dans ses occurrences.

- -(i)rado, indicateur de l'hypothèse d'un principe argumentatif :

Ce morphème indique notamment que, dans l'énoncé X-(i)rado, l'évocation ou l'apparition de la propriété X n'est pas naturelle dans le contexte de l'énoncé et qu'elle se fait contre une certaine évidence, une certaine automaticité de la langue, ce qui signifierait que cette propriété se présente à l'avènement de l'énonciation avec un statut d'hypothèse. D'autre part, cette apparition peut s'effectuer tantôt au niveau de l'énoncé, contre le principe argumentatif d'une propriété, Y ou Z, tantôt contre l'énonciation précédente. En d'autres termes, l'élément -(i)rado peut affecter la possibilité argumentative d'une propriété de deux façons : ou il porte sur ses potentialités argumentatives, ou il porte sur sa nature, son statut purement hypothétique. L'orientation argumentative de X est inversée dans le premier cas et maintenue dans le second. Dans l'un, il s'agit d'une opposition, d'un choc entre deux principes argumentatifs, deux systèmes de valeurs et, dans l'autre, d'une opposition de deux points de vue, de deux attitudes face au principe argumentatif sur lequel se fonde l'énoncé X-*(i)rado* ; l'un l'ignore, l'autre y fait allusion. Dans ce dernier cas de figure, *-(i)rado* correspond en quelque sorte à une instruction pragmatique selon laquelle l'hypothèse que constitue l'évocation ou même l'invocation du principe argumentatif de la propriété X a toute sa valeur et doit donc être prise au sérieux. En somme, *-(i)rado* est une indication selon laquelle une éventualité, positive ou négative, à laquelle on n'a pas initialement pensé, parce que jugée inadéquate au vu des circonstances, mérite en fin de compte d'être prise en considération, d'où le fait que l'énoncé comportant ce morphème est souvent un énoncé concessif.

La particule modale *-(i)rado* semble être au service d'une stratégie discursive qui consiste à mettre à contribution hypothétiquement et à titre exceptionnel une propriété dont les potentialités argumentatives ne seront déployées qu'au prix d'une inversion de l'orientation argumentative : soit celle de cette même propriété, soit celle de l'énonciation précédente.

4. Structures sémantiques de *-(i)rado*

A la suite d'une lecture argumentative des énoncés à *-(i)rado*, nous avons été amené à faire, comme on vient de le voir, un certain nombre d'observations. Ce faisant, nous avons notamment parlé de phrases sous-jacentes sans donner à cette idée un statut précis. Cette façon d'analyser une propriété quelconque en termes de phrases est, nous l'avons vu, une des conséquences de notre lecture argumentative qui est une décision relevant, pour notre part, des hypothèses externes. Dans la présente section consacrée à la définition de l'élément *-(i)rado*, nous chercherons à savoir dans quelle mesure nous pouvons réutiliser ces phrases sous-jacentes à partir d'une métalangue constituée de phrases génériques, car, selon notre hypothèse, c'est sur ces dernières que reposent en grande partie les enchaînements de type argument + conclusion. Nous avons déjà partiellement exploré cette voie. Cette décision est importante pour deux raisons : d'abord, l'élément *-(i)rado* est un régulateur de l'argumentation dans la langue que nous croyons largement fondée sur l'image du monde qu'une langue se donne, laquelle image est par ailleurs très souvent exprimée en phrases génériques typifiantes, *a priori* ou *locales*[73]; ensuite, rapprocher nos phrases sous-jacentes des phrases

---

[73] **Note de l'éditeur :** CHOI S.-U. s'inspire ici de la *Théorie des stéréotypes*, qui voit le sens des mots comme constitué de *phrases stéréotypiques*, dont des phrases génériques de différents types. Ce sont de telles phrases stéréotypiques associées aux 'mots' qui déterminent les enchaînements argumentatifs des énoncés où ces mots apparaissent. Pour un exposé élémentaire de cette théorie, on pourra consulter Anscombre (2001b).

génériques nous permet de fixer, de stabiliser les phénomènes linguistiques observés, car les phrases génériques représentent un pôle de stabilité, étant elles-mêmes par définition l'expression des croyances en langue, c'est-à-dire l'ensemble de l'implicite linguistique d'une communauté linguistique sur lequel se fonde tout discours[74].

4.1. Phrases génériques

Etant donné une phrase générique quelconque, il semble que *-(i)rado* permet de rebondir sur cette dernière de deux manières. Il faudrait plutôt dire que cette phrase générique peut expliquer au moins deux sortes d'énoncés à *-(i)rado*. Il s'agit soit d'un énoncé qui constitue une exception par rapport à la phrase générique, soit d'un énoncé qui y fait référence d'une façon plus ou moins explicite.

4.1.1. Enoncé dit exceptif *et qui constitue une exception à une phrase générique*

Soit une phrase générique telle que :

phŭrangsŭ saram-dŭl-ŭn phodoju-rŭl masinda
France personne-Pl-T   vin-O   boire-Prés-Décl
'les Français boivent du vin / les Français sont des buveurs de vin'

On pourrait penser que de l'application de *-(i)rado* au prédicat de cette phrase s'ensuivrait un énoncé à caractère argumentatif. Cependant, la combinaison de *-(i)rado* avec le SN du prédicat, le reste de l'énoncé restant identique, donne un énoncé bizarre :

? *phŭrangsŭ saram-dŭl-ŭn phodoju-rŭrado masinda* (lecture argumentative)
France personne-Pl-T   vin-rado-O   boire-Prés-Décl
'les Français, même si c'est du vin, ils le boivent '

Si cet énoncé est tout ce qu'il y a de plus correct sur le plan grammatical, il faut bien se rendre à l'évidence : la phrase générique d'origine est détruite. Voilà d'ailleurs la preuve, s'il en était besoin, que la généricité nous assure un pôle de stabilité par rapport aux faits linguistiques à observer, car en acceptant cet énoncé au motif de sa seule grammaticalité, nous mettrions en danger le seul

---

74 **Note de l'éditeur :** ces communautés linguistiques sont créées par et dans le discours il s'agit de la notion de *ON*-locuteur, développée par J.C. Anscombre (2005) sur une idée initiale de A. Berrendonner (1980).

critère auquel nous tenons ici, à savoir le comportement des énoncés de notre corpus au contact de la généricité. En revanche, l'énoncé suivant :

> ku phŭrangsŭ saram-ŭn khollarado masinda
> Ce France   personne-T Coca-même boire-Prés-Décl
> 'ce français, même si c'est du coca, il le boit/boira'

est un exemple d'argumentation dans la langue ayant pour fondement la phrase générique ci-dessus. Plus précisément, il s'agirait d'une exception par rapport à cette dernière. La propriété *kholla* 'coca' est interprétée ici comme une boisson que les Français ne sont pas censés boire mais qui peut occasionnellement faire exception à cette règle. Cet exemple semble nous suggérer que l'élément *-(i)rado* a tendance à s'insérer facilement dans des énoncés qui présentent une propriété hors norme mais qui reste malgré tout dans les limites de l'acceptable.

De la même façon, les exemples suivants :

> i munje-nŭn   chŏnjae-rado phul su ŏpta
> 'ce problème, même un génie ne pourrait le résoudre'
> i munje-nŭn   babo-rado phul su issta
> 'ce problème, même un idiot pourrait le résoudre'

seraient respectivement des énoncés décalés par rapport aux deux phrases génériques qui se présenteraient à peu près comme suit :

> chŏnjae-nŭn modŭn munje-rŭl phul su issta
> génie-T tout problème-O résoudre-Poss-Prés-Décl
> 'un génie est capable de résoudre tous les problèmes'
> babo-nŭn amu munje-do phul su ŏpta
> idiot-T n'importe quel problème-même résoudre-Imposs-Prés-Décl
> 'un idiot ne peut résoudre aucun problème'

Là encore, l'élément *-(i)rado* semble accompagner des énoncés qui se signalent par leur caractère exceptionnel par rapport à ce qui est implicitement admis. On s'aperçoit que ce qui est généralement perçu comme des valeurs limites peut être expliqué dans une approche générique comme un cas particulier d'un mécanisme plus général, c'est-à-dire l'exception à la règle.

4.1.2. Enoncé qui fait référence à une phrase générique

L'emploi de *-(i)rado* dans des énoncés qui font référence directe à une phrase générique permet, nous semble-t-il, d'étudier trois problèmes différents. D'abord (a) les énoncés qui reproduisent ce schéma tel quel à la surface, ensuite (b) l'emploi d'énoncés à *-(i)rado* dans des tournures de comparaison *comme* figures de style et enfin, (c) les quantificateurs universels.

(a) L'énoncé interrogatif suivant, souvent prononcé sur un ton dubitatif :

kŭ phurangsŭ saram-ŭn wae phodoju-rado an masi-lkka ?
Ce France personne-T pourquoi vin-même Nég Boire-Prés-Inter
'pourquoi ce Français ne boit-il pas de vin ?'

ne peut pleinement s'expliquer que dans le cadre de la généricité. L'énoncé peut signifier quelque chose comme : « Rien ne semble l'intéresser. Pourtant, il pourrait boire du vin. Cela lui ferait du bien. D'ailleurs, étant français, il est censé en boire, non ? » Le contexte est donc celui dans lequel quelqu'un dont on peut penser qu'il aime le vin ne pense visiblement pas à en boire. Le locuteur de l'énoncé présente ainsi le fait de boire du vin comme une possibilité que la personne en question peut parfaitement envisager, à condition, bien sûr, qu'il le veuille. Ce faisant, il fait implicitement allusion à une phrase générique qui apparaît en fait dans son énoncé même sous un masque hypothétique. Il en est de même pour cet énoncé impératif adressé à un français :

phurangsŭ-e doraga-myŏn johŭn   phodoju-rado masi-seyo !
France-L retourner-Cond bon-Fdét vin-même boire-Hon-Imp
'quand vous retournerez en France, buvez du bon vin (pensez-y) !'

(b) L'utilisation de phrases génériques est quelque chose que, pour notre part, nous maîtrisons mal. C'est donc avec toutes les précautions que cela nécessite que nous avancerons l'idée que les tournures de comparaison dans lesquelles apparaît l'élément *-(i)rado* sont, peut-être, sémantiquement plus proches des phrases génériques que des phrases exceptives. Ainsi, l'énoncé suivant :

kŭ saram-ŭn yojŭm saŏpka-rado doen-dŭsi bappŭda
cette personne-T en ce moment businessman-même devenir-Fdét-comme être
   occupé-Prés-Décl
'ces temps-ci, il est aussi occupé que s'il était devenu un homme d'affaire'

est très probablement fondé sur une phrase générique du type : « Les hommes d'affaire sont toujours occupés », même s'il s'agit d'une phrase susceptible d'admettre une exception. Cela n'est peut-être pas étranger au fait que ce genre d'énoncés sont souvent considérés comme des locutions familières. Il s'agit peut-être d'une catégorie d'énoncés où se rencontrent assez aisément des croyances, sinon des stéréotypes, dont voici un exemple que l'on prononce souvent quand on a l'impression d'avoir rencontré « le sauveur » dans une situation que l'on croyait sans issue :

machi jiok-esŏ buchŏnim-irado mannandŭt haessta
comme enfer-L bouddha-même rencontré-comme faire-Pass Décl
'c'était comme si j'avais rencontré le bouddha en enfer'

(c) Nous avons vu que les combinaisons mot indéfini -(i)rado donnent des quantificateurs universels, tels que nugurado 'qui que ce soit', muǒs irado ='quoi que ce soit', ǒnje-rado ' à quel moment que ce soit', ǒdi-rado 'dans quel endroit que ce soit', amurado 'n'importe qui', amugǒs-irado 'n'importe quoi', etc. On peut les replacer dans le cadre de la généricité, ce qui donne des énoncés du type suivant :

> phǔrangsǔ saram-dǔl-ǔn nugu (-rado / -na) phodoju-rǔl masinda
> France personne-Pl-T qui-que ce soit vin-O boire-Prés-Décl
> 'les Français, quels qu'ils soient, boivent du vin'
> phǔrangsǔ saram-dǔl-ǔn (nugu / amu) -(i)rado phodoju-rǔl masinda
> France personne-Pl-T (qui-que ce soit/quiconque) vin-O boire-Prés-Décl
> 'tous les Français, quels qu'ils soient, boivent du vin'

qui semblent nous suggérer que ces expressions ne sont pas des quantificateurs au sens mathématique, puisqu'il s'agit précisément de phrases toujours susceptibles d'admettre des exceptions. Cela voudrait dire qu'elles sont surtout destinées à quantifier une classe en bloc et non la totalité des entités de cette classe.

4.2. Portée

Nous avons observé dans Choi (2000b) que la particule -(i)na, dont la fonction essentielle consiste à indiquer un point de vue critique, se singularise notamment par sa portée. Celle-ci s'étend sur tout l'énoncé dans lequel elle apparaît. Elle bloque ou sécurise de cette façon l'énoncé dans son entier pour lui imposer vis-à-vis de l'extérieur un enchaînement argumentativement négatif, mais à l'intérieur de l'espace discursif ainsi créé, il n'entrave pas le déploiement des potentialités argumentatives de la propriété à laquelle il est associé. C'est pourquoi, quelle que soit la nature de cette propriété, l'énoncé à -(i)na exprime toujours un point de vue négatif.

Cependant, selon que la propriété en question est argumentativement négative ou positive, tantôt l'élément -(i)na se comporte en modificateur déréalisant, tantôt il fait référence à un principe argumentatif, autrement dit une phrase générique. C'est une situation somme toute assez similaire à laquelle on assiste avec la particule -(i)rado, du moins en ce qui concerne sa portée. Nous avons observé que, globalement, les énoncés à -(i)rado se répartissent en deux groupes. Pour les uns, -(i)rado semble opérer directement sur la propriété à laquelle il est postposé pour inverser son orientation argumentative et, pour les autres, il fait référence, par-dessus son partenaire de combinaison, à un principe argumentatif, tout comme l'élément -(i)na. A notre connaissance, qu'il s'agisse de -(i)na ou de -(i)rado, cet aspect du problème n'a jamais été vraiment débattu jusqu'à présent.

4.3. Morphosémantique de -(i)rado

C'est un sujet qui prête facilement à controverse. Néanmoins, en nous cantonnant dans des préoccupations strictement pédagogiques, nous pouvons relever, dans le morphème -(i)rado, des formes -i-, -r/l-, et -a/ŏdo, cette dernière pouvant être à son tour segmentée en -a/ŏ- et -do/do[75].

(a) Dans -(i)rado, l'élément -r/1- ou plus exactement -(ŭ)r/l- est un des deux morphèmes perçus comme ayant une valeur temporelle de futur[76]. En coréen moderne, cet élément se présente sous de multiples formes, par exemple en tant que terminaison verbo-adjectivale déterminative qui permet à un verbe ou à un adjectif d'être préposé à un SN pour le qualifier à la manière d'une proposition relative en français :

> *na-nŭn onŭl chingu-rŭl mannanda*
> moi-T aujourd'hui ami-O rencontrer-Prés-Décl
> 'je vois un ami aujourd'hui'
> *naega naeil mannal chingu*
> moi-S demain rencontrer-Fdét-Fut ami
> 'l'ami que je vais voir demain'

Nous croyons également voir cet élément dans des terminaisons conclusives déclaratives telles que -(ŭ)rira, -(ŭ)rida, -(ŭ)ryŏ, quoique relevant déjà d'un niveau de langue assez archaïsan t :

> *nae-ga bandŭsi gŏgi-e ga-rira*
> moi-S absolument là-L aller-Fut
> 'j'irai sûrement là-bas'

Il existe aussi une terminaison interrogative. Il s'agit de la forme -(ŭ)lkka :

> *naeil bi-ga olkka ?*
> demain pluie-S venir-Inter
> 'va-t-il pleuvoir demain ? '

Cependant, il semble plus économique de considérer cette forme comme le résultat d'une combinaison ou d'une fusion de deux éléments : -(ŭ)r/l-, forme déterminative que nous venons de mentionner et -kka, nom dépendant indiquant

---

[75] C'est également la thèse de Seo Tae-Lyong (1988), dont la position jugée trop audacieuse est souvent critiquée. Il a en effet une tendance marquée à se cantonner à des constructions purement théoriques.
[76] La forme -(ŭ)lkŏt-, combinaison que forme cet élément avec le nom dépendant -kŏt, est souvent considérée comme une concurrente de la forme -kess-, un suffixe verbal. Toutes les deux sont considérées à tort ou à raison comme indiquant le futur.

doute, incertitude ou interrogation. Pour notre part, nous serions plutôt tenté de voir dans cette forme -(ŭ)r/l- non pas vraiment un indicateur d'une valeur temporelle, mais plutôt d'une valeur modale relevant de la probabilité ou de la possibilité :

> *bŏlssŏ kichaga dochakhaess-ŭl gŏs-ida*
> déjà   train-S arriver-Pass Fut Décl
> 'le train est probablement déjà arrivé'

Dans tous les cas, on peut raisonnablement penser que l'aspect hypothétique des indications que donne l'élément *-(i)rado* s'explique par l'apport de cette forme.

(b) La forme *-a/ŏdo* est un connecteur auquel on reconnaît notamment une fonction concessive ou une fonction de négation de ce qui est attendu telle qu'on la voit à l'œuvre dans l'énoncé suivant :

> *bi-ga   wado sanbo-rŭl   haessta*
> pluie-S venir-même promenade-O faire-Pass Décl
> 'malgré la pluie, on s'est promené'

On peut légitimement soupçonner que c'est à cette forme que le morphème *-(i)rado* doit sa fonction d'inverseur de l'orientation argumentative. Signalons que l'on retrouve l'élément *-a/ŏdo* dans le connecteur *-dŏrado* qui est, en simplifiant les choses, pour la particule modale *-(i)rado* ce que le connecteur *-a/ŏdo* est pour la particule modale *-ta/do*. Ce qui sépare *-dŏrado* et *-(i)rado* d'un côté et de l'autre *-a/ŏdo* et *-ta*, c'est le caractère hypothétique de l'indication qui est présente dans la première paire et absente dans la seconde. Il reste que la particule modale *-ta/do*, que nous avons partiellement analysée dans Choi (2000c), est le noyau de cette série de morphèmes.

(c) Quant à la forme *-a/ŏ-*, Seo (1988) la considère comme une terminaison verbale, d'ailleurs attestée en coréen moderne. Par ailleurs, la forme -i- est le radical du verbe *ida* 'être' que nous avons déjà repéré dans la particule *-(i)na*[77]. Si on suit cette logique jusqu'au bout, c'est la forme *ira*, forme conclusive du verbe *ida* au futur et le connecteur *-ado/ŏdo* qui se seraient agglutinés. En tous cas cette segmentation ne contrarie pas notre idée concernant la portée de *-(i)rado*. En effet, on se rappelle que, en coréen, une phrase se termine nécessairement par un prédicat, ce qui peut expliquer le fait que la portée de l'élément *-(i)rado* s'étend sur tout l'énoncé et non pas seulement sur l'expression à laquelle il est postposé.

---

77 Cf. le chapitre précédent.

4.4. Propriétés et critères

Etant donné que notre analyse tend à montrer l'aspect exceptionnel, exceptif ou non conventionnel des énoncés construits sur l'élément -(i)rado, il est important pour nous de vérifier la compatibilité ou la non incompatibilité de ce morphème avec d'autres éléments de la langue dont la fonction est plutôt d'indiquer, de souligner le côté générique d'un énoncé et d'examiner, d'une façon plus globale, s'il est apte à accompagner la manifestation du fondement habituel d'un énoncé ou de son implicite communément admis. C'est dans cette perspective que nous allons observer les comportements de -(i)rado par rapport aux phénomènes tels que thème/propos, au connecteur -(n)ŭnde, ou aux adverbes d'énonciation. Car ces faits de langue ont, nous semble-t-il, ceci de commun qu'ils ont tous trait à ce que Anscombre appelle le cadre du discours, défini comme le lieu présenté comme étant celui d'où on parle.

4.4.1. Thème/propos

En admettant la définition classique selon laquelle le thème d'un énoncé est ce que cet énoncé présente comme étant ce dont on parle et le propos est ce que l'énoncé présente comme étant ce que l'on en dit, il semblerait que, d'une manière générale, l'élément -(i)rado peut difficilement s'associer à un thème ou à une expression qui en fait partie :

> kŭ saram(-ŭn / ? -irado) hangsang nam-ŭl dowajunda (lecture en thème)
> Cette personne (-T / ? -ne serait-ce que) toujours autrui-O aider-Prés-Décl
> 'il aide toujours les autres'

Dans cet énoncé, le groupe nominal, kŭ saram 'cette personne', lu comme le thème de l'énoncé indique bien la personne à propos de laquelle il est dit quelque chose, hangsang nam-ŭl dowajuda 'venir toujours en aide aux autres'. Dans ce contexte précis, la combinaison du thème avec l'élément -(i)rado est tout simplement inconcevable. Selon une des propriétés reconnues du thème, une expression appartenant à un énoncé fait partie du thème si elle est reprise d'une question à laquelle cet énoncé serait une réponse. Dans le dialogue suivant, l'expression kŭ saram 'cette personne' de l'énoncé du locuteur B correspond à cette définition et relève donc du thème. Il se trouve que, dans un tel contexte, la présence de l'élément -(i)rado rendrait l'énoncé extrêmement bizarre :

> A : kŭ saram-ŭn jigŭm muŏs-ŭl hani ? (reprise d'une question)
> cette personne-T maintenant quoi-O faire-Prés Inter
> 'lui, qu'est-ce qu'il fait en ce moment ? '

B : *jigŭm kŭ saram (-ŭn / ? -irado) jŏnhwa ha-go issŏ*
   *Maintenant cette personne (-T / ? ne serait-ce que) téléphoner-*Prés Prog
   'lui, il est au téléphone en ce moment'

On aura remarqué que dans tous ces énoncés, le thème est rendu par l'emploi de la particule *-(n)ŭn*, dite de thème. Signalons rapidement que pour nous, il n'existe pas de relation systématique entre le thème et l'emploi du morphème en question. Cependant, il pourrait s'agir d'une configuration optimale pour la manifestation du thème. Nous pourrions en dire autant, mais en sens inverse, de la particule nominative *-i/ka* qui est généralement considérée comme relative au propos :

A : *nu-ga olkka* ? (lecture en propos)
   *qui-*S *venir-*Inter
   'qui viendra ?'

B : *kŭ saram(-i / -irado) olkŏya*
   *cette personne (-*S */ -ne serait-ce que) venir-*Fut Décl
   'c'est lui qui viendra / au moins, lui, il viendra'

Dans l'énoncé ci-dessus, le même syntagme nominal *kŭ saram* 'cette personne' est associé à la particule *-i/ka* pour une lecture en propos et on s'aperçoit que, dans un tel contexte, l'insertion de l'élément *-(i)rado* ne met pas en danger l'équilibre de l'énoncé, ce que confirme d'ailleurs l'énoncé suivant dans lequel *-(i)rado* est accolé sans problèmes à une expression qui fait partie du propos de l'énoncé :

kŭ saram-ŭn (naeil / naeil-irado) olkŏda (lecture en propos)
*cette personne-*T *(demain / demain-ne serait-ce que) venir-*Fut Décl

Ainsi, l'observation de l'élément *-(i)rado* dans le cadre d'une partition de l'énoncé en thème/propos semble nous montrer que ce morphème n'est certainement pas profilé pour accompagner idéalement des expressions qui introduisent le fondement, le préalable ou le cadre de l'énoncé.

4.4.2. *-(n)ŭnde*

Nous avons tendance à penser que le connecteur syntaxique *-(n)ŭnde* est certainement un de ces morphèmes grammaticaux à la fois les plus usités et les plus mal définis. Peut-être ceci explique-t-il cela. Cela étant, l'idée que, dans l'enchaînement P-*(n)ŭnde*, Q, l'élément connecteur indique ou marque un contraste entre les contenus propositionnels des deux énoncés P et Q semble être assez largement répandue. En ce qui nous concerne, nous essaierons de démontrer que l'énoncé P constitue un cadre discursif dans lequel l'énoncé Q devra être interprété. Dans cette optique, la fonction essentielle de *-(n)ŭnde* consiste à indiquer d'où on parle au moment où on prononce Q, quel est donc le fondement de l'énoncé à venir. Cette hypothèse est fondée sur les observations suivantes :

(a) L'élément *-(n)ŭnde* ne semble pas donner d'indications très précises quant à l'orientation argumentative des énoncés qu'il articule. Il peut arriver que P et Q relèvent de deux principes argumentatifs opposés.

kŭ saram-ŭn nalssi-ga napp-ŭnde dŭngsan-ŭl ganda
'il va à la montagne, alors qu'il fait très mauvais'

Dans l'énoncé ci-dessus, l'énoncé P donne lieu à un argument qui favorise une conclusion tout à fait contraire à celle que contient l'énoncé Q. Dans ce cas précis, *-(n)ŭnde* serait à peu de chose près le synonyme de *-(ŭ)na* ou de *-jiman*, donc un inverseur de l'orientation argumentative. En revanche, dans l'exemple suivant :

nalssi-ga jo-ŭnde sanbo nagaja
'il fait beau, allons nous promener'

les énoncés P et Q sont de toute évidence argumentativement co-orientés. Ces deux exemples prouveraient que l'orientation argumentative dans un sens ou dans l'autre ne fait pas vraiment partie de la problématique de l'élément *-(n)ŭnde*.

(b) Cependant, cette même coorientation argumentative n'est pas sans poser de problèmes, car elle ne se vérifie que dans des énoncés relativement typés. L'énoncé Q qui est conclusif dans cet enchaînement est la plupart du temps « déréalisé » d'une manière ou d'une autre ; impératif ou jussif comme l'exemple ci-dessus, interrogatif ou exprimant d'une façon quelconque un souhait, un vœu ou alors une supposition, cet énoncé Q semble mal adapté à exprimer un contenu événementiel résultatif ayant une consistance au niveau du réel, comme le montrent les exemples suivants :

nalssi-ga joh-ŭnde sanbo nagaja / ? nagass-ta
'il fait beau, allons nous promener / ? nous nous sommes promenés, alors qu'il faisait beau'
bi-ga manhi o-nŭnde hongsu-ga na-kess-ta / ? nass-ta
'on risque une inondation, il pleut énormément / ? il y a eu des inondations, alors qu'il pleut énormément'

(c) Une première lecture argumentative impose donc ce constat : l'élément *-(n)ŭnde* marque tantôt une opposition argumentative, tantôt une coorientation argumentative, mais dans ce dernier cas, la conclusion à laquelle aboutit l'argumentation n'est pas du type constat de fait, mais relève plutôt des énoncés modalisés et se présentant comme dénués d'épaisseur du réel. Ce fait nous suggère que, très probablement et contrairement à ce que l'on a cru jusqu'à présent, la fonction de ce connecteur n'est pas tant de réguler des relations de type logique entre deux énoncés. Que ces relations soient d'opposition ou de cause à effet, l'essentiel semble être ailleurs. Bien que, par le passé, ce connecteur n'ait jamais été analysé de cette manière, nous avons tendance à penser que nous avons affaire à un morphème au moyen duquel le locuteur déploie toute une argumentation sans le dire ouvertement, en en laissant donc à l'interlocuteur le soin de l'interprétation. Plus concrètement, l'énoncé Q reflète essentiellement l'opinion ou le jugement du locuteur lesquels peuvent être positifs ou négatifs, mais c'est au locuteur de les découvrir, de les apprécier à leur juste valeur. Ce dernier est ainsi invité à interpréter l'énoncé Q à la lumière de ce qui est dit dans l'énoncé P. C'est donc de la part du locuteur un pari sur l'intelligence, parfois même sur la compétence linguistique, de l'autre, puisqu'il ne précise pas lui-même quelles sont exactement les relations qui s'établissent entre les deux énoncés. C'est à l'interlocuteur de trouver la bonne interprétation selon laquelle l'énoncé Q est conforme à la lettre ou à l'esprit de ce qui énoncé dans P et c'est en fonction de cette conformité que l'attitude du locuteur sera comprise comme positive ou négative. Cela étant, l'énoncé P qui, encore une fois, introduit le cadre d'un énoncé à venir, peut se présenter de deux façons sensiblement différentes. Il exprime un principe d'interprétation tantôt de portée générale et dans ce cas nous parlerions volontiers de principe argumentatif, tantôt de portée limitée et, dans ce cas, le locuteur en est, du moins dans l'immédiat, le seul garant. Il semblerait que la première de ces configurations n'est pas celle d'un environnement très approprié pour l'élément *-(i)rado*, alors que la seconde n'est pas un obstacle à son apparition :

> *bi -ga / ?-rado o-nŭnde ŏdi gani ?*
> 'il pleut, où vas-tu ? '
> *sanbo-rŭl / rado gago siphŭnde bi-ga gŭchilkka ?*
> 'j'ai envie de me promener, cessera-t-il de pleuvoir ?'

Le premier des deux exemples ci-dessus contient un énoncé P qui met en œuvre un principe argumentatif de portée générale qui pourrait être – grossièrement, nous l'avouons – quelque chose comme *quand il pleut, il vaut mieux ne pas sortir*, et il serait extrêmement difficile de glisser l'élément *-(i)rado* dans l'espace d'un tel P. Dans le second exemple, l'énoncé P propose comme principe ou base d'interprétation l'envie qu'a le locuteur d'aller se promener. Certes, pour l'interprétation correcte de l'ensemble des énoncés reliés par *-(i)rado*, cet énoncé P doit à son tour être associé à un principe argumentatif de portée plus générale, par exemple, *quand il fait beau, on a envie de se promener*, mais, dans l'immédiat, l'interlocuteur de l'énoncé a l'obligation de partir de ce qui lui est présenté à la surface du discours, autrement dit l'énoncé **P**. Il s'agit bien là d'un énoncé spécifique et de portée non générale, et c'est dans des énoncés de ce type que *-(i)rado* épouse bien le contexte environnant, bien qu'il s'agisse d'un énoncé qui pose un cadre général pour l'interprétation de l'énoncé suivant.

4.4.3. Adverbes d'énoncé et d'énonciation

Dans les exemples suivants, l'adverbe en position frontale ne porte pas sur le seul prédicat mais sur l'ensemble de l'énoncé et, à chaque fois, il dénote une appréciation sur ce qui est affirmé dans l'énoncé. C'est donc l'expression d'un certain point de vue qui peut être celui du locuteur ou d'une autre instance de discours :

burhaenghage / nollapke / ŏiŏpke (ø / -do / ?-(i)rado) uri thim-i jyŏssta

'malheureusement / à la surprise générale / à ma/notre stupéfaction, notre équipe a perdu'

Ainsi, il est dit du fait que « notre équipe a perdu » que c'est malheureux, surprenant ou stupéfiant. Ces adverbes d'énoncé semblent donc être une manière d'encadrer l'énoncé, d'indiquer de quel point de vue il procède et de donner des instructions quant à savoir sur quelle base l'énoncé à venir devra être compris. On constate encore une fois que l'élément *-(i)rado* n'est pas du tout à sa place dans cet environnement. Par contre, la particule *-do* accompagne habituellement cette catégorie d'expressions, très probablement en tant qu'accentuateur ou d'indicateur du haut degré, ce qui est une de ses fonctions essentielles. Ce fait semble nous suggérer que, contrairement à *-(i)rado*, l'élément *-do* n'est pas un inverseur de l'orientation argumentative et qu'il impose seulement un argument fort à la suite d'un ou plusieurs autres arguments à l'intérieur d'un même espace discursif. Nous y reviendrons plus tard. L'adverbe *soljikhi* 'sincèrement' se trouvant à la tête de l'énoncé suivant est en réalité tout une phrase souvent utilisée avec le prédicat tronqué *marhae* 'en parlant', ce qui montre d'emblée que cette expression est relative à l'énonciation et non pas à l'énoncé.

soljikhi na-nŭn kŭ saram-i siltha
'sincèrement, il ne me plaît pas'
soljikhi (marhae(sŏ)) na-nŭn kŭ saram-i siltha
'sincèrement, il ne me plaît pas'

C'est donc un adverbe d'énonciation et on s'aperçoit que cet indicateur du lieu d'où on parle n'accepte ni -(i)rado, inverseur, ni -do, intensificateur :

> soljikhi (ø / ? -do / ? -(i)rado) (marhae) na-nŭn kŭ saram-i siltha
> 'sincèrement, il ne me plaît pas'

5. -(i)rado, -(i)na et -do

Etant donné que, à la surface des énoncés, l'élément -(i)na est souvent interprété comme signifiant avant tout un sentiment d'insatisfaction et que l'élément -(i)rado n'est pas susceptible de contredire ce type d'indications, ces deux morphèmes sont souvent confondus et cette confusion n'aide bien sûr pas à caractériser leurs profils sémantiques respectifs. D'autre part, -(i)rado et -do semblent indiquer, dans certains types d'énoncés, une valeur limite d'une façon qui ne facilite pas non plus notre tâche.

5.1. -(i)rado et -(i)na

L'explication par les phrases génériques semble montrer que les deux morphèmes -(i)rado et -(i)na sont deux moyens, sensiblement différents, de construire linguistiquement une image du monde. L'image que semble favoriser linguistiquement l'élément -(i)rado est celle d'un monde envisagé comme possible et acceptable, bien que n'obéissant pas aux principes qui ont cours. En revanche, l'élément -(i)na, nous l'avons vu, décrit le monde comme un manque, comme la négation de ce qu'il devrait être. Il semble que le monde hypothétiquement envisagé par -(i)rado et cette sorte d'anti-monde vu par -(i)na comme un manque sont proches lorsque ces deux morphèmes indiquent chacun à leur façon un choix qui n'est pas pleinement satisfaisant. Ce qui apparaît à travers la lecture générique des énoncés à -(i)rado, c'est que nous pouvons, par ce biais, fonder les différences entre ces trois particules sur une base commune et relativement à l'abri des fluctuations interprétatives auxquelles nous sommes confrontées au gré des types d'énoncés du corpus. D'une manière générale, -(i)rado semble inverser l'orientation argumentative des énoncés exceptifs, envisagés de surcroît hypothétiquement, pour les mettre dans la mouvance des énoncés génériques, alors que l'élément -(i)na laisse intacte cette fois l'orientation des énoncés exceptifs, ce qui a pour conséquence la continuation du discours dans un sens contraire à l'orientation des énoncés génériques. C'est ce que semblent montrer les exemples suivants qui indiquent chacun une valeur limite :

> i munje-nŭn chŏnjae (-(i)rado / ? -(i)na / -do) phul su ŏpta
> 'ce problème, même un génie ne pourrait le résoudre'

i munje-nŭn babo (-(i)rado / ? -(i)na / -do) phul su issta
'ce problème, même un idiot pourrait le résoudre'

Ces énoncés devraient être respectivement – et approximativement, il est vrai – des énoncés exceptifs par rapport aux phrases génériques suivantes :

chŏnjae-nŭn modŭn munjerŭl phul su issta
'un génie est capable de résoudre tous les problèmes'
babonŭn amu munjedo phul su ŏpta
'un idiot n'est capable de résoudre aucun problème'

Une rapide comparaison révèle que les prédicats sont lus négativement après l'intervention de *-(i)rado*, ce qui prouve que ce dernier a le pouvoir d'inverser l'orientation argumentative de l'énoncé. On voit bien que, dans ce même contexte, l'élément *-(i)na* n'est pas à sa place. Pourtant, on peut arriver à exprimer à peu près la même chose au moyen de *-(i)na*. Seulement, il faudra pour cela laisser l'orientation argumentative telle qu'elle était dans les phrases génériques d'origine :

i munje-nŭn chŏnjae (?-rado / -na / ?-do) phul su issta
'ce problème, seul un génie pourrait le résoudre'
i munje-nŭn babo (?-rado / -na / ?-do) phul su ŏpta
'ce problème, seul u idiot serait incapable de le résoudre'

Ajoutons seulement que ces énoncés présupposent chaque fois un énoncé sous-jacent. Pour le premier énoncé, ce sera quelque chose comme *kŭrŏnikka nŏ-nŭn mot phunda* 'ne cherche donc pas à t'attaquer à ce problème' et pour le second *kŭgŏto mot phurŏ ?* 'tu ne vas quand même pas me dire que tu ne peux pas le résoudre ?' C'est probablement pour cette raison que, souvent, *-(i)rado* favorise des énoncés dont le locuteur est vu comme ayant tendance à faire concession à ce qui peut heurter ses convictions. Cela explique également le fait que, dans le sillage de *-(i)na*, nous avons souvent des énoncés dont le locuteur exprime une attitude critique à l'égard de ce qu'il considère comme contraire à ses croyances et qui, de surcroît, a tendance à s'ériger en système. D'un côté, il est indiqué que l'exception, qui n'entrait pas en ligne de compte à l'origine, peut être admise, tolérée par un système en place et, de l'autre, une exception qui a vocation à devenir un système, par exemple une mauvaise habitude, est vigoureusement combattue. Dans cette perspective, aussi bien *-(i)rado* que *-(i)na* relèvent d'une stratégie discursive qui a essentiellement une propriété exceptive en ligne de mire et il n'est pas étonnant que, lorsqu'ils portent explicitement sur une propriété jugée négative, ils produisent des énoncés apparemment synonymes :

amugŏto ŏpsŭni, igŏs (-irado / -ina) mŏkja
'puisqu'il n'y a rien (d'autre), mangeons cela'

Cependant, pour la raison qui vient d'être donnée, ces deux énoncés n'auront pas du tout le même type de répercussions sur la suite du discours :

igŏs(-irado / ? *-ina) mŏkŭni dahaengida*
'(ne serait-ce que cela) on a de la chance d'en manger'
igŏs(? -irado / *-ina) mŏkŭni hansimhada*
'c'est lamentable d'être réduit à manger cela'

Ce qui prouve que, bien que profondément impliqués l'un comme l'autre dans le mécanisme des phrases exceptives, ces deux morphèmes ne réagissent pas de la même façon face à ces dernières. Lorsque c'est une propriété positive qui se trouve dans leur espace discursif, même cette apparente synonymie n'est pas garantie :

kŭrŏn illyu daehakkyo-nŭn gongbu-rŭl jal ha-nŭn saram(-ina / ?*-irado) dŭrŏganda*
tel première catégorie université-T étude-O bien faisant personne(*-ina*/ ?*-irado*) entrer
'tu sais, une université aussi prestigieuse, seuls les bons élèves / ? même les bons élèves y ont accès'

Dans cet exemple comme dans d'autres d'ailleurs, l'emploi de *-(i)na* a pour finalité la poursuite du discours dans un sens négatif, mais nous avons vu aussi qu'à l'intérieur de son espace discursif, la particule préserve l'orientation argumentative de la propriété. Si le locuteur de cet énoncé affirme un principe ou une règle auxquels il croit, c'est surtout pour critiquer un point de vue ou une attitude qui veulent les ignorer. L'énoncé une *université aussi prestigieuse, seuls les bons élèves y ont accès* est en fin de compte un argument pour la conclusion *donc, ce n'est pas pour toi/pour lui*, laquelle a d'ailleurs dans notre interprétation un statut d'énoncé sous-jacent. Le mécanisme de *-(i)rado* dans cet exemple est différent. Nous avons déjà dit que c'est une particule qui, contrairement à *-(i) na*, tend à inverser l'orientation argumentative d'une propriété hypothétique, donc absente à l'origine. Voilà pourquoi, comme nous l'avons dit, s'il est vrai que *-(i)rado* peut invoquer ou faire référence à une phrase générique, il ne peut s'y insérer directement, car il risque d'inverser son orientation argumentative et d'en détruire la généricité, comme s'il en faisait une phrase exceptive. Et c'est ce qui se passe avec l'exemple ci-dessus, d'où la bizarrerie de cet énoncé. Il faut donc que ce soit un énoncé qui fait référence à la même phrase générique tout en la présentant dans un contexte où elle constitue fondamentalement une hypothèse. Autrement dit, si c'était un énoncé impératif, hypothétique ou de tout autre type appelant à la réalisation de la propriété *entrer dans* une *université prestigieuse* et qu'il était, de surcroît, adressé à un fort en thème, il poserait beaucoup moins de problème d'intelligibilité :

illyu daehakkyoerado dŭrŏgara / dŭrŏgaji kŭrae
'tu pourrais au fond entrer dans une université prestigieuse, penses-y'

5.2. -(i)rado et -do

Pour ce qui est de l'élément -*do* que nous avons très partiellement analysé dans Choi (2000c), il semble que, si cette particule s'associe sans problème à un énoncé exceptif, ce n'est pas là son unique emploi possible et que surtout il ne relève pas d'une manière essentielle de la stratégie des énoncés exceptifs, comme c'est le cas pour -*(i)rado* ou -*(i)na*. Nous avouons avoir souvent varié au sujet de cette particule. Par exemple, dans l'analyse susmentionnée, nous l'avons considérée comme un indicateur de la coorientation argumentative. Cette idée est d'ailleurs explicitement ou implicitement présente dans un grand nombre d'analyses qui sont consacrées à ce morphème. Cependant, trop d'exemples semblent suggérer que, en réalité, l'orientation argumentative ne soit pas le problème essentiel de l'élément -*do*. En ce qui nous concerne, nous reconnaissons trois principaux groupes d'énoncés construits sur cette particule -*do*, à savoir :

(a) **La coorientation argumentative :**

onŭl-ŭn (nalssi-do joh-ko) gibun-do joh-ko hani, han jan hapsida !
'aujourd'hui, (il fait beau et) on est de bonne humeur, allons donc prendre un verre'
nalssi-ga chuul jŏngdo-ga anya, ŏrŭm(kkaji)-do ŏrŏssŏ
'il fait plus que froid, il a même gelé'

(b) **L'opposition argumentative :**

yojŭm nalss-iga joŭl ttae-do issko nappŭl ttaedo issta
'en ce moment, tantôt il fait beau, tantôt il fait mauvais'
na-nŭn gwansim ŏpsŏ. irae-do joh-ko jŏrae-do joha
'ça m'est égal : ceci ou cela, c'est du pareil au même'

(c) **Le haut degré**

aigo ! uri agi yeppŭ-gido hada !
'oh ! Qu'il est mignon, notre bébé !'

Cette présentation nous conduit à un certain nombre de constatations. Premièrement, l'intervention de l'élément -*do* est sans effets sur l'orientation argumentative de la propriété X qu'il affecte mais dont les potentialités argumentatives s'expriment sans entraves. C'est ce que semblent montrer les exemples (a) et (b). Deuxièmement, la structure X-*do* présuppose dans la plupart des cas l'existence d'une autre propriété Y, voire même plusieurs autres propriétés, chacune à l'origine d'un argument pour une certaine conclusion. Cela voudrait dire que -*do* est l'indication d'une dualité ou même d'une pluralité d'arguments se déployant parallèlement. Cette autre propriété Y, par exemple, peut éventuellement être elle aussi reliée à l'élément -*do*, ce qui donne une structure itérative telle que Y-*do*, X-*do*. Troisièmement, et là il est question précisément de l'orientation argumentative, si les propriétés X et Y sont argumentativement coorientées, il peut arriver que cette dernière reste sous-jacente, et c'est ce que montre le premier énoncé de (a), alors que cela semble moins vrai quand elles sont orientées à l'inverse l'une de l'autre comme dans (b). Notre quatrième observation concerne toujours les deux orientations argumentatives possibles dont il vient d'être question : dans le cas d'une coorientation argumentative, il peut arriver que le syntagme X-*do* représente un argument plus fort que Y (-*do*), comme le montre le deuxième exemple de (a), tandis que, dans l'autre cas de figure, les deux arguments ont tendance à s'annuler. Ce serait le cas des deux exemples de (b). Quant à l'énoncé (c), c'est une illustration de l'emploi de -*do* comme indicateur du haut degré, un emploi que soulignent tous les travaux qui, dans leur grande majorité, en font un emploi à part du morphème. Nous y reviendrons.

La dernière – mais certainement pas la moindre – remarque concernant -*do* que nous inspire notre corpus a trait à sa définition même. Etant donné que l'orientation argumentative ne paraît pas un facteur déterminant dans la description de ce morphème, il nous semble difficile de considérer que sa fonction consiste à indiquer une coorientation argumentative. Nous nous demandons pour notre part s'il ne serait pas possible de le confiner dans un rôle d'indicateur de la dualité ou de la pluralité des arguments. Ainsi, le déploiement d'un argument tiré de la structure X-*do* entraînerait immédiatement l'activation des potentialités argumentatives de la structure Y (-*do*), que celle-ci soit explicitée ou non dans l'énoncé. Ces observations préalables pourraient peut-être nous aider à mieux comprendre pourquoi l'élément -*do*, tout en pouvant s'associer à une phrase exceptive, ne le fait jamais de la même façon que -*(i)rado*, car semble s'imposer une sorte d'évidence comme conséquence de ce qui vient d'être dit : contrairement à ce dernier morphème, -*do* peut se combiner aussi bien avec une phrase exceptive qu'avec une phrase générique, dans le respect de leur structure sémantique d'origine, cela s'entend. Soit la phrase *kŭ phŭrangsŭ saram-ŭn khollarŭl masinda* 'ce français boit du coca' à laquelle nous estimons « pouvoir » appliquer une lecture générique en en faisant ainsi une phrase exceptive[78]. La

---

78 En tenant compte du fait que cette boisson est culturellement mais aussi linguistiquement, croyons-nous, très fortement marquée.

combinaison de cette phrase avec -*(i)rado* et -*do* donne d'après nous deux phrases également exceptives, que voici :

> kŭ phŭrangsŭ saram-ŭn kholla (-rado / -do) masinda
> 'ce Français ((en) boirait même si ce n'est que / boit même) du coca'

mais qui ne seraient pas exceptives de la même façon. Si, en effet, -*do* indique lui aussi qu'une exception, malgré son caractère précisément exceptionnel, est admise ou prise en compte par un point de vue qui l'excluait en principe, il semble que ce ne soit pas pour la même raison que pour -*(i)rado*. Alors que ce dernier inverse l'orientation argumentative d'une propriété à statut exceptionnel, -*do* a tendance à imposer une telle propriété sans changer son orientation argumentative, et en notifiant qu'elle mérite autant de considération par rapport à ou à côté d'une propriété à caractère générique ou normative, et ce éventuellement en accentuant et renforçant le poids argumentatif de la propriété dont il s'agit. Si donc avec -*(i)rado*, l'exception est en quelque sorte tolérée, l'exception amenée par -*do* semble être quelque chose de positivement accepté, quelque chose qui caractériserait le sujet de l'énoncé comme brisant l'image qui lui serait habituellement rattachée. Dans la première phrase, il s'agirait d'un français buveur de vin comme il se doit, mais qui, s'il ne peut faire autrement, peut éventuellement envisager une petite concession dans ses habitudes. C'est ainsi qu'un adverbe comme *birok* 'fût-ce, même si, ce n'est que cela' qui, étant déréalisant, abaisse l'orientation argumentative d'une propriété, trouvera beaucoup plus à sa convenance un contexte en -*(i)rado* qu'un contexte en -*do* :

> ku phŭrangsŭ saram-ŭn birok kholla (-rado / ? -do) masinda
> 'ce n'est que du coca, mais ce français en boit'

Quant à la seconde phrase, elle décrirait plutôt un français qui va jusqu'à déroger à l'orthodoxie en adoptant une attitude hors norme. Autrement dit, il est bien possible que la différence fondamentale entre -*(i)rado* et -*do* consiste dans le fait que les deux morphèmes n'arbitrent pas de la même façon entre deux propriétés mises en balance et n'ayant structurellement ni le même poids ni la même orientation argumentative. Il s'agit en l'occurrence des deux expressions *boire du vin* et *boire du coca*. Si, comme nous venons de le voir, -*(i)rado* valide la propriété *boire du coca* tout en lui donnant un poids inférieur à celui qu'aurait *boire du vin*, l'élément -*do* donne en revanche aux deux propriétés un poids argumentatif égal. C'est bien à cela que semble correspondre l'emploi bien connu de -*do* dans un schéma répétitif, un emploi inconcevable en ce qui concerne l'élément -*(i)rado* :

> kŭ phŭrangsŭ saram-ŭn phodoju-do masi-go kholla-do masinda
> ce France personne-T vin-aussi boire-et coca-aussi boire-Prés-Décl
> 'ce Français boit aussi bien du vin que du coca'

> ?kŭ phŭrangsŭ saram-ŭn phodoju-rado masi-go kholla-rado masinda
> ce France personne-T vin-même boire-et coca-même boire-Prés-Décl
> ' ?Ce Français boit même du vin et même du coca'

Ces exemples montrent que l'élément *-do*, dans son schéma répétitif, traite sur un pied d'égalité les deux propriétés qu'il met en parallèle, alors que, dans ce même contexte, l'emploi de *-(i)rado* est beaucoup plus problématique, voire impossible. Ainsi *-do* dispose apparemment d'un pouvoir linguistique qui lui permet de faire d'un énoncé exceptif l'égal d'un énoncé générique et de lui donner le statut d'un argument à part entière.

Comment expliquer ce paradoxe ? Pour notre part, nous sommes enclin à penser que, en vertu de sa fonction d'indicateur d'une pluralité argumentative, l'élément *-do* contribue, dans l'énoncé ci-dessus, à fabriquer à partir des phrases génériques – qui constituent le substrat sémantique d'une langue – un énoncé qui représente en quelque sorte une propriété intrinsèque définissant un individu en tant que tel au niveau de l'énoncé. Il s'agirait en l'occurrence d'un Français pour lequel ce qui fait vraiment le propre d'un Français, être buveur de vin, n'a plus une importance primordiale. Qu'il boive ceci ou cela, cela lui serait égal. C'est là que se fait sentir le besoin de dissocier deux niveaux d'analyse : linguistique et discursif, fondement de l'énoncé et l'énoncé lui-même. En somme, le locuteur d'un tel énoncé construit à propos d'un individu un nouvel énoncé générique ou en tout cas un énoncé qui est toujours susceptible de recevoir une lecture générique. En somme, ce serait une généricité en tant que base d'une argumentation contre une généricité qui se fait argument. De l'observation de ce type d'énoncés semble se dégager une image de l'élément *-do*, celle d'une particule qui a tendance à imposer un énoncé exceptif à égalité avec un énoncé générique. Il s'agit donc d'un morphème doté d'un pouvoir argumentatif exceptionnel lui permettant de briser le cadre habituel de la généricité en la surdéterminant. Contrairement à *-(i)rado*, il n'a pas à atténuer la nature marginale de la propriété qu'il propulse pour qu'elle s'adapte au contexte générique. Il ne fait que l'imposer. Comme on peut le voir, *-do* sert souvent à construire des énoncés à finalité argumentative à partir des énoncés exceptifs. Des deux énoncés suivants :

> *nalji mot ha-nŭn sae-do issta (kŭrŏnikka thajo-do sae-da)*
> voler-Imposs-Fdét oiseau-aussi il y a-Prés-Décl (donc autruche-aussi oiseau-être)
> 'il y a des oiseaux qui ne volent pas (donc, les autruches sont aussi des oiseaux)'

> *Phodoju-rŭl an masi-nŭn phŭrangsŭ saram-do issta.* kŭ saramdo phurangsŭ saramida
> vin-O Nég-boire-Fdét France personne-aussi il y a-Prés-Décl (*cette personne-aussi France
> personne-être*-Prés-Décl)
> 'il y a des Français qui ne boivent pas de vin (il est français, lui aussi)'

le premier est un énoncé exceptif par rapport à *sae-nŭn na-nda* 'les oiseaux volent' et le second, par rapport à *phŭrangsŭ saram-dŭl-ŭn phodoju-rŭl masinda* 'les Français sont des buveurs de vin' et, à chaque fois, *-do* nous dit qu'il faut prendre l'énoncé exceptif en considération, en prévision, d'une certaine conclusion. Et chacun de ces énoncés exceptifs a un énoncé sous-jacent précisément en la personne de l'énoncé générique correspondant, la finalité de tout cela étant la neutralisation des deux arguments rivaux. Cela dit, sur le plan de la généricité, ces derniers énoncés ne sont pas les seuls avec lesquels *-do* est en mesure de se combiner pour en faire un second argument ou un argument parallèle dans l'énoncé. Dans l'exemple suivant :

> *mŏri-ga noran phŭrangsŭ saram-do iss-ko, mŏri-ga kkaman phŭrangsŭ saram-do issta*
> tête-S jaune français gens-aussi exister-et tête-S noir français gens-aussi exister-Prés Décl
> 'certains français son blonds et d'autres bruns'

les deux propriétés *mŏriga noran phŭrangsŭ saram* 'des français sont blonds' et *mŏriga kkaman phŭrangsŭ saram* 'des Français sont bruns' ne sont ni l'une ni l'autre exceptive. Il s'agit de phrases génériques[79] dans laquelle les deux propriétés se partagent la généricité à égalité. L'élément *-do* entérine seulement ce fait linguistique pour en faire deux arguments, qui auraient alors tendance à se neutraliser mutuellement. Ce serait encore une fois une manière de dire qu'il ne faut pas se baser là-dessus pour reconnaître un Français.

Cependant, s'agissant de l'insertion de l'élément *-do* dans une phrase générique, tout se passe comme si, dans la structure X-*do*, la propriété X devait mériter sa place, c'est-à-dire se montrer à la hauteur en n'étant pas une pure répétition de la propriété Y ou de son équivalent, même lorsque, comme on vient de le voir, les deux propriétés X et Y sont argumentativement cooorientées : l'élément *-do* a pour rôle essentiel, en tant qu'indicateur d'une pluralité argumentative, de faire entendre d'autres sons de cloche. C'est probablement ce qui se trouverait à la source d'un fait linguistique que nous signalons. Comme nous l'avons déjà vu, les trois morphèmes *-(i)rado, -(i)na* et *-do* partagent un point commun : combinés à des expressions indéfinies – celles-ci fonctionnent comme des mots interrogatifs dans un contexte interrogatif –, ils donnent lieu à des quantificateurs universels. Il se trouve que, quoi qu'on fasse, la combinaison d'une de ces expressions avec

---

79 On trouvera ce type de phrases génériques étudié dans Anscombre (2002).

-do n'est pas compatible ou peu s'en faut avec un énoncé affirmatif, alors qu'elle s'insère parfaitement dans un contexte négatif. D'autre part, avec *-(i)rado*, ce sont cette fois les énoncés négatifs qui sonnent légèrement faux[80] :

> *phŭrangsŭ saram-ŭn nugu (-rado / ? -do) phodoju-rŭl masinda*
> 'un français, quel qu'il soit, boit du vin'
> *phŭrangsŭ saram-ŭn amu (-rado / ? -do) phodoju-rŭl masinda*
> 'n'importe quel français boit du vin'
> *phŭrangsŭ saram-ŭn musŭn phodoju (-rado / ? -do) masinda*
> 'les français boivent tous les vins'
> *phŭrangsŭ saram-ŭn amu phodoju (-rado / ? -do) masinda*
> 'les français boivent n'importe quel vin'
> *kŭ phŭrangsŭ saram-ŭn musŭn phodoju (? -rado / -do) an masinda*
> 'ce Français ne boit jamais aucun vin'
> *kŭ phŭrangsŭ saram-ŭn amu phodoju (? -rado / -do) an masinda*
> 'ce français ne boit pas de vin, de quelque vin qu'il s'agisse'

En tout cas, ce phénomène a été observé depuis longtemps, et une approche qui prend en compte l'emploi de *-do* dans un contexte générique n'est peut-être pas totalement inintéressante pour comprendre les mécanismes qu'il implique. Quoi qu'il en soit, de cette série d'exemples dont les énoncés négatifs sont plus proches des exceptifs et les autres plus proches des génériques, se profile l'idée que *-do* est plus adapté pour propulser, pour imposer dans un discours de type argumentatif des énoncés qui, du point de vue de la généricité, se trouvent plutôt du côté de l'exception. Ainsi, avec *-do*, c'est souvent une propriété marginale, exceptionnelle ou inattendue qui s'invite, qui force les limites de l'espace discursif convenu, ce qui peut créer des effets de surprise. D'où peut-être la possibilité d'expliquer, par ce biais, sa propension à exprimer le haut degré comme dans notre énoncé de (c). Il s'agit encore une fois d'une des plus importantes fonctions reconnues à l'élément *-do*. Le haut degré exprimé par ce dernier élément et l'effet de surprise ou d'étonnement qui en découle peut provenir du fait qu'une propriété qui n'est pas habituellement retenue pour qualifier une classe d'entités, s'impose comme définissant un individu d'une façon intrinsèque. Cela dit, dans Choi (2000c), nous avions analysé ce phénomène autrement. Nous avions préalablement identifié *-do* comme étant essentiellement un indicateur de la coorientation argumentative et que le haut degré qu'il exprime était le résultat d'une accumulation des propriétés coorientées.

---

80 Ce dernier point ne fait pas l'unanimité parmi les sujets parlants coréens.

6. Conclusion

Nous avons adopté une approche argumentative pour l'analyse de la particule -*(i)rado* et cette conception argumentative des énoncés est intimement liée à un postulat selon lequel ces derniers sont fondés sur des principes argumentatifs lesquels sont, en dernière analyse, des énoncés de type générique. Cette analyse nous a permis de dégager les propriétés fondamentales de -*(i)rado*. Premièrement, celui-ci indique l'existence d'un espace discursif à caractère exceptionnel. Deuxièmement la propriété X qu'il place dans cet espace a un statut hypothétique. Troisièmement, ce morphème est fondamentalement un inverseur de l'orientation argumentative. Ce mécanisme d'inversion concerne tantôt la propriété X, tantôt l'énonciation la précédant.

Cette approche nous a permis notamment de concevoir une interprétation homogène et cohérente des énoncés traditionnellement reconnus et classés selon des catégories sensiblement éloignées les unes des autres : choix négatif, valeur limite, quantification universelle et emplois figés. Mais elle nous a également donné les moyens d'intégrer dans cette interprétation les énoncés dans lesquels l'orientation argumentative de la propriété X n'est pas inversée. La particule modale -*(i)rado* semble être au service d'une stratégie discursive qui consiste à mettre à contribution hypothétiquement et à titre exceptionnel une propriété dont les potentialités argumentatives ne seront déployées qu'au prix d'une inversion de l'orientation argumentative : soit celle de cette même propriété, soit celle de l'énonciation précédente. Vu sous cet angle, -*(i)rado* serait en quelque sorte la négation des énoncés sous-jacents sur lesquels se fondent les énoncés justiciables d'une lecture argumentative. Sa fonction essentielle serait ainsi de mettre en cause le préalable du discours, nier les éléments extérieurs à l'énoncé, mais qui sont censés être implicitement admis par le locuteur et l'interlocuteur de l'énoncé. Les énoncés à -*(i)rado* signifieraient finalement que des propriétés qui ne correspondent pas nécessairement aux principes argumentatifs habituels peuvent malgré tout donner lieu à des énoncés faisant sens, ce qui voudrait dire que, tout compte fait, l'élément -*(i)rado* est aussi un indicateur d'énoncés inhabituels, hors normes et non orthodoxes, bref exceptionnels.

Problèmes de généricité

Présentation

Les problèmes de généricité ont longtemps été considérés comme des phénomènes marginaux, peut-être parce que la linguistique les a longtemps assimilés à des manifestations de type logique, comparables à la quantification universelle en logique des prédicats. C'est d'ailleurs très souvent en ces termes qu'ils sont traités. La généricité est en fait un problème central en linguistique, et en particulier en sémantique, car les phrases génériques sont la représentation en langue du monde, ou plutôt devrions-nous dire une représentation du monde, chaque langue et chaque époque d'une langue ayant ses propres représentations. On ne saurait comprendre le *mais* de *J'ai un chat, mais il ne chasse pas les souris* sans faire intervenir un principe général comme *Les chats chassent les souris*, qui est précisément une phrase générique. La généricité intervient dans de nombreux phénomènes. Dans les langues indo-européennes, les phénomènes qui ont donné lieu au plus grand nombre de travaux concernent la relation entre l'interprétation générique d'une phrase et la nature du syntagme nominal sujet, principalement en ce qui concerne le déterminant. Tous les déterminants n'entretiennent pas la même relation à la généricité : ainsi, on a sans problème *Les enfants se tiennent bien à table* et *Un enfant se tient bien à table*, mais bizarrement, alors qu'on également *Les lapins envahissent les campagnes*, on n'a pas cette fois *Un lapin envahit les campagnes*. On pourrait penser que les langues sans article échappent à ces difficultés : en fait, la généricité transparaît également dans le fonctionnement des connecteurs (encore appelés *marqueurs discursifs*) – nous en avons vu un exemple ci-dessus, mais aussi de certaines particules modales et d'adverbes dits aspectuels, comme *souvent, toujours* et *généralement, habituellement*, ou leurs équivalents. Enfin, la généricité peut se manifester au niveau du syntagme verbal, donnant lieu à ce qu'il est convenu d'appeler les *phrases habituelles*. De telles phrases dénotent une pluralité d'événements, dénommés selon les théories répétition, itération ou encore fréquence, et la présentent comme non accidentelle, non contingente, mais due à une disposition, une tendance indissociablement liée aux objets qui la manifestent. Ainsi, *La terre tourne autour du soleil, Max joue du piano avec un doigt*, etc., pour reprendre des exemples bien connus. Enfin, un dernier type de généricité est représenté par les formes sapientiales : proverbes, dictons, adages, etc. : Leur particularité est qu'on est alors en présence d'un *dire générique*. Ainsi en français *Un tiens vaut mieux que deux tu l'auras* ; en coréen, 빈 수레가 요란하다 'binsulega, yolanhada', i.e.

Ce sont les tonneaux vides qui font le plus de bruit. Les formes sapientiales sont l'exemple parfait du savoir indirect par oui-dire, et sont à ce titre fréquemment introduites par des expressions comme *comme on dit*, comme dit le proverbe, etc. La généricité est dans ce cas en relation directe avec la médiativité.

Les deux textes de M. CHOI Seung-Un qui suivent constituent une approche sémantique de ces diverses manifestations de la généricité en coréen.

Jean-Claude Anscombre (CNRS-LT2D)

Phrases génériques, syntagmes génériques et argumentation

0. Introduction

La propriété essentielle de ce qu'on appelle communément les phrases génériques est qu'elles expriment une vérité générale à propos d'une classe d'individus, sans que pour cela, elles tiennent nécessairement cette caractéristique de la présence d'un quantificateur universel ou quasi universel dans leur construction syntaxique. Plus précisément, ces phrases possèdent les mêmes propriétés inférentielles que les phrases quantifiées universellement.

Les débats sur les phrases génériques semblent surtout avoir porté sur deux problématiques, à savoir la *typicalité* et la *généricité*. La première caractérise la propriété exprimée par ces phrases et la seconde désigne la plupart du temps le mécanisme, le mode de donation de cette typicalité. La typicalité de la propriété qu'une phrase générique attribue à une classe d'individus est censée être assurée par un prédicat non événementiel. La généricité semble être en français une exclusivité des articles et son adaptation à la langue coréenne nous oblige à revisiter le problème déjà fort débattu de la particule modale dite 'de thème' *-(n) un* et accessoirement, celui de la marque du pluriel *-dŭl*.

Linguistiquement parlant, une phrase générique possède, du moins d'un point de vue traditionnel, les propriétés suivantes :

- Elle est vraie si elle décrit un état de choses plausible, vraisemblable au moins pour un locuteur. C'est donc une phrase vraie en un sens flou du terme.
- Il s'agit d'une phrase non événementielle, intemporelle et qui exprime une croyance, une vision du monde.
- Elle possède un syntagme générique qui est en français habituellement de la forme *Les N* (ou une forme équivalente) au sens de « n'importe quel élément de la classe des N considérés, » et qui est traditionnellement le sujet.

Exprimant des croyances générales, les phrases génériques sont des phrases « gnomiques ». Voilà pourquoi ce qui est décisif pour ce type de phrases semble être le caractère non actuel, non accidentel ou non spécifique tant du prédicat que du syntagme nominal. Aussi, contrairement en apparence à ce qui vient d'être dit, même un prédicat processif peut-il donner lieu à des phrases génériques, pourvu que cette condition soit satisfaite. A partir du moment où l'intervalle temporel qu'il implique nécessairement a la possibilité d'être interprété comme étant homogène, un prédicat processif peut décrire un fait habituel et non plus actuel. Nous avons alors affaire à des phrases dites *habituelles*, que l'on peut considérer comme une sous-classe des phrases génériques[81]. Ce qui semble suggérer que finalement, il n'y a pas de phrases génériques proprement dites au sens indiqué plus haut, et qu'il n'y a en réalité qu'une lecture générique de certaines phrases. Pour la même raison, le syntagme nominal *Les N* n'est pas nécessairement justiciable d'une lecture générique. Il peut l'être, tout comme peuvent l'être d'autres types de syntagmes nominaux, notamment *Certains N*. C'est précisément la position défendue par Anscombre[82].

Dans ce qui suit, nous nous interrogerons certes sur les conditions d'une lecture générique des phrases coréennes, mais notre but n'est pas d'étudier le problème des phrases génériques en tant que tel et dans toutes ses ramifications possibles. Ce qui nous intéresse, c'est de pouvoir analyser un certain nombre de morphèmes à vocation argumentative, en l'occurrence trois particules modales *-(i)na*, *-man* et *-do*, relativement aux phrases et surtout aux syntagmes génériques, lieu privilégié d'apparition de ces morphèmes. Ce rapprochement de la généricité et de l'argumentation se justifie au moins pour deux raisons.

Tout d'abord, par rapport au problème de la généricité, l'argumentation représente une approche d'une nature différente. Les phrases génériques expriment des croyances en langue et traduisent la façon dont la langue construit le monde. Il s'agit donc de « vérités » permanentes qui assurent d'une certaine manière la cohésion du discours. Alors que l'argumentation est un acte de parole spécifique, contingent et ayant de surcroît une dimension polémique. De ce fait, une phrase générique peut être un critère sûr pour révéler les fonctions argumentatives inscrites dans une expression linguistique qui entre en rapport avec elle.

Pour la même raison, ces phrases génériques peuvent, comme le suggère Anscombre[83], être étudiées dans le cadre des réflexions sur l'argumentation dans la langue. Croyances exprimées en langue de toute une communauté, elles peuvent être considérées comme des principes argumentatifs par rapport auxquels s'effectue ou peut s'effectuer une argumentation. Il n'est plus

---

81 **Note de l'éditeur** : ainsi, une phrase comme *Les singes mangent des bananes* peut recevoir une interprétation générique, bien que faisant intervenir un prédicat processif, à savoir *manger des bananes*. L'interprétation générique consiste alors à voir la classe des individus 'singes' comme caractérisée par la propriété 'capacité à manger des bananes'.
82 J.C. Anscombre, Séminaire 1998–1999, EHESS ; Anscombre (2002).
83 **Note de l'éditeur** : il s'agit de Anscombre (2001), où les phrases génériques sont présentées comme les garants des enchaînements argumentatifs

alors nécessaire d'aller chercher une métalangue hors de la langue pour décrire l'argumentation dans la langue.

1. Phrases génériques

1.1. Phrases génériques et conditions de vérité

Trois types de phrases génériques sont mentionnés dans la plupart des travaux sur le sujet. Voici les exemples que propose Kleiber (1978), et qui sont abondamment cités dans la littérature consacrée à ce sujet.

- Phrases génériques analytiques ou nécessairement vraies :
  (1) *Les chimpanzés sont des singes.*
  (2) *Les moineaux sont des oiseaux.*
- Phrases génériques généralement vraies :
  (3) *Les castors construisent des barrages.*
  (4) *Les Alsaciens sont des buveurs de bière.*
- Phrases génériques synthétiques ou localement vraies :
  (5) *Les singes sont amusants.*
  (6) *Les linguistes sont bavards.*

Les phrases analytiques ou nécessairement vraies sont celles qui sont vraies *a priori*, par définition, c'est-à-dire en vertu de leur seul sens[84]. On peut également dire qu'elles sont vraies de par leur logique même. Elles expriment une vérité impérative et inattaquable dans la mesure où on ne peut pas la refuser et où aucune exception à cette vérité n'est tolérée : c'est une vérité admise par toute la communauté linguistique. Et leurs désignations sont définies comme telles dans la langue, ce qui nous permet de dire aussi que la vérité de ces phrases repose uniquement sur les règles sémantiques. Les phrases génériques généralement vraies et les phrases synthétiques ou localement vraies sont celles dont le prédicat n'est pas vrai par définition de toutes les occurrences de la classe des SN considérées. Ces phrases sont celles acceptables à travers un minimum de vérification empirique[85].

---

84 Cf. Martin (1983). **Note de l'éditeur :** cette définition de *analytique* 'vérité de raison', qui est celle de Kant, pose de nombreux problèmes, dont celui de la preuve de cette analycité.
85 **Note de l'éditeur :** Le problème est en fait plus compliqué, et pose la question du rapport entre les deux dichotomies *théorique/empirique* et *analytique/non analytique* (ou encore *synthétique*). Cf. sur ces points Putnam (1975b).

Si les phrases analytiques ou nécessairement vraies sont vraies *stricto sensu*, les phrases généralement vraies le sont au sens large, car elles n'expriment qu'une vérité générale. Si les premières sont logiquement vraies, les secondes le sont linguistiquement. Il est possible que les phrases nécessairement vraies aient quelque chose à voir avec les connaissances scientifiques, alors que les phrases généralement vraies constituent en fait la description du monde par la langue. En d'autres termes, ces phrases sont par excellence l'expression des croyances en langue et pour cette raison, elles présentent un intérêt éminemment linguistique, alors qu'il y a tout lieu de penser que les phrases nécessairement vraies obéissent plutôt à des considérations extra-linguistiques. On peut également dire que ces phrases sont empiriquement vraies car elles définissent le SN selon l'idée que nous nous en faisons. Si ces phrases ne sont pas nécessairement vraies, elles sont tout de même admises par toute la communauté. Certaines règles sémantiques de la langue proviennent de l'observation de faits empiriques, mais une fois devenues des règles, elles sont indépendantes de ces faits empiriques.

Si les phrases nécessairement vraies et celles qui sont généralement vraies expriment, malgré les différences qui les séparent, une vérité admise par toute la communauté, les phrases synthétiques ou localement vraies expriment une vérité admise seulement par certains locuteurs. Les premières phrases sont vraies pour tout locuteur et les secondes sont vraies pour au moins un locuteur. C'est dans ce sens-là que l'on peut dire que les phrases localement vraies expriment des opinions.

1.2. Phrases génériques et critères de reconnaissance

1.2.1. *Le raisonnement par défaut*

Ceux qui se sont penchés sur les phrases génériques semblent avoir remarqué dans un premier temps les particularités des phrases analytiques ou nécessairement vraies qui font qu'elles occupent une place à part dans la catégorie des phrases génériques. G. Kleiber explique notamment que ce qui distingue les phrases analytiques des phrases non analytiques. c'est-à-dire généralement vraies ou synthétiques, est que seules ces dernières autorisent le raisonnement par défaut : « ... Le statut des règles par défaut est (...) celui des croyances, Il ne s'agit pas de déductions strictes, mais de déductions plausibles, c'est-à-dire d'inférences qui n'ont pas la puissance incorruptible des conséquences logiques ... »[86]. Ce qui signifie que l'adhésion à la vérité générale exprimée par l'énoncé générique suivant :

---

86 Kleiber (1988: : 2).

(4) *Les Alsaciens sont des buveurs de bière.*

permet de conclure à propos d'un alsacien, par exemple, Paul, qu'il est buveur de bière par défaut, i.e. en l'absence de toute information supplémentaire. En revanche, l'application à un énoncé générique analytique d'un raisonnement par défaut serait totalement incongrue, car l'énoncé suivant qui est analytique :

(1) *Les chimpanzés sont des singes.*

est vrai en vertu de son seul sens. La déduction se fait automatiquement en l'absence de toute information supplémentaire : il est établi *a priori* que si x est un chimpanzé, x est *ipso facto* un singe[87]. De ce point de vue un énoncé de ce type semble donc posséder les mêmes propriétés inférentielles que les phrases quantifiées universellement. Ce fait est probablement à mettre en rapport avec les phénomènes suivants :

- Les vérités a priori n'admettent pas les SN spécifiques :

   (1a) **Ce chimpanzé est un singe.*
   (3a) *? Ce castor construit des barrages.*
   (4a) *Cet Alsacien est un buveur de bière.*
   (5a) *Ce singe est amusant.*
   (6a) *Ce linguiste est bavard.*

- Les quantificateurs universels 'affaiblis' génériques comme *généralement, normalement, habituellement*, ne se combinent qu'avec les énoncés génériques non analytiques :

   (1b) **Les chimpanzés sont (généralement / normalement / habituellement) des singes.*
   (3b) *Les castors construisent (généralement / normalement / habituellement) des barrages.*
   (4b) *Les Alsaciens sont (généralement / normalement / habituellement) des buveurs de bière.*
   (5b) *Les singes sont (généralement / normalement / habituellement) amusants.*
   (6b) *Les linguistes sont (généralement / normalement / habituellement) bavards.*

- Les énoncés analytiques n'admettent pas le SN *Tous Les N* en lieu et place de *Les N* :

   (1c) *? Tous les chimpanzés sont des singes.*
   (3c) *Tous les castors construisent des barrages.*
   (5c) *Tous les singes sont amusants.*

---

87 Kleiber, op.cit. : 5.

Ce fait démontrerait que *Tous Les N*, contrairement à ce qu'on pourrait penser, ne renvoie pas à une classe et admet des exceptions. Ce SN serait ainsi du côté des énoncés empiriquement vrais, donc non analytiques[88] :

(5d) *Tous les singes sont amusants, mais le mien ne l'est pas.*

Le raisonnement par défaut ne suffit pas à définir les phrases génériques, car il existe d'autres types de phrases, non génériques cette fois, qui admettent néanmoins une saisie en termes de valeurs par défaut, et dont voici un exemple[89] :

(7) *Les élèves de cette classe ont été punis.*

Il s'agit éminemment d'un énoncé spécifique, mais le seul moyen de savoir si Pierre – dont on sait uniquement qu'il fait partie de la classe en question – a été puni est de raisonner par défaut[90]. Mais comme on l'a vu, ce critère nous permet seulement de distinguer les phrases analytiques de celles qui ne le sont pas.

Ce qui vient d'être dit semblerait suggérer que les phrases analytiques ou nécessairement vraies soient essentiellement à finalité référentielle et portent donc sur les « vérités » du monde réel. Cela voudrait dire que c'est en fin de compte à travers les phrases non analytiques qu'une langue se révèle davantage, car il n'est pas interdit de penser, croyons-nous, que si une langue sert notamment à parler du monde, elle le fait à sa manière bien particulière.

1.2.2. Généricité et typicalité

S'agissant des phrases non analytiques, c'est-à-dire celles qui sont généralement vraies d'une part et d'autre part celles qui sont synthétiques. G. KIeiber explique la différence qui les sépare en recourant aux concepts de généricité et de typicalité. La typicalité renvoie à la propriété exprimée par les phrases génériques et la généricité à la forme de manifestation de cette typicalité. En d'autres termes, les phrases génériques sont considérées comme les vecteurs privilégiés de la typicalité. Dans l'énoncé ci-dessous que nous avons déjà vu :

(3) *Les castors construisent des barrages.*

L'activité *construire des barrages* est considérée comme une propriété typique des castors. Le raisonnement par défaut que nous avons déjà mentionné est une solution permettant de rendre compte de l'intuition selon laquelle cette phrase,

---

88 J.C. Anscombre, Séminaire 1998–1999, EHESS.
89 Kleiber, op.cit. : 3.
90 Kleiber, op.cit. : 6.

même si elle n'est pas justiciable d'une représentation par le quantificateur universel, concerne tous les castors. On voit bien que le concept de raisonnement par défaut est fondé sur la typicalité. « ... Généricité et typicalité se trouvent alors réunies par le biais de ce dénominateur commun qu'est le raisonnement par défaut ... »[91].

Il reste que la généricité est le moule dans lequel se coule cette propriété réputée typique des castors. Dans l'analyse de G, Kleiber, cette forme de manifestation de la typicalité est due précisément à la présence de SN tels que *Les N*, *Le N* et *un N*. « ... Rien d'étonnant à ce moment-là à ce que le raisonnement par défaut qu'on applique (à ces propriétés) soit aussi appliqué aux phrases qui les expriment et qu'on puisse parler à propos de ces phrases de *catégorisations génériques* ... »[92]. Il y a donc bien dissociation entre les phrases génériques, une sorte d'habillement, et les propriétés typiques, le contenu qu'elles véhiculent, et c'est notamment cet écart qui explique la différence entre les phrases généralement vraies et les phrases synthétiques :

(3) *Les castors construisent des barrages.*
(3d) ? *Les castors ne construisent pas de barrages* (en lecture générique).
(5) *Les singes sont amusants.*
(5e) *Les singes ne sont pas amusants.*

Nous sommes ici en présence de deux paires de phrases génériques non analytiques. Leur dénominateur commun est donc que leur prédicat n'est pas vrai par définition des occurrences individuelles de la classe dénotée par le SN. Cependant, alors que, dans la seconde paire, les deux phrases affirmative et négative sont également acceptables, la phrase négative dans la première paire semble plus difficilement acceptable, car elle heurte la vérité généralement admise à propos des castors et exprimée d'ailleurs par la version affirmative. Celle-ci est, encore une fois, une phrase généralement vraie et les deux phrases de la seconde paire sont des phrases synthétiques. Ce qui prouve que les phrases synthétiques étant finalement des opinions, peuvent être aussi bien affirmatives que négatives. Ainsi donc, *construire des barrages* et *être amusant* ne sont pas des propriétés de même nature de ce point de vue. La première est, comme nous l'avons déjà vu, une propriété réputée typique des castors, ce qui n'est pas le cas de la seconde. Malgré cela, la phrase synthétique est censée exprimer une propriété typique tout autant que la phrase généralement vraie, car sa structure générique en *Les N* confère un caractère typique à la propriété présentée. La typicalité est

---

91 Cf. G. Kleiber (1989: : 127).
92 Kleiber, op. cit.: : 128.

directement exprimée par la présence de la propriété *construire des barrages* dans le cas de la phrase généralement vraie, alors que ce qui assure cette typicalité dans le cas de la phrase synthétique est sa forme : c'est-à-dire une structure phrastique comportant un SN sujet en *Les N*. C'est pourquoi G. Kleiber parle de « ... la nécessité de distinguer entre le mode d'expression de la typicalité et le contenu de cette typicalité ... »[93].

1.2.3. Manifestation de la typicalité

Ainsi, il semblerait que les deux enjeux majeurs de l'analyse des phrases génériques soient, d'un côté, la propriété qu'elles expriment et, de l'autre, leur structure formelle. La propriété dite typique désigne la plupart du temps un prédicat non événementiel, gnomique. Quant à la structure formelle d'une phrase générique, elle se confond, du moins jusqu'à présent, avec celle des articles. G. Kleiber analyse la différence de mode de donation de la typicalité[94] autrement dit l'opposition entre les phrases génériques en *Les N*, en *Le N* et en *Un N* :

(3) *Les castors construisent des barrages.*
(3 f) *Le castor construit des barrages.*
(3g) *Un castor construit des barrages.*

Il n'est pas absolument impossible de concevoir ces trois phrases comme des phrases spécifiques. Il n'en est pas moins vrai qu'elles sont la plupart du temps citées, surtout en ce qui concerne la première phrase, comme étant les parangons des phrases génériques, avec pour résultat l'interprétation du prédicat *Construire des barrages* comme une propriété typifiante de la classe des castors. Mais cette lecture a son prix. Le SN générique sujet doit satisfaire deux conditions que pose précisément une lecture générique de telles phrases. D'une part, il ne doit pas entraver l'effet de sens de pluralité et d'autre part, il doit posséder un caractère non actuel, non accidentel. Telles sont les exigences de l'attribution d'une propriété typifiante, considérée ici comme intemporelle et comme s'appliquant à toute une classe d'individus.

Dans le cas de la première phrase, *Les N*, pour pouvoir appliquer la propriété typifiante à la classe, reconnaît cette même propriété chez la plupart, sinon chez tous ses membres.

Dans la deuxième phrase, *Le N* générique doit résoudre une double difficulté : le caractère défini de l'article et son nombre, le singulier, qui ne

---

93 Kleiber, op. cit.: : 129.
94 Kleiber, op. cit. : 128.

cadrent pas d'entrée avec les exigences d'une lecture générique, laquelle applique une propriété typifiante à une classe ouverte d'individus. Le processus en question serait celui par lequel un nom habituellement considéré comme comptable, *castor*, aurait une lecture massive. Un nom massif renvoyant à une extension homogène, on a ainsi une entité individuelle constituée par un ensemble d'occurrences non discernables. Par ce procédé, *castor*, nom plutôt prédestiné à une lecture comptable, a pour extension la classe ouverte des occurrences non discernables qui sont des castors. De la même façon que *sable.* un nom massif, a pour extension le tout formé par la réunion des occurrences non discernables qui sont du sable. Ainsi, une propriété vraie d'un type se reporterait sur les occurrences indiscernables de ce type.

Dans le cas du syntagme *Un N* enfin, le risque réside dans la possibilité d'une interprétation faisant intervenir une occurrence particulière de N. Le prédicat ne doit donc comporter aucun point d'ancrage spatio-temporel qui ferait courir à tout moment ce risque. C'est à ce prix-là que sa non spécificité est garantie. Après quoi le passage du sens non spécifique au sens générique est envisageable.

2. Domaine du coréen

Comme nous l'avons vu, la typicalité des phrases dites génériques s'explique essentiellement par le caractère non accidentel, non actuel, du prédicat et à la fois du *SN* sujet ou objet de ces phrases qui sont donc détachées de toute limitation spatio-temporelle. Comme il n'existe pas vraiment de phrases génériques mais seulement des lectures génériques de certaines phrases, on ne peut non plus parler de *SN* génériques. Il est pourtant clair que ce que l'on appelle habituellement à tort ou à raison les *SN* génériques sont, en vertu de leurs structures sémantiques particulières, garants d'une interprétation typifiante, d'une lecture générique : rien ne doit entraver le processus de donation de la généricité, c'est-à-dire l'attribution d'une propriété typifiante à une classe de N.

Il n'y a rien d'étonnant à ce que dans le domaine du coréen, le problème des *SN* génériques soulève immédiatement celui plus général du *SN* tout court. Ce qui, nous sommes presque tenté de dire malheureusement, nous conduit tout droit à la problématique du couple infernal que constituent *-(n)ŭn*, une particule modale dite 'de thème' et *-i/ga*, la particule casuelle nominative, et donc à la problématique des deux oppositions thème/rhème (ou propos) et sujet / prédicat. Nous disons malheureusement, car il s'agit d'un ensemble de problèmes redoutables qui ont déjà donné lieu à une avalanche de travaux dans lesquels on trouve à peu près tout et son contraire.

1.1. Phrases génériques et -(n)ŭn, -i/ga et -dŭl

- Phrases analytiques ou nécessairement vraies

    (8) *ingan-ŭn juknŭnda*
    homme-T *mourir*-Prés-Décl
    'L 'homme est mortel'

    (9) *gorae-nŭn phoyudongmul-ida*
    baleine-T *mammifère-animal-être*-Prés-Décl
    'Les baleines sont des mammifères'

- Phrases généralement vraies

    (10) *sŏyang saram-dŭl-ŭn kho-ga khŭda*
    occident personne-Pl-T *nez*-S *être grand*-Prés-Décl
    'Les occidentaux ont un grand nez'

    (11) *asia saram-dŭl-ŭn ssal-ŭl mŏknŭnda*
    Asie personne-Pl-T *riz*-O *manger*-Prés-Décl
    'Les asiatiques mangent du riz'

    (12) *phŭrangsŭ saram-dŭl-ŭn phodoju-rŭl masinda*
    France Personne-Pl-T *vin*-O *boire*-Prés-Décl
    'Les français boivent du vin'

    (13) *daramjwi-nŭn dothori-rŭl mŏknŭnda*
    écureuil-T *gland*-O *manger*-Prés-Décl
    'Les écureuils mangent des glands'

- Phrases synthétiques ou localement vraies

    (14) *sŏul saram-dŭl-ŭn kkakjaeng-ida*
    Séoul personne-Pl-T *être avare*-Prés-Décl
    'Les gens de Séoul sont avares'

    (15) *chungchŏng-do saram-dŭl-ŭn yangban-ida*
    Chungchŏng-région gens-Pl-T *être digne*-Prés-Décl
    'Les gens de Chungchŏng sont d'une correction exemplaire'

Ces exemples, habituellement reconnus comme étant des phrases génériques, montrent déjà deux caractéristiques des SN sujet : emploi de la particule *-(n)ŭn* et choix entre le singulier et le pluriel. Deux questions se posent alors : la généricité est-elle exclusivement rendue par la particule modale *-(n)ŭn* ?, et Pourquoi les phrases génériques nécessairement vraies privilégient-elles le singulier ?

2.1.1. -(n)ŭn et -i/ga : sujet, thème et présupposition

L'analyse des énoncés génériques est une occasion de plus de s'interroger sur les structures du SN en coréen. Les particules qu'elles soient casuelles ou modales, y jouent un rôle primordial. Ce n'est ni le temps ni le lieu de s'attaquer de façon frontale aux innombrables problèmes que posent les structures aussi bien syntaxiques que sémantiques du SN. Notre lecture empirique de ces énoncés exige de nous cependant des décisions auxquelles nous ne pouvons évidemment pas nous dérober. D'où un minimum de mises au point qui s'avèrent nécessaires. Notre démarche consiste, pour les besoins de la cause, à déconnecter -(n)ŭn de la problématique thème/rhème pour lui reconnaître seulement un rôle d'indicateur de présupposé d'existence :

(12) *phŭrangsŭ saram-dŭl-ŭn phodoju-rŭl masinda*
France personne-Pl-T vin-O boire-Prés-Décl
'Les français, ils boivent du vin'

(12a) *phŭrangsŭ saram-dŭl-i phodoju-rŭl masinda*
France personne-Pl-S vin-O boire-Prés-Décl
'Les français boivent du vin / sont des buveurs de vin'

- **Présupposition**

Tout d'abord, la particule casuelle *-i/ga* et la particule modale *-(n)ŭn* ne fonctionnent pas au même niveau, ni dans un même domaine. Il y a lieu de penser que *-i/ga* intervient au niveau de la phrase et *-(n)ŭn* au niveau du discours. L'élément *-i/ga* a certainement vocation à indiquer la fonction sujet. Le fait qu'il s'efface, tout comme d'ailleurs la particule casuelle accusative *-(r)ŭl*, dans l'environnement des particules modales, n'y change rien. Quant à *-(n)ŭn*, il a pour rôle d'indiquer un type particulier de présupposition d'existence et n'a rien à voir avec les fonctions syntaxiques. Ce qu'il indique semble devoir être situé avant l'avènement de la phrase. Selon nous, l'élément *-(n)ŭn* prélève ou opère l'extraction d'une unité ou d'une occurrence sur une classe présupposée non vide. Le syntagme N-*(n)ŭn* signifierait donc que N est un présupposé et que cet élément est distingué, mis en valeur sur une liste elle-même présupposée.

Le fait que le syntagme N-*i/ga* est souvent l'élément qui apporte une information nouvelle au sein de l'énoncé s'explique aisément par le fait que son contenu n'est pas un présupposé. Pour la même raison, le risque pour une phrase d'être ancrée *hic et nunc* est certainement beaucoup plus grand avec le syntagme N-*i/ga*, ce qui fait que dans la deuxième phrase le *SN* sujet peut indiquer les français qui sont présents et que l'on découvre au moment de l'énonciation dans un contexte particulier, c'est-à-dire des français actuels, réels et dénombrables. Cette phrase a donc une plus grande chance d'être lue comme une phrase spécifique et l'application à son encontre du raisonnement par défaut est plus aléatoire que par rapport à la première phrase. Car avec de telles phrases, il est toujours possible de se livrer à une vérification des occurrences les unes après les autres. Considérée sous cet angle, cette phrase (12a) se montre donc récalcitrante à une lecture générique. En ce qui concerne le *SN* sujet de la première phrase qui comporte l'élément *-(n)ŭn*, il indique des français non actuels, virtuels. Le seul moyen de savoir si ces français vérifient le prédicat non événementiel *boire du vin/être des buveurs de vin* est de faire des prévisions, donc de recourir au raisonnement par défaut. De ce point de vue, *-(n)ŭn* et *-i/ga* nous font penser aux articles respectivement défini et indéfini du français.

- **Thème-rhème :**

Nous sommes enclin à penser que ces relations concernent l'organisation du discours et qu'il n'existe pas de marque spécifique du thème. Cependant, le syntagme N-*(n)ŭn*, en présupposant l'existence de N, peut être assimilé à une information communément partagée par le locuteur et l'interlocuteur[95]. D'autre part, étant donné que le thème est ce dont parle le locuteur et le rhème l'information qu'il entend apporter relativement à ce thème, le thème peut représenter une sorte de préalable du discours, en quelque sorte la partie déjà connue du discours. Aussi le syntagme N-*(n)ŭn* est-il un vecteur privilégié de la manifestation du thème. D'où certainement une identification persistante entre la particule *-(n)ŭn* et le thème. En tout cas, la première phrase correspond à ce schéma, ce qui tend à montrer que, dans l'esprit des coréens, une phrase générique comporte un *SN* générique sous forme de N-*(n)ŭn*, donc ayant un présupposé d'existence et que, de surcroît, ce *SN* est le thème du discours. Ainsi, lorsque c'est le *SN* objet qui est le *SN* générique, il doit satisfaire à toutes ces conditions :

(12) *phŭrangsŭ saram-dŭl-ŭn phodoju-rŭl masinda*
France personne-Pl-T vin-O boire-Prés-Décl
'les français, ils boivent du vin'

(12a) *phŭrangsŭ saram-dŭl-i phodoju-rŭl masinda*
France personne-Pl-S vin-O boire-Prés-Décl
'les français sont des buveurs de vin'

---

95 **Note de l'éditeur :** classiquement, le présupposé est une connaissance que le locuteur présente comme le fait d'une communauté linguistique à laquelle il dit appartenir, et à laquelle il associe son interlocuteur.

Cela étant, les relations thème/rhème relevant encore une fois du niveau du discours, le thème à la différence du sujet, n'est pas un segment d'énoncé, mais un objet extérieur auquel l'énoncé fait allusion[96]. Cela signifie tout simplement que le SN sujet de la première phrase peut ne pas être le thème de la parole. Dans ce cas, ce SN sujet ou éventuellement toute la phrase peut se lire comme le rhème et la phrase serait finalement une réponse à la question « Qui boit du vin ? » et non plus à la question « Les français, comment sont-ils ? ». Lorsque le syntagme N-*(n)ŭn* est le rhème de la parole, il est justiciable d'une lecture contrastive, ce qui fait que la phrase signifie quelque chose comme « Les Français en boivent, quant aux autres, on ne peut pas en dire autant. » Cela tient probablement au fait que le N du SN sujet n'est pas le seul élément de l'information apportée par la phrase. Comme ce N est un élément que la parole singularise sur une liste présupposée, le contraste entre le N et le reste de la liste fait également partie de l'information. Nous n'avons donc plus affaire à une phrase générique. On constate encore une fois que la généricité est affaire de lecture, à condition bien entendu que cela reste possible.

Il reste que, contrairement à ce qu'on pourrait penser, la seconde phrase avec le SN sujet N -*i/ga* peut faire l'objet d'une lecture générique et c'est là un point qui nous intrigue. Nous entendons par là que l'application d'une propriété typifiante *boire du vin/ être buveur du vin* à la classe des français semble pouvoir lui être assurée. Si la première phrase avec SN sujet N-*(n)ŭn* est, en lecture générique, généralement vraie d'une façon permanente, quel que soit le moment de l'énonciation, la seconde phrase ne l'est que *hic et nunc*. La généricité de la phrase n'est pas en cause. En fait, il semblerait que pour le locuteur, elle est vraie d'une façon permanente. Le problème serait du côté de l'interlocuteur : soit une attitude particulière soit tout simplement de l'ignorance de sa part. En somme, il s'agirait d'apprendre ou de rappeler à celui-ci une vérité qui autrement, serait généralement admise en lui disant : « Tu sais, les français sont des buveurs de vin. »

Cependant, même dans cette lecture générique, le référent du SN sujet N-*i/ ga* n'est pas, de par sa nature, censé être présupposé. D'après ce que nous avons dit sur les structures du SN en coréen, les français en question dans la phrase risquent donc d'être des français particuliers, des occurrences ici et maintenant de la classe des français. A chaque type de phrases génériques correspond une façon particulière d'asseoir la généricité, c'est-à-dire l'application d'une propriété typifiante à une classe de N et l'attribution aux membres de cette classe d'un

---

96 Cf. Ducrot (1995 : 451).

statut non actuel, non accidentel. Nécessité faisant loi, le seul moyen de sauver la lecture générique de cette phrase par ailleurs empiriquement constatée est de prévoir que le SN sujet N-*i/ga* de la phrase est aussi le thème de la parole et que c'est ce statut de thème qui lui confère par là-même un statut de présupposé. Il y aurait donc deux sortes de présupposés, les uns correspondant à des marques linguistiques comme -*(n)ŭn*, les autres résultant de diverses opérations discursives, en l'occurrence la désignation d'un segment de discours comme le thème de la parole.

Et le rôle de -*i/ga* dans tout cela ? Nous avons en fait intérêt à le maintenir dans son rôle d'indicateur de la fonction sujet. Cela étant, il est possible que ce morphème soit également le stigmate spatio-temporel d'une parole qui surgit. Ainsi, la seconde phrase serait, en lecture générique, une manière d'évoquer la « vérité », de « nommer » un principe admis au travers d'un acte de parole. -*i/ga* serait, dans ce contexte précis, une interface entre l'intemporel de la généricité et le temporel de la parole actuelle. -*i/ga* semble d'ailleurs supplanter -*(n)ŭn* dès qu'une de ces phrases génériques est « nommée » en tant que telle (et non pas convoquée comme principe argumentatif à partir duquel on argumente) :

(13) *daramjwi-nŭn dothori-rŭl mŏknŭnda*
      écureuil-T gland-O manger-Prés-Décl
      'les écureuils mangent des glands'

(13a) *daramjwi-ga dothori-rŭl mŏkji nu-ga mŏkni ?*
      écureuils-S gland-O manger-Suff.mod qui-S manger-Prés-Inter
      Ce sont les écureuils qui mangent des glands, qui (d'autre) en mangerait ?

Ce phénomène se vérifie également du côté du SN générique objet, avec l'apparition de l'élément -*ŭl* à la place de -*(n)ŭn* :

(13b) *dothori-nŭn daramjwi-ga mŏknŭnda*
      gland-T écureuil-S manger-Prés-Décl
      'Les glands, les écureuils en mangent'

(13c) *dothori-rŭl daramjwi-ga mŏk-ji nu-ga mŏk-ni ?*
      gland-O écureuil-S manger-Suff.mod qui-S manger-Prés-Inter
      'des glands, ce sont les écureuils qui en mangent, qui (d'autre) en mangerait ? '

On assiste au même phénomène lorsque les phrases génériques font l'objet de questions rhétoriques, et non pas de questions véritables, dont la réponse est d'ailleurs la phrase générique considérée :

(9a) *gorae-ga phoyudongmul-i anini ?*
      baleine-S mammifère-S Nég-être-Prés-Inter
      'les baleines ne sont-elles pas des mammifères ? '

(9b) *maja. gorae-nŭn phoyudongmul-ida*
 Etre correct-Prés-Décl baleine-T mammifère-être-Prés-Décl
 'tu as raison. Les baleines sont des mammifères'

2.1.2. -dŭl : *singulier, pluriel et quantification*

- **Phrases nécessairement vraies**

    (8) *ingan-ŭn juknŭnda*
     Homme-T mourir-Prés-Décl
     'l'homme est mortel'

    (9) *gorae-nŭn phoyudongmul-ida*
     baleine-T mammifère-être-Prés-Décl
     'les baleines sont des mammifères'

- **Phrases généralement vraies**

    (12) *phŭrangsŭ saram-dŭl-ŭn phodoju-rŭl masinda*
     france personne-Pl-T vin-O boire-Prés-Décl
     'les français boivent du vin / sont des buveurs de vin'

    (12c) *phŭrangsŭ saram-ŭn phodoju-rŭl masinda*
     france personne-T vin-O boire-Prés-Décl
     'les français boivent du vin / sont des buveurs de vin'

C'est un fait bien connu que l'emploi du pluriel est loin d'être « limpide » en coréen. Un nom comptable manifestement utilisé dans un contexte de pluralité n'est pas nécessairement marqué par la marque du pluriel. Cependant, SONG Seok-Choong[97] a émis une hypothèse selon laquelle la pluralité d'un nom comptable référentiellement bien identifié nécessite l'emploi de la marque du pluriel. Dans le cas contraire, lorsque cette identification référentielle fait défaut, l'emploi de la marque du pluriel serait contre-indiqué. Donc, le pluriel tend au concret, à l'individuation. Le pluriel est inapte, d'après lui, à exprimer la généricité qui serait ainsi le domaine de prédilection du singulier. Car en coréen aussi, un nom comptable peut être singulier et exprimer une généralité ou plutôt une généricité.

C'est ce que semblent montrer nos exemples de phrases nécessairement vraies. Par contre, dans le cas des phrases généralement vraies ou des synthétiques, ce point de vue ne semble pas être confirmé par les faits. L'emploi de la marque du

---

97 Cf. SONG Seok-Choong, 1993 : 365.

pluriel est facultatif pour ces phrases. En réalité, on pourrait même dire que les phrases marquées sont plus naturelles que celles non marquées.

En fait, nos exemples montrent que la typicalité peut se réaliser au moyen d'une assertion générique inductive qui consiste à généraliser à partir d'un fait individuel. Les phrases génériques non analytiques que nous avons ici sont, encore une fois, fondées sur des cas empiriques. Cela veut dire qu'un prédicat individuel est à chaque fois vrai de la classe ouverte dénotée par le SN générique. La meilleure solution d'y parvenir est de faire en sorte que la plupart des membres de l'ensemble, sinon tous, vérifient le prédicat. En coréen, -*dŭl*, la marque du pluriel, semble pouvoir produire, du moins dans l'environnement d'un prédicat non événementiel, un sens quantificationnel quasi universel qui fait de ce prédicat une propriété typique pour la classe tout entière. Ce qui vient d'être dit est de nature à démontrer qu'il n'est plus possible de dire que la marque du pluriel est un moyen inadéquat pour véhiculer la généricité. Cela dit, il ne faut pas oublier qu'une phrase générique non analytique – généralement vraie ou synthétique – admet des exceptions. C'est d'ailleurs le propre de toute assertion générique inductive. On peut raisonnablement penser que l'emploi de l'élément -*dŭl*, dont on dit qu'il tend à l'individuation, correspond au mécanisme de ce type d'assertion : il assure la pluralité, l'idée d'ensemble, nécessaires à une lecture générique, tout en mettant l'accent sur le côté occurrences, ménageant les possibilités d'exceptions à la généricité.

Il s'agit d'un procédé à la base duquel se trouve l'idée que la quantité d'occurrences constitue chaque fois une part suffisamment représentative de l'ensemble. L'emploi en français de *Les N* générique correspond à ce procédé. Cela dit, un autre moyen de réaliser la généricité consiste à viser d'emblée la classe sans passer par les individualités qui la constituent. Notre exemple de phrase généralement vraie non marquée par -*dŭl* en est une illustration, mais c'est surtout les phrases génériques analytiques, c'est-à-dire nécessairement vraies, qui semblent être le domaine réservé pour l'emploi d'un SN générique non marqué par -*dŭl*. Cela s'expliquerait par le fait que les analytiques ne tolèrent aucune exception. L'absence de la marque -*dŭl* semble favoriser en coréen la tendance à la catégorisation à l'abstrait. C'est un procédé dans lequel la pluralité a très peu de chance de s'exprimer sous forme de multiples, donc un procédé fondamentalement incompatible avec la manifestation des exceptions, des phrases exceptives. C'est probablement la raison pour laquelle on retrouve souvent le même procédé dans des phrases définitoires, déontiques ou faisant référence à un principe ou à une norme.

(16) *jongchiga (-nŭn / ? -dŭl-ŭn) kkaekkŭthae-ya handa*
 politique-homme (-nŭn /-dŭl-ŭn) être propre-Obl-Prés-Décl
 'un homme politique doit être intègre'

(17) *phaeja (-nŭn / ? -dŭl-ŭn) mal-i ŏpta*
 vaincu (-T / ? -Pl-T) parole-S être absent-Prés-Décl
 'quand on est vaincu, on se tait'

2.2. Phrases génériques, particules modales et argumentation

Face à des morphèmes à vocation argumentative, notamment des connecteurs, les phrases analytiques et non analytiques ne se comportent pas de la même façon :

(9c) **mobidik-ŭn gorae i(-nde / -jiman / -na) phoyudongmul-i anida*
 moby dick-T baleine être(-nde / -jiman / -na) mammifère-S ne pas être-Prés-Décl
 'Moby Dick est une baleine, mais ce n'est pas un mammifère'

(12d) *ppierŭ-nŭn phŭrangsŭ saram i(-nde / -jiman / -na) phodoju-rŭl an masinda*
 Pierre-T français personne être (-nde /-jiman /-na) vin-O Nég boire-Prés-Décl
 'Pierre est français, mais il ne boit pas de vin'

Ces phrases modifiées par l'insertion des connecteurs que l'on peut globalement considérer comme adversatifs montrent que les phrases analytiques n'acceptent pas les exceptions. Ces phrases analytiques semblent essentiellement épistémiques. Seules les phrases généralement vraies peuvent être considérées comme des croyances exprimées en langue et, à ce titre, un terrain propice pour l'argumentation en langue. Quant aux phrases synthétiques ou localement vraies, elles expriment certes des opinions mais de certains individus et non pas de toute la communauté linguistique. C'est donc à la lumière des seules phrases généralement vraies que nous allons tenter une lecture argumentative des particules modales qui suivent. Les morphèmes *-(i)na*, *-man* ou *-do* appartiennent à la catégorie des particules modales au même titre que l'élément *-(n)ŭn* dont on sait par ailleurs qu'il joue un rôle essentiel dans le syntagme générique. Le choix de ces trois morphèmes est purement arbitraire, bien qu'ils soient des éléments essentiels de la catégorie des particules modales. La raison en est qu'ils sont étroitement liés aux réflexions que nous menons actuellement sur l'argumentation en coréen. L'insertion d'une de ces particules dans une phrase générique détruit sa généricité et la transforme en une phrase spécifique qui exprime un point de vue particulier, et ceci quand la phrase reste malgré tout interprétable. L'insertion peut intervenir au niveau du syntagme générique ou ailleurs dans la phrase, le résultat est le même. Nous savons d'autre part que ces particules ne peuvent pas apparaître simultanément au même endroit.

2.2.1. -(i)na[98]

(12) *phŭrangsŭ saram-dŭl-ŭn phodoju-rŭl masinda*
France personne-Pl-T vin-O boire-Prés-Décl
'les français boivent du vin'

(12e) *phŭrangsŭ saram-dŭl-ina phodoju-rŭl masinda*
France personne-Pl-*ina* vin-O boire-Prés-Décl
'les français(-ina) boivent du vin'

La première phrase est une phrase générique que nous avons déjà étudiée. Le remplacement de *-(n)ŭn* par *-(i)na* dans le syntagme générique provoque immédiatement une altération dans la nature de la phrase, qui devient un argument contre un point de vue adverse, prenant ainsi une tonalité nettement polémique. Le locuteur de la phrase dit à propos du vin quelque chose comme : « Il n'y a que les Français pour boire ça. Et ils ont tort. Et tu as tort de ne pas le croire. » Notre hypothèse est que ce morphème présuppose l'existence d'une opposition entre deux parcours argumentatifs respectivement positif et négatif. Le locuteur s'appuyant sur un principe argumentatif positif argumente contre un point de vue qui se situe dans l'autre parcours argumentatif. La phrase nouvellement formée est donc orientée dans un sens négatif du point de vue argumentatif, ce qui impose un enchaînement également orienté dans un sens négatif. D'autre part, le SN ainsi modifié par l'emploi de *-(i)na* reste certes le sujet de la phrase, mais il semble difficile de considérer qu'il est toujours le thème de la phrase. C'est du moins ce que montre notre interprétation empirique alors que dans la phrase générique d'origine, le SN sujet est le thème de la parole, c'est le SN objet qui occupe cette position dans la phrase modifiée. Lorsque le SN générique est en position d'objet de la phrase. la substitution de *-(i)na* à *-(n)ŭn* pose le même problème. La fonction syntaxique du SN ne change pas, mais une lecture thématique à son encontre semble beaucoup plus problématique.

---

98 Voir notre analyse de la particule *-(i)na* : « *Les conditions d'une lecture argumentative du morpème -(i)na* » in Language Research, Vol. 36, n° 3. Language Research Institute, Seoul National University, sept. 2000. **Note de l'éditeur :** cet article est reproduit dans le présent ouvrage.

(12b) ?*phodoju-nŭn phŭrangsŭ saram-dŭl-i masinda*
  vin-T france personne-Pl-S boire-Prés-Décl

(l2f) ?*phodoju-na phŭrangsŭ saram-dŭl-i masinda*
  vin-na france personne-Pl-S boire-Prés-Décl

Les phrases suivantes confortent cette intuition, et montrent que le syntagme N -(i)na en position de thème pose de sérieux problèmes d'acceptabilité :

(12g) *phodoju-rŭl nu-ga masi-ni ?*
  Vin-O qui-S boire-Prés-Inter
  'Qui boit du vin ?'

(12h) *phodoju-nŭn nu-ga masi-ni ?*
  Vin-T qui-S boire-Prés-Inter
  'Du vin, qui en boit ?'

(12i) ?*phodoju-na nu-ga masi-ni ?*
  Vin-na qui-S boire-Prés-Inter

Ce type de syntagme semble toujours se trouver du côté du rhème. Le N-(i)na fait donc partie des éléments nouveaux portés à la connaissance de l'interlocuteur à propos de quelque chose et il s'agit précisément de l'opinion du locuteur qui combat le point de vue d'en face. Notre hypothèse est que si, dans le syntagme N-(i)n, la particule modale a un présupposé, ce n'est jamais le N mais le non-N et que c'est sur la base de la valeur que représente ce dernier que le locuteur argumente, exprime son opinion.

Cette confrontation de l'élément -(i)na avec une phrase générique tend à démontrer que ce morphème a une fonction éminemment argumentative. Nous avons procédé à ce test pour observer les réactions d'une phrase générique face à l'intrusion de l'élément -(i)na, mais son emploi est également possible pour argumenter à partir de la même phrase qui serait alors une sorte de principe argumentatif :

(12) *phŭrangsŭ saram-dŭl-ŭn phodoju-rŭl masinda*
  France personne-Pl-T vin-O boire-Prés-Décl
  'les français boivent du vin / sont des buveurs de vin'

(12j) *kŭ saram-ina phodoju-rŭl masinda*
  cette personne-ina vin-O boire-Prés-Décl
  'il n'y a que lui pour boire du vin'

Au sein d'une communauté linguistique dans laquelle la première phrase est une phrase généralement vraie, dire la seconde phrase, c'est dire de la personne en question qu'il est français ou du moins que c'est quelqu'un qui a un goût généralement prêté aux français. C'est également dire que, en tant que locuteur, on porte un regard critique sur cet état de choses ou que l'on désapprouve l'interlocuteur qui ne partage pas ce point de vue. Il y a lieu de penser que beaucoup de nos énoncés fonctionnent de cette manière, autrement dit qu'ils présupposent tout un soubassement culturel et idéologique sous forme de phrases génériques qui assurent ainsi à notre discours une certaine forme de cohésion.

2.2.2. -man :

(12) *phŭrangsŭ saram-dŭl-ŭn phodoju-rŭl masinda*
France personne-Pl-T vin-O boire-Prés-Décl
'les français boivent du vin / sont des buveurs de vin'

(12k) *phŭrangsŭ saram-dŭl-man phodoju-rŭl masinda*
France personne-Pl-Restr vin-O boire-Prés-Décl
'les français boivent du vin / sont des buveurs de vin'

Par rapport à la première phrase, générique et qui applique une propriété typifiante *boire du vin/être buveur de vin* à la classe des français, la phrase qui comporte le syntagme N-*man* ajoute une indication, une sorte de surdétermination, qui fait de la classe des français l'unique représentant de cette propriété. Tout laisse penser qu'il s'agit là encore d'un énoncé spécifique et de nature argumentative, car si une négation totale sous forme de « Il est faut que... » détruit la généricité de la phrase, la même opération sur la deuxième phrase équivaut seulement à la négation d'une opinion.

(12l) *phŭrangsŭ saram-dŭl-ŭn phodoju-rŭl masi-ji anŭnda*
France personne-Pl-T vin-O boire-Nég-Prés-Décl
'il est faux que les français boivent du vin'

(12m) *phŭrangsŭ saram-dŭl-man phodoju-rŭl masi-ji anŭnda*
France personne-Pl-Restr vin-O boire-Nég-Prés-Décl
'il est faux que seuls les français boivent du vin'

Ce morphème, considéré la plupart du temps comme marque de l'unicité, nous sommes tenté de l'intégrer dans une perspective argumentative en postulant qu'il s'agit d'un indicateur d'unicité argumentative. Cette nouvelle définition ne doit pas être considérée comme une opération du genre « Bonnet blanc, blanc bonnet », car elle implique des conséquences que nous étudierons ultérieurement. En tout cas, l'élément -*man* semble indiquer qu'il n'y a dans l'espace discursif actuel qu'un seul argument dont il faut tenir compte et, ce faisant, il a tendance à en majorer l'importance, précisément du fait de son unicité.

(l2n) *kŭ saram-ŭn phodoju-man masinda*
   cette personne-T vin-Restr boire-Prés-Décl
   'il ne boit que du vin'

Si, dans le syntagme N-*(i)na*, l'élément -*(i)na* fonde l'argument sur non-N, avec N-*man* en revanche, l'argumentation se fait en référence directe à N. Avec -*(i)na*, on argumente en creux, par la bande et avec -*ma*, on argumente d'une façon plus explicite, plus transparente, en suivant l'orientation argumentative du syntagme en question, qu'elle soit positive ou négative. C'est ce qui sépare précisément -*man*, qui ne modifie jamais une orientation argumentative, de son éventuel concurrent -*bakke* + Nég, un opérateur qui a nettement tendance à fonctionner comme un modificateur déréalisant[99]. C'est la raison pour laquelle l'énoncé ci-dessus a tendance à dire de la personne en question qu'il est français ou du moins que c'est quelqu'un qui a un goût généralement prêté aux français, tout en présentant cette typicalité *boire du vin/être buveur de vin* comme une caractéristique de haut degré.

2.2.3. -do :

L'élément -*man* semble s'opposer à la fois à -*(i)na* et à -*do*. Il est vrai que, la plupart du temps, seule l'opposition entre -*(i)na* et -*do* a attiré l'attention des grammairiens. Nous avons déjà vu en quoi consiste la différence qui oppose -*man* et -*(i)na*. L'opposition, plus « visible », entre -*man* et -*do*, s'explique en ce qui nous concerne par le fait que le second indique, contrairement au premier, qu'il faut tenir compte de la dualité, sinon de la multiplicité d'arguments. Une définition qui n'est pas exactement celle de ceux qui voient essentiellement dans cette particule un indicateur de coorientation argumentative. En tout cas, il faudrait pouvoir expliquer les mécanismes de l'élément -*do* à l'œuvre dans une expression telle que :

(18) *chuwŏ-do yak-hago dŏwŏdo yak-hada*
   froid-même être sensible-et chaud-même être sensible-Prés-Décl
   'être sensible au chaud et au froid'

Au contact de cette particule, une phrase générique perd encore une fois sa généricité pour devenir une phrase quelconque qu'il n'est plus possible de saisir en termes de typicalité :

---

99 Un modificateur déréalisant est, pour O. Ducrot, un opérateur qui affaiblit le poids argumentatif ou inverse l'orientation argumentative de l'expression avec laquelle il se combine.

(12) *phŭrangsŭ saram-dŭl-ŭn phodoju-rŭl masinda*
France personne-Pl-T *vin*-O boire-Prés-Décl
'les français boivent du vin / sont des buveurs de vin'

(12o) *phŭrangsŭ saram-dŭl-do phodoju-rŭl masinda*
France personne-Pl-*aussi vin*-O boire-Prés-Décl
'les français aussi boivent du vin'

Plus intéressante est une argumentation à partir de la phrase générique ci-dessus qui requiert l'emploi de *-do* :

(12p) *kŭ saram-do phodoju-rŭl masinda*
cette personne-*aussi vin*-O boire-Prés-Décl
Même lui, il boit du vin

(12q) *kŭ saram-ŭn phodoju-do masinda*
cette personne-T *vin-aussi* boire-Prés-Décl
'il boit même du vin'

En position de sujet, le syntagme N-*do* suggère que l'individu en question *a priori* n'est pas français ou est quelqu'un ayant un goût généralement prêté ou reconnu aux français et peut, de ce fait, signifier que, si un « gosier » aussi peu français se montre à ce point sensible à la « suggestion » du vin, c'est que cette boisson mérite réellement sa réputation. De la même façon, le même syntagme peut signifier, cette fois en position d'objet, que la personne dont on parle et qui n'est pas française, boit beaucoup, jusques et y compris du vin, une boisson qu'il est censé ne pas connaître. Dans cette analyse du morphème *-do* relativement aux énoncés génériques, le point essentiel est la distance qu'un individu doit avoir parcouru pour acquérir une propriété qui typifie normalement une classe dont lui-même n'est pas membre. Cette distance peut nous permettre d'expliquer pourquoi *-do* est souvent employé pour insister sur l'importance d'une propriété ou sur la force d'un argument.

Certes, il existe pour chacune des phrases d'autres interprétations possibles. Mais ce qui nous intéresse, c'est une lecture argumentative de ces énoncés, parce que c'est pour nous une façon possible de démontrer les mécanismes des opérateurs et connecteurs de la langue coréenne. Cela dit, quelle que soit l'interprétation retenue, il semble qu'il y ait chaque fois un présupposé : d'autres individus que la personne dont on parle, autrement dit les français, d'autres boissons que le vin, etc. Ce présupposé est justement à l'origine de la distance dont on vient de parler et il n'est pas étranger, encore une fois, au fait que l'élément peut fonctionner comme un accentuateur, un indicateur du haut degré.

En dernier lieu, la phrase suivante montre que, comme c'est le cas pour -*(i) na*, les particules -*man* et -*do* ne sont pas non plus tout à fait à leur place dans l'environnement du thème :

(12r)   ? *phodoju (-man / -do) nu-ga masi-ni* ?
        vin (seulement / aussi) qui-S boire-Prés-Inter
        ' ? qui boit (seulement / aussi) du vin ? '
        dans une lecture thématique du SN objet.

Bilan provisoire

Nous avons essayé d'examiner les comportements de quelques-unes des particules modales du coréen à la lumière des phrases génériques. Cette façon de procéder ne manque pas d'intérêt à nos yeux. Ces phrases, de par leur nature, nous procurent un pôle de stabilité et d'invariance pour notre analyse, laquelle nous oblige souvent à naviguer entre plusieurs variables. Ensuite, elles nous permettent de décrire le fonctionnement des particules modales au moyen des phrases de la langue. La métalangue étant ainsi dans la langue même, nous n'avons pas, nous n'avons plus à recourir à des concepts lourds et autres opérations énonciatives faussement scientifiques et qui sont souvent de pures métaphores. Certes, les connecteurs, qui sont en coréen des terminaisons verbales conjonctives méritent une place de choix dans toute réflexion sur l'argumentation. Mais il nous parait impensable de ne pas intégrer la catégorie des particules modales dans ce débat. En coréen, l'argumentation est très certainement intimement liée à la problématique des particules modales lesquelles, d'ailleurs, semblent ne pas encore avoir livré tous leurs secrets.

Il s'agit là d'une catégorie grammaticale qui n'existe pas en français. Il existe bien sûr d'autres procédés en français pour obtenir à peu près les mêmes résultats qu'avec -*(i)na*, -*man* ou -*do* en coréen. Néanmoins, il y a lieu de s'interroger sur leur vrai statut à l'intérieur de la phrase. Selon notre hypothèse – qui reste encore largement tributaire de l'intuition, toutes les particules modales dont il a été question dans ces pages, y compris la particule -*(n)ŭn*, interviennent non pas au niveau de la phrase mais à celui du discours. Nous entendons par là que leur intervention est ou du moins peut constituer un préalable à la phrase. Certes, elles se manifestent dans et à travers la phrase, mais il s'agit là d'une dimension purement matérielle du phénomène.

Nous avons observé qu'à chacune de ces particules est associé un certain type de présupposé et qu'à chaque fois, la phrase où elle apparait se détermine par rapport à ce présupposé. -*(n)ŭn* prélève, privilégie un élément ou une valeur sur une liste dont l'existence est présupposée et la parole est déterminée en fonction de ce choix initial : l'accent sera mis ou positivement sur l'élément sélectionné ou négativement sur le reste de la liste. *-(i)na* met ainsi en jeu deux valeurs en opposition et explicite l'une d'entre elles dans la phrase. Nous avons pu observer que si, dans la combinaison X-*(i)na*, la particule *-(i)na* n'altère en rien les potentialités argumentatives de X à l'intérieur de la phrase, elle contraint fortement en revanche les continuations du discours à partir de cette phrase[100]. Avec *-man*, le présupposé est unique et un seul parcours argumentatif est envisageable. Quant à *-do*, c'est le contraire, le présupposé qu'il introduit étant l'idée même de multiplicité. Par ailleurs, opérant au niveau du discours mais concurrentes entre elles, toute cooccurrence de ces particules dans le même espace discursif est à bannir.

Pour toutes ces raisons, nous considérons ces particules modales, du moins certaines d'entre elles, comme des moteurs inférentiels qui fonctionnent à côté ou au-dessus de la phrase. En matière d'argumentation, elles semblent obéir dans un premier temps à des lois qui ne sont pas nécessairement celles de la phrase. Nous ne pouvons dire que ces morphèmes commandent totalement les structures de la phrase, mais il est plus que probable que leur emprise sur la phrase est assez conséquente. On sait que, dans les SN, là où apparait un de ces éléments, ne peuvent apparaitre en même temps les particules casuelles *-i/ga*, nominative ou *-(r)ŭl* accusative. C'est un fait bien connu que, dans une phrase où l'élément *-(n)ŭn* assure le thème, certaines occurrences du morphème de l'honorifique *-si-* qui marque le respect ne s'expliquent qu'en référence à ce thème et non pas au sujet de la phrase :

(19) *harabŏji-kkesŏ-nŭn i-ga aphŭ-si-da*
grand-père-S-HON-T dent-S être douloureux-Hon-Prés-Décl
'en ce qui concerne mon grand-père, ses dents sont douloureuses/
mon grand-père, il a mal aux dents'

Le sujet du prédicat *aphŭda* ('être malade') est *i* ('dent') et non pas *harabŏji* ('grand-père'), qui n'est que pour ainsi dire le thème de la parole. Etant donné que les dents ne peuvent pas être honorées (même linguistiquement), il faut en conclure que l'infixe verbal – marque de respect *-si-* est utilisé ici pour honorer le grand-père. Ce qui revient à dire que les structures thème-rhème ont imposé leur marque aux structures sujet-prédicat.

Un autre indice, cette fois morphologique, de la spécificité de ces particules modales serait le fait qu'elles interviennent relativement tardivement dans une

---

100 Voir note (81).

construction verbale. Dans l'expression *nŭlgŭsiŏman ganda* ('il n'arrête pas de vieillir') :

(1) *nŭlg* -(2) *ŭsi* -(3) *ŏ* -(4) *man* (5) *ganda*
(1) *vieillir* -(2) Hon -(3) Adv -(4) -Restr -(5) *aller* (verbe auxiliaire)

la particule *-man* apparaît en dernière position si on ne compte pas l'auxiliaire. Tous ces indices semblent montrer que ces particules modales occupent une place tout à fait particulière dans la langue coréenne et, par voie de conséquence, toute réflexion sur l'argumentation en coréen doit tenir compte de cette spécificité.

Pour une définition des proverbes coréens

1. Introduction

Ce travail, qui représente la première phase de notre projet de recherche portant sur les *soktam* (속담) a une ambition relativement limitée. On traduit souvent ce terme par 'proverbe', mais nous ne sommes pas sûr de la justesse de cette traduction. D'autre part, dans la mesure où nous ne sommes pas encore en mesure de définir la catégorie de ces *soktam* 'proverbes' par le biais de critères objectifs, nous allons nous attacher avant tout, à travers une investigation exploratoire, à déterminer quels types de propriétés sémantiques ils possèdent. C'est ce qui explique la raison pour laquelle ce travail est caractérisé par l'examen d'un certain nombre de paramètres.

1.1. Les énoncés étudiés : énoncés à caractère sentencieux

Les données dont nous disposons pour l'instant sont constituées par un nombre conséquent d'énoncés habituellement considérés comme des *soktam* aussi bien par des locuteurs natifs que dans les dictionnaires spécialisés, mais malheureusement sans qu'ils ne soient vraiment définis d'un point de vue linguistique. Etant donné que pour notre part, nous ne savons même pas ce qu'il faut appeler ou non *soktam*, nous inclurons dans notre étude tous les énoncés à caractère sentencieux. Par cette dénomination qui ne nous engage pas outre mesure d'un point de vue méthodologique, nous désignons d'une manière tout à fait intuitive tout énoncé en principe autonome[101] qui, inséré dans un tissu discursif, sert à étayer un jugement de valeur à propos d'une situation concrète et cela, par le biais d'une caractérisation souvent considérée comme métaphorique. Cela étant, il existe en langue d'autres types d'énoncés autonomes, tels que phrases génériques ou stéréotypes, qui peuvent également servir à étayer un jugement. Nous prendrons donc en compte tous ces types d'énoncés pour mieux les situer les uns par rapport aux autres.

1.2. Hypothèses

Nous aborderons la problématique des énoncés sentencieux à partir d'un minimum d'hypothèses que, sachant le rôle qu'on leur prête, nous estimons pouvoir

---

101 Pour la problématique de l'autonomie, on se reportera à Anscombre (2016).

raisonnablement émettre à leur encontre. Par conséquent, l'essentiel de notre travail consistera à vérifier si ces hypothèses peuvent être validées en tant que définissant une classe linguistique stable, et dans l'affirmative, par le biais de quels procédés linguistiques.

1. Les énoncés sentencieux relèvent, au même titre que les phrases génériques, d'un savoir partagé de la communauté linguistique – ou à tout le moins, d'une communauté linguistique – et à ce titre, sont censés être connus de tous ses membres.
2. Si l'apparition d'un proverbe est attribuable à un locuteur, son existence même est le fait d'un autre locuteur cette fois totalement anonyme. C'est toute la communauté linguistique et non pas seulement un locuteur particulier qui s'exprime, c'est la voix de cette communauté (parfois dénommée *la sagesse populaire*) qui se fait entendre à travers ces énoncés, ou à tout le moins dont on dit qu'elle se fait entendre.
3. Un énoncé sentencieux est convoqué pour commenter un événement ou un état concret, mais tout se passe comme si la sagesse populaire qui s'y trouve exprimée était porteuse d'un principe moral général présenté dans une formule métaphorique, allégorique, ou encore imagée.
4. Néanmoins, un énoncé sentencieux se manifeste en s'insérant dans la parole d'un locuteur particulier, ce qui nous conduit à la problématique du lien éventuel entre l'apparition d'un proverbe et la notion de discours cité. En effet, le locuteur d'un proverbe n'en est pas le responsable, il n'endosse que la responsabilité de l'avoir fait entendre.
5. Au moment de l'insertion d'un proverbe dans le tissu d'un discours particulier, le locuteur fait entendre sa propre voix, et il peut le faire de diverses manières.

1.3. Propriétés, critères et tests

Accepter de travailler avec de telles hypothèses revient à supposer que ces énoncés sentencieux possèdent certaines propriétés sémantiques, lesquelles doivent pouvoir être mises en évidence par le biais de critères linguistiques, ce qui revient à forger les tests opératoires adéquats.

2. Les propriétés sémantiques des énoncés sentencieux

Si l'on se penche sur les ouvrages officiellement considérés comme des recueils de 'formes sentencieuses', on y trouve habituellement des entités de trois sortes :

a) Ce qu'il est convenu d'appeler des *locutions*.

b) Ce qu'il est convenu d'appeler des *phrases génériques*, entités dont nous avons parlé dans les chapitres précédents.
c) Des *énoncés sentencieux*, objets de la présente étude.

Voici tout d'abord quelques exemples coréens de chaque sorte :
Locutions :

그 접시가 이가 빠졌다
(*kŭ jŏpsi-ga*) *i-ga ppajyŏssta*
Cette assiette-T dent-S tomber-Décl-Pass
'Cette assiette est ébréchée'
오리발 내민다
oribal naeminda
canard-patte faire apparaître-Prés-Décl
'montrer la patte du canard' (donner un faux prétexte)[102]

Phrases génériques :

고양이는 쥐를 먹는다
goyangi-nŭn jwi-rŭl mŏknŭnda
chat-T souris-O mange-Prés-Décl
'les chats mangent les souris'
프랑스는 포도주로 유명하다
phŭrangsŭ-nŭn phodoju-ro yumyŏng-hada
France-T raisin-jus-par être connu-Prés-Décl
'la France est connue pour son vin'

Enoncés sentencieux

가는 날이 장날이다
ga-nŭn nal-i jangnal-ida
Aller-Fdét jour-S marché-jour-être-Prés-Décl
'Le jour où l'on part, c'est le jour du marché' = « Ça tombe mal »[103].
바늘 도둑이 소 도둑이 된다
banŭl doduk-i so doduk-i doenda
aiguille voleur-S bœuf voleur-S devient
'le voleur d'aiguille devient un voleur de bœuf' « Qui vole un œuf, vole un bœuf ».
쇠 뿔도 단김에 빼라 / 뺐다 / 단김에 쇠뿔 빼듯
Soeppul-do dangi-me ppaera/ppaeraessta/tangime soeppul ppaedŭt

---

102 S'emploie vis-à-vis de quelqu'un cherchant une excuse après avoir commis un acte réprimandable. La forme complète de cette locution est en fait 닭잡아먹고 오리발 내민다 'manger le poulet et montrer la patte de canard'.
103 L'expression 'jour de marché' est souvent assimilée à 'jour de chance'

Corne-bœuf-aussi d'un coup enlève/enlever-Pass/comme si l'on enlevait des cornes de bœuf d'un coup
'Même les cornes de bœuf, il faut les retirer d'un coup (au bon moment)' « Il faut battre le fer quand il est chaud ».

2.1. « Savoir » universel et cadre du discours

La première des hypothèses formulées ci-dessus nous place d'emblée dans le domaine du « savoir ». Postuler que les énoncés sentencieux font partie du fonds commun de la langue, c'est admettre qu'à ce titre, ils sont connus de tous les membres de la communauté linguistique et que ce fait même constitue une de leurs propriétés essentielles. Cette caractéristique sémantique pourrait se gloser par *nous savons tous que p*, et devrait être décrite sur la base du concept de généricité. Ce qui signifie que tous les membres de la communauté linguistique, y compris donc le locuteur, considèrent ces énoncés comme généralement vrais. C'est la raison pour laquelle les énoncés sentencieux admettent aisément une combinaison avec des expressions du type 누구나 다 알고 있듯이 /누구나 다 아는 사실이지만 (*nugu-na da algo iss-dŭsi / nugu-na da anŭn sasil-ijiman*) 'n'importe qui sait que P', autrement dit une sorte de « savoir universel » :

*누구나 다 (알고 있듯이 / 아는 사실이지만) 그 접시가 이가 빠졌다
nugu-na da (algo issdŭsi / a-nŭn sasil-ijiman) (kŭ jŏpsi-ga) i-ga ppajyŏssta
'*(Comme chacun sait / c'est une réalité bien connue de tous), cette assiette est ébréchée'

누구나 다 (알고 있듯이 / 아는 사실이지만) 고양이는 쥐를 먹는다
nugu-na da (algo issdŭsi / a-nŭn sasil-ijiman) goyangi-ŭn jwi-rŭl mŏknŭnda
'(Comme chacun sait/c'est une réalité bien connue de tous), les chats mangent les souris'

? 누구나 다 (알고 있듯이 / 아는 사실이지만) 가는 날이 장날이다
nugu-na da (algo issdŭsi / a-nŭn sasil-ijiman) ga-nŭn nal-i jangnal-ida
'(Comme chacun sait / c'est une réalité bien connue de tous), ça tombe mal'

누구나 다 (알고 있듯이 / 아는 사실이지만) 바늘 도둑이 소 도둑이 된다
nugu-na da (algo issdŭsi / a-nŭn sasil-ijiman), banŭl doduk-i so doduk-i doenda
'(Comme chacun sait/c'est une réalité connue de tous), qui vole un œuf, vole un bœuf'

누구나 다 (알고 있듯이 / 아는사실이지만) 쇠뿔도 단김에 (?빼렸다 / 빼야한다)
nugu-na da (algo issdŭsi / a-nŭn sasil-i-jiman), soeppul-do dangime (?ppaeraessta / ppaeyahanda)
'(Comme chacun sait / c'est une réalité bien connue de tous), il faut battre le fer quand il est chaud'

Ce test montre qu'à l'exception du troisième exemple, les phrases génériques et les énoncés sentencieux partagent au moins une propriété sémantique, la généricité. Les uns comme les autres sont considérés comme généralement vrais. En ce qui concerne le troisième énoncé, si c'est un énoncé sentencieux, il est néanmoins dépourvu de généricité. On verra plus loin qu'il s'agit effectivement d'un énoncé sentencieux non-générique et qu'il convient d'opposer aux énoncés proprement génériques.

2.1.1. *Généricité et V/Adj + 네 ! ; V/Adj + 군 !*

Si cette propriété de savoir universel peut et doit être fondée, comme on vient de le constater, sur le critère de la généricité, une vérification par critère pourrait être la possibilité de combinaison de ces énoncés avec les structures « V/Adj + 네 ! » et « V/Adj + 군 ! » qui indiquent d'une manière générale que le locuteur de l'énoncé découvre le fait qui est décrit dans l'énoncé. On s'attend en effet à ce que les énoncés sentencieux n'admettent pas cette combinaison, car on ne découvre pas un énoncé sentencieux : non seulement il est antérieurement connu, mais de plus on y adhère :

(그 접시가) 이 가 빠졌 (네 / 군) !
(kŭ jŏpsi-ga) i-ga ppajyŏss (ne / gun) !
(cette assiette-S) dent-S tombe (surprise)
'Cette assiette est ébréchée !'

고양이는 쥐를 먹 (*네 / *는군) !
goyangi-nŭn jwi-rŭl mŏk (*ne / *nŭngun) !
Chat-T souris-O mange (surprise)
'Le chat mange la souris !'

?가는 날이 장날이(네 / 군) !
? ga-nŭn nal-i jangnal-i (ne / gun)
allant-T jour-S marché-jour-être
'? Le jour du départ tombe mal'

바늘 도둑이 소 도둑이 되(*네 / *는군) !
banŭl doduk-I so doduk-i doe (*ne / *nŭngun)
aiguille voleur-S bœuf voleur-S devient
'le voleur d'aiguille devient un voleur de bœuf' ('Qui vole un œuf, vole un bœuf').

쇠뿔도 단김에 빼라 (*네 / *는군) !
soeppul-do dangime ppaera (*ne / *nŭngun)
bœuf-corne-aussi sur le coup retire
'il faut battre le fer quand il est chaud !'

Ce test montre que pour le locuteur, le premier énoncé représente, comme on s'y attendait, une information qu'il découvre au moment même de l'énonciation ; dès le départ, nous le pressentions comme n'étant rien d'autre qu'une locution figée.

En revanche, en ce qui concerne les quatre énoncés restants, provisoirement classés par nous comme respectivement phrase générique (le second) et énoncés sentencieux (les trois suivants), le résultat ne nous surprend pas – la combinaison est rejetée, la seule exception étant encore une fois le cas du troisième énoncé.

2.1.2. Cadre du discours et adverbe d'énonciation

Les énoncés qui sont génériques par nature, qu'ils soient phrases génériques ou énoncés sentencieux, préexistent à tout acte de discours particulier auquel ils fournissent un fondement, un soubassement. Ils fonctionnent comme des sortes de présupposés par rapport aux énoncés particuliers. Ces énoncés de nature générique constituent ce que nous appelons à l'instar de J.-Cl. Anscombre des *cadres du discours*[104]. Or les éléments qui fournissent de tels cadres du discours sont connus pour tolérer difficilement la combinaison avec les adverbes d'énonciation, bien que ces derniers soient en quelque sorte du même bois que les énoncés génériques. Ils sont les uns comme les autres davantage du côté du thème que du propos. Ce qui rend difficile leur combinaison avec les énoncés génériques provient de ce que les adverbes d'énonciation renvoient à l'attitude du locuteur au moment où il parle et par rapport à ce qu'il dit au moment où il le dit : ils forment donc le support d'actes de discours particulier. Les énoncés génériques, en particulier les sentencieux, préexistant à tout acte de discours particulier, ne pourront donc être commentés par un adverbe d'énonciation. Voici un échantillon de telles combinaisons :

솔직히 (나도) 코가 석자다
soljikhi (na-do) kho-ga sŏkja-da
franchement (moi-aussi) nez trois sŏk[105]-être
'franchement, moi aussi j'ai un nez de 90,9cm' ('moi aussi, j'ai des problèmes à régler')

*솔직히 고양이는 쥐를 먹는다 (phrase générique)
soljikhi goyangi-nŭn jwi-rŭl mŏk-nŭnda
franchement, chat-T souris-O manger-Prés-Décl
'*sincèrement, les chats mangent les souris'

어제는 솔직히 가는날이 장날이었다 (énoncé sentencieux)
oje-nŭn soljikhi ga-nŭn nal-i jangnal-iŏssta
hier-T franchement allant jour-S marché-jour-être-Pass-Décl
'hier, en réalité, le jour où je suis parti était le jour du marché'

---

104 Cf. Anscombre (1990).
105 1 sŏk = 30,3 cm.

? 솔직히 바늘 도둑이 소 도둑이 된다 (énoncé sentencieux)
soljikhi banŭl doduk-i so doduk-i doenda
franchement aiguilles voleur-S bœuf voleur-S devenir-Prés-Décl
' ?franchement, qui vole un œuf vole un bœuf '

? 솔직히 쇠뿔도 단김에 빼라 / 뺐다 / 단김에 쇠뿔도 빼듯(énoncé sentencieux)
soljikhi soeppul-do dangime ppaera/ppaeraessta/dangime soeppul-do ppaedŭt
franchement bœuf-cornes-aussi à chaud retire
' ?franchement, il faut battre le fer quand il est chaud'

2.2. « Dire » universel

Notre deuxième hypothèse s'appuie sur un constat souvent fait : les énoncés sentencieux se présentent la plupart du temps sous la forme d'une citation, suggérant ainsi qu'il existe probablement derrière ces énoncés un locuteur. Le fait que ce sont toujours les mêmes énoncés qui sont cités avec toujours le même principe s'appliquant à un grand nombre de cas particuliers nous conduit à concevoir un locuteur permanent et quasi universel et à faire un pari sur 'la voix' de toute une communauté linguistique. Cette voix, que l'on pourrait définir comme une *vox populi* ou plus prosaïquement gloser comme *la communauté linguistique dit que p* constitue une autre propriété caractéristique et essentielle d'un énoncé sentencieux.

1.1.1. Polyphonie

Cette irruption dans le discours du locuteur d'une voix anonyme représentant la communauté linguistique pose le problème de sa représentation dans une optique polyphonique. Au niveau d'un énoncé sentencieux, deux voix s'entremêlent, celle du locuteur et celle de la communauté linguistique.

a. Enoncé sentencieux – 고하다 (*-go hada*)

Rappelons qu'une des propriétés essentielles des énoncés sentencieux est qu'ils constituent un *dire universel*, et que le locuteur fait donc partie intégrante de cette communauté linguistique anonyme. Le mode habituel d'apparition de ces énoncés semble être le type de citation dont l'élément clef est la structure V/Adj +고하다.

Si on teste la possibilité de combinaison de nos exemples avec V/Adj +고하다, il semble que cette séquence de citation transforme une simple locution en un discours rapporté (énoncé (2)) et dénature une phrase générique (énoncé (2)), alors que les énoncés sentencieux (3) à (5) ne se trouvent pas fondamentalement affectés par cette opération, étant intrinsèquement des paroles rapportées :

(1) *그 접시가 이가 빠졌다고 한다
   kŭ jŏpsi-ga i-ga ppajyŏssta-go handa
   cette assiette-S dent-S tomber-Cit
   'On dit que cette assiette est ébréchée'

(2) *고양이는 쥐를 먹는다고한다
   goyangi-nun jwi-rŭl mŏknŭndago handa
   chat-T souris-O manger-Cit
   'On dit que les chats mangent les souris'

(3) 가는 날이 장날이라고한다
   ga-nŭn nal-i jangnal-irago handa
   allant-T jour-S marché-jour-être-Cit
   'On dit que le jour où l'on part c'est le jour du marché ('on dit que ça tombe mal')'

(4) 바늘 도둑이 소 도둑이 된다고한다
   banŭl doduk-i so doduk-i doenda-go handa
   aiguilles voleur-S bœuf voleur-S devient-Cit
   'On dit que qui vole un œuf, vole un bœuf'

(5) 쇠뿔도 단김에 빼랬다 한다
   soeppul-do dangime ppaeraesstago handa
   bœuf-cornes-aussi-O à chaud-L retire-Cit
   'On dit qu'il faut battre le fer quand il est chaud'

Il faut cependant noter que cette apparente possibilité de combinaison avec la séquence *V/Adj* +고하다 (-go hada) ne définit pas les énoncés sentencieux en tant que tels : autrement dit, une telle séquence n'est pas une expression permettant au locuteur de désigner l'énoncé sentencieux comme à l'origine et, à la fois, comme garant de la vérité de son discours. Autrement dit, ce ne peut être un marqueur médiatif caractéristique, dans la mesure où cette combinaison ne révèle pas un des traits fondamentaux de la catégorie des énoncés sentencieux : à savoir le fait qu'en réalité le locuteur ne se contente pas de rapporter la parole des autres et que lui-même fait partie de ce locuteur abstrait, communautaire et universel. En effet, le locuteur d'un énoncé *V/Adj* +고하다 (-go hada) ne fait pas nécessairement partie des locuteurs de l'énoncé qu'il rapporte, comme on peut le voir sur l'exemple :

다들 그 사람이 게으르다고 하는데 그건 말도 안 돼
da-dŭl kŭ saram-i keŭrŭ-dago ha-nŭnde kŭgŏ-n mal-do an dwae
tout le monde-L cette personne-S être paresseux-Cit-mais ceci-T parole ne convient pas
'tout le monde dit que cette personne est paresseuse, mais ce n'est pas fondé'

Quel marqueur médiatif serait alors sélectivement combinable avec les énoncés sentencieux ? Il est intéressant de noter que si *V/Adj* +고하다 (-go hada) joue effectivement un rôle significatif, cette structure présente plusieurs variantes possibles et que de toute façon, ce procédé de discours rapporté n'est pas la seule modalité possible pour l'insertion d'un énoncé sentencieux dans un tissu discursif. Plusieurs solutions semblent se présenter, mais, selon nous, elles ont toutes une caractéristique essentielle : dans tous les cas de figure, les énoncés sentencieux fonctionnent comme un thème ou comme un adverbe d'énonciation dans, ou plutôt, à côté du discours du locuteur. Voici quelques exemples :

b. Enoncé sentencieux -다고 (*-dago*)

   c. 바늘 도둑이 소 도둑이 된다 고, 저 녀석도 장차 큰일 저지를 놈이야
banŭl doduk-i so doduk-i doendago, jŏ nyŏsŏk-do jangcha khŭnil jŏji-rŭl nom-iya
aiguilles voleur-S bœuf voleur-S devient-Cit, ce type-aussi à l'avenir accidents commettre
'Comme on dit « qui vole un œuf vole un bœuf », ce type risque de commettre des dégâts à l'avenir'

c. Enoncé sentencieux -다더니 (*-dadŏni*)

바늘 도둑이 소 도둑이 된다더니, 그 말이 맞았어
banŭl doduk-i so doduk-i doen-dadŏni, kŭ mal-i maj-assŏ
aiguille voleur-S bœuf voleur-S devient-Cit, cette parole était correcte
'Comme on dit, qui vole un œuf, vole un bœuf, cette parole était correcte'

d. Enoncé sentencieux en incise

왜 남의 일에 감 놓아라 대추 놓아라 간섭이냐 ?
wae nam-ŭi il-e gam noh-ara daechu noh-ara gansŏb-inya
Pourquoi autrui-de travail -à kaki mettre dattes intervention être-Inter
'Pourquoi tu interviens dans les affaires des autres pour savoir s'ils ont mis des dattes ou des kakis ?'

Dans les trois exemples ci-dessus, l'énoncé sentencieux n'est pas un simple 'adverbe' fonctionnant à l'intérieur de l'énoncé du locuteur. L'énoncé sentencieux est en quelque sorte un corps étranger à l'énoncé du locuteur. Entre eux, il existe une tension, un hiatus. Le premier sert au second de cadre de discours. C'est dans ce cadre que l'énoncé du locuteur doit être interprété. Plus précisément, l'énoncé sentencieux occupe en quelque sorte la place d'un adverbe d'énonciation.

Or le cadre de discours est un espace où interviennent les présupposés du discours dont font précisément partie, comme on a pu constater, les énoncés sentencieux qui possèdent la propriété de *savoir universel*. Un des tests possibles pour vérifier ce statut de cadre de discours serait de combiner l'énoncé sentencieux avec un véritable adverbe d'énonciation :

> ? 솔직히 (바늘 도둑이 소 도둑이 된다 / 감 놓아라 대추 놓아라 한다)
> *soljik-hi (banŭl doduk-i so doduk-i doenda / gam noara daechu noara handa)*
> ' ?franchement (qui vole un œuf vole un bœuf + on dit « de quoi tu te mêles ? »)

Ces combinaisons font problème précisément parce que les énoncés sentencieux se trouvent tout à coup placés en position de propos et non plus de thème ; le thème est en quelque sorte un cas particulier du concept plus large qu'est la notion de cadre de discours.

e. Enoncé sentencieux -다는데 (-*danŭnde*)

> 바늘 도둑이 소 도둑이 된다는데, 저 녀석도 큰 걱정이야
> *banŭl doduk-i so doduk-i doendanŭnde jŏ nyŏsŏk-do khŭn kŏkjŏng-iya*
> aiguilles voleur-S bœuf voleur-S devient-Cit-mais, ce type-aussi inquiétude-être-Pres
> 'comme on dit que qui vole un œuf vole un bœuf, je m'inquiète pour ce petit'

La combinaison de -고하다 -*go hada* et -는데 -*nŭnde* est une solution à la fois adéquate et compréhensible pour accompagner un énoncé sentencieux, car -는데 -*nŭnde* est un connecteur dont la fonction essentielle consiste à mettre en place un cadre du discours, et à ce titre, il sert souvent d'introducteur de thème dans un énoncé. Là encore on peut mettre à l'épreuve ce critère en forçant l'énoncé sentencieux en position de propos :

> *저 녀석도 큰 걱정이라는 말은 바늘 도둑이 소도둑이 된다는 뜻이야
> *jŏ nyŏsŏk-do khŭn kŏkjŏng-iranŭn mal-ŭn banŭl doduk-i so doduk-i doendanŭn ttŭsiya*
> ce type-aussi grand souci-Cit parole aiguille voleur-S bœuf f-S devenant sens-être
> 'si je parle d'inquiétude à propos de ce petit, c'est que le voleur d'aiguille devient le voleur de bœuf '

> 바늘 도둑이 소 도둑이 된다는 말은, 저 녀석도 큰 걱정이라는 뜻이야
> 'Comme on dit « le voleur d'aiguille devient le voleur de bœuf », je m'inquiète pour ce petit aussi'

2.3. Enoncés sentencieux non-génératifs

Comme on a pu constater plus haut, certains énoncés généralement considérés comme sentencieux ne sont pas génératifs. En, effet, ils possèdent la propriété de *dire universel* mais non pas celle de *savoir universel*. Contrairement aux énoncés sentencieux génériques, ils ont la particularité de pouvoir être accompagnés d'indications spatio-temporelles :

어제는 가는 날이 장날이었어
ŏje-nŭn ga-nŭn nal-i jangnal-iŏssŏ
hier-T allant jour-S marché-jour-être-Passé
'hier, cela tombait mal'

(가는 날이 장날이라고 어제 그 사람은 자리에 없었어)
ga-nŭn nal-i jang-nal-irago ŏje kŭ saram-ŭn jali-e ŏpsŏssŏ
allant jour-S marché-jour-Cit hier cette personne place-à ne pas être-Pass
'on peut dire que cela tombait mal, hier, il n'était pas là'

Comme le montrent ces exemples, ce type d'énoncés sentencieux peut commenter directement une situation, alors que les énoncés sentencieux génériques ne supportent pas de marques circonstancielles et, s'ils commentent une situation concrète, c'est toujours par le biais d'un principe moral dont ils sont porteurs. A ce type d'énoncés sentencieux non génériques, on réserve le nom d'*énoncés* (ou *phrases*) *situationnels*, et leurs propriétés ont été étudiées[106].

2.4. Enoncés sentencieux prescriptifs

Il existe par ailleurs des énoncés sentencieux dont le principe moral dont il vient d'être question est plus spécifiquement moralisateur, d'où l'impression qu'ils donnent de prêcher le devoir ou l'obligation :

쇠뿔도 단김에 빼라
soeppul-do dangime ppaera
Bœuf-corne-aussi sur le coup retire
'Il faut battre le fer quand il est chaud'

Un des tests possibles pour les repérer est la combinaison avec des adverbes itératifs du type de 항상 *hangsang* 'toujours'. En voici un exemple :

쇠뿔은/도 항상 단김에 빼라
Soeppul-ŭn/-do hangsang dangime ppaera
bœuf-corne-aussi toujours sur le coup retire
'il faut toujours battre le fer quand il est chaud'

3. Conclusion

Deux propriétés essentielles semblent devoir jouer un rôle prépondérant dans l'analyse des énoncés sentencieux : *savoir universel* et *dire universel*, alors que, pour ce qui est des phrases génériques seul le *savoir universel* intervient. Certains

---

106 Cf. Anscombre (2012).

énoncés sentencieux possèdent ces deux propriétés et d'autres seulement le *dire universel*. Les premiers sont des énoncés sentencieux *génériques*, ou encore *parémies*, un sous-ensemble de cette catégorie étant les énoncés sentencieux à sens prescriptif. Les seconds sont des énoncés sentencieux *spécifiques*, ou encore *phrases situationnelles*. Voici pour terminer quelques exemples de chaque espèce rencontrée au cours de cette étude :

I. Locutions figées
이가 빠졌다
i-ga ppajyŏssta
dent-S est tombée
'une dent est tombée' (j'ai perdu une dent)

콩밥을 먹는다
khongbab-ŭl mŏknŭnda
haricot-riz cuit-O mange
'manger du riz cuit avec des haricots' (aller en prison)

코가 석자이다
kho-ga sŏk-ja-ida
nez-S trois-sŏk-être
'avoir le nez long de trois pieds' (avoir des problèmes urgents)

오리발 내민다
oribal naeminda
canard-patte faire apparaître
'montrer la patte du canard' (donner un faux prétexte)

서슬이 푸르다
sŏsŭl-i phurŭda
lame-S acérer
'être une lame tranchante' (être menaçant/en colère)

입추의 여지가 없다
ipchuŭi yŏji-ga ŏpta
pointe du poinçon-de place-S ne pas être
'ne pas pouvoir y mettre la pointe d'un poinçon' (ne pas y avoir d'espace, être bondé)

다리야 날 살려라
dari-ya na-l sallyŏra
jambes-App moi-O sauver-Imp
'mes jambes ! Sauvez-moi !' (prendre ses jambes à son cou)
II. Phrases génériques

한국 사람들은 김치를 먹는다
hanguk saram-dŭl-ŭn kimchi-rŭl mŏk-nŭnda
corée personne-Pl-T kimchi-O manger-Prés-Décl
'les coréens mangent du kimchi'
프랑스 사람들은 포도주를 애호한다
phŭrangsŭ saram-dŭl-ŭn phodoju-rŭl aeho-handa
France personne-Pl-T vin-O aimer-Prés-Décl
'les français aiment le vin'

스위스 사람들은 시계를 잘 만든다
Sŭwisŭ saram-dŭl-ŭn sigye-rŭl jal mandŭ-nda
Suisse personne-Pl-T montre-O bien fabriquer-Prés-Décl
'les suisses fabriquent bien les montres'

고양이는 쥐를 먹는다
goyangi-nŭn jwi-rŭl mŏk-nŭnda
chat-T souris-O manger-Prés-Décl
'les chats mangent les souris'
III. Enoncés sentencieux

A. Enoncés sentencieux non-génériques ou situationnels

가는 날이 장날이다
ga-nŭn nal-i jangnal-ida
aller-Fdét jour-S marché-jour-être-Prés-Décl
'le jour où l'on part c'est le jour du marché' (ça tombe mal)

그 사람은 낫 놓고 기역자도 모른다
kŭ saram-ŭn nas noh-ko giyŏkja-do morŭ-nda
cette personne-T faucille pose-et lettre-giyŏk-même ignorer-Prés-Décl
'il/elle pose'la faux par terre et ignore même la lettre kiyŏk' (il/elle est totalement ignorant)[107]

? 닭 쫓던 개 지붕 쳐다본다
?dak jjotŏn gae jibung chyŏdabo-nda
poule poursuivait chien toit regarder-Prés-Décl
'le chien qui poursuivait la poule regarde le toit' (s'emploie lorsqu'après de vains efforts, on assiste impuissant à son échec)

바위에 달걀 부딪치기
bawi-e dalgyal budichi-gi
pierre-L oeuf frapper-Nom

---

107 La lettre *kiyŏk* est la première lettre de l'alphabet coréen.

'frapper un œuf contre une pierre' (désigne un effort vain, une situation sans espoir c'est un combat d'arrière garde)

혹 떼러 갔다가 혹 붙여온다
hok tterŏ gasstaga hok buchyŏ o-nda
fardeau se débarrasser aller fardeau coller revenir-Prés-Décl
'chercher à se débarrasser d'un fardeau et revenir avec un nouveau' (c'est l'arroseur arrosé)

쇠 귀에 경 읽기
soe-gwi-e gyŏng ilk-gi
bœuf-oreille-L livre saint-lire-Nom
'c'est comme lire des paroles saintes aux oreilles d'un bœuf' (comme parler à un mur)

닭 소보듯, 소 닭보듯
dak so bodŭt so dak bodŭt
poule vache voir-comme vache poule voir-comme
'comme la poule regardant la vache comme la vache regardant la poule' (dans l'indifférence totale / c'est bonnet blanc et blanc bonnet)

B. Enoncés sentencieux génériques

시작이 반이다
sijak-i ban-ida
début-S moitié-être-Prés-Décl
'commencer, c'est déjà la moitié du chemin parcouru' (il n'y a que le premier pas qui coûte)

아니 땐 굴뚝에 연기 날까 ? 연기 안 난다
ani ttaen kulttug-e yŏngi nalkka ? yŏngi an nanda
Nég allumée cheminée-L fumée sortir-Inter ? fumée Nég sortir-Prés-Décl
'de la fumée sortirait-elle d'une cheminée non allumée ?' (il n'y a pas de fumée sans feu)

바늘 도둑이 소 도둑이 된다
banŭl doduk-i so doduk-i doe-nda
aiguille voleur-S bœuf voleur-S devenir-Prés-Décl
'le voleur d'aiguilles devient voleur de bœuf' (qui vole un œuf vole un bœuf)

원숭이도 나무에서 떨어진다
wŏnsungi-do namu-esŏ ttŏrŏji-nda
singe-aussi arbre-L tomber-Prés-Décl
'le singe aussi tombe de l'arbre' (personne n'est à l'abri d'une erreur)

등잔 밑이 어둡다
dŭngjan mith-i ŏdup-ta

lampe dessous-S être sombre-Prés-Décl
'le dessous de la lampe est sombre' (ils ont des yeux et ne voient point)

소 잃고 외양간 고친다
so ilhko oeyanggan gochinda
bœuf perdre-et étable réparer-Prés-Décl
'réparer l'étable après avoir perdu le bœuf' (c'est arriver après la bataille)

번갯불에 담배 붙이겠다
bŏngaepul-e dambae buchikessta
feu-éclair-au cigarette mettre-Fut Décl
'allumer une cigarette au feu de l'éclair' (l'éclair n'est pas plus rapide)[108]

소경 막대질 하듯
sogyŏng maktaejil hadŭt
aveugle bâton tâtonne-comme
'il tâtonne comme un aveugle avec son bâton'

아이를 사르고 태를 길렀나 보다
ai-rŭl sarŭ-go thae-rŭl gillŏssna boda
enfant-O brûler-et placenta-O élever-Pass-Décl
'il brûle l'enfant et élève le placenta'[109]

C. Enoncés sentencieux génériques à sens prescriptif

열 번 잘 하고 한 번 실수를 하지 말아야 한다
yŏl bŏn jal hago han bŏn silsu-rŭl ha-ji maraya handa
dix fois bien faire-et une fois erreur-O faire-cesser-Obl-Prés-Décl
'on n'est jamais à l'abri d'une erreur'

윗물이 맑아야 아랫물이 맑다
wis-mul-i malk-aya araes-mul-i malk-ta
haut-eau-S être clair-Obl basse-eau-S êtreclair-Prés-Décl
'l'eau d'en haut doit être claire pour que celle d'en bas le soit'
(l'exemple doit venir d'en haut)

금강산도 식후경이다
gŭmgang-san-do sikhugyŏng-ida
monts-kumgang-aussi après-repas-être-Prés-Décl
'même les monts de diamant se visitent après le repas'
(il faut reprendre des forces avant d'entreprendre quoi que ce soit)

---

108 S'utilise pour se moquer de ceux qui se précipitent.
109 Sert à qualifier des personnes stupides qui font tout de travers.

미운 자식에게 떡 하나 더 줘라
miun jasik-ege ttŏk hana dŏ jwŏra
détester-Fdét enfant-L gâteaux de riz un davantage donner-Imp
'donne un gâteau supplémentaire à l'enfant insupportable'
(on ne prend pas les mouches avec du vinaigre)

귀한 자식은 매로 키워라
kwihan jasik-ŭn mae-ro khiwŏra
précieux enfant-T baton-avec éduquer-Imp
'élève l'enfant doué avec un bâton' (qui aime bien, châtie bien)

쇠뿔도 단김에 빼라 / 뺐다 / 단 김에 쇠뿔 빼듯
soeppul-do dangime ppaera / ppaeraessta / dangime soeppŭl ppaedŭt
cornes de bœuf-aussi sur le coup tirer-Imp / tirer-Pass-Décl
'il faut battre le fer quand il est chaud'

세난 장사 말랬다
senan jangsa mallaessta
à perte commerce cesser-Pass-Décl
'Il faut bien gérer une affaire pour qu'elle prospère'

약은 빚을 내어서라도 먹어라
yak-ŭn bij-ŭl naeŏsŏ-rado mŏk-ŏra
médicament-T dette-O contracter-même manger-Imp
'prends le médicament même si tu dois t'endetter' (la santé n'a pas de prix)

소같이 일하고 쥐같이 먹어라
so-gachi il-hago jwi-gachi mŏk-ŏra
bœuf-comme travaille-et souris-comme mange-Imp
'travaille comme un bœuf et mange comme une souris
(il faut savoir travailler dur et mener une vie modeste)

궁한 도둑은 쫓지 마라
gunghan doduk-ŭn jjoji mara
dans le besoin voleur-T poursuivre-cesser-Imp
'ne poursuis pas le voleur dans le besoin'
(il ne faut pas pousser les gens à bout quand ils n'ont rien à perdre).

Un peu de littérature coréenne...

Analyse thématique de *L'averse* de Hwang Sun-Won[110]

Introduction

Nous tenterons de dégager les principaux thèmes de *L'averse* de Hwang Sun-Won en considérant cette œuvre comme un ensemble structuré. Ce qui signifie que ces thèmes interviennent à des niveaux et à des étapes différentes de l'œuvre et donc n'ont pas la même portée.

La première distinction est celle entre le contenu et l'expression. L'expression désigne ici le travail du texte romanesque. Quant au contenu, il s'agit essentiellement de ce que l'on appelle récit. Le récit comprend deux niveaux : le niveau fondamental et la surface. La surface est le discours tel que nous le lisons, l'interprétons. Le niveau fondamental est celui où un certain nombre d'entités sémantiques de base se conçoivent. Ces entités sémantiques qui restent encore en tant que virtualités de signification entretiennent entre elles des relations d'ordre logique. En surface du texte, ces entités sémantiques se réalisent en tant qu'éléments du discours tels que nous les percevons effectivement. C'est à ce niveau aussi que les relations logiques se transforment en relations temporelles qui caractérisent les événements racontés.

1. Organisation fondamentale : nature et civilisation, vie et mort

La compréhension globale du récit, considéré comme un tout de signification, articule le contenu selon une structure élémentaire simple. Dans cette perspective, nous posons que *L'averse* est l'histoire d'une rencontre, d'un amour naissant entre deux adolescents, l'un garçon de campagne et l'autre fillette venue de la ville.

1.1. Nature et vie

La nature semble être la trame essentielle du texte. Elle est présente avec ses éléments et son principe qui est celui de la vie. Les figures de la nature s'organisent en séries pour constituer une matérialité ; tels sont le ciel (soleil, lumière, nuage), la terre (champs, rizières, plaines, montagnes, chemins), l'eau (ponts, berges,

---

110 *L'averse* (소나기) est une des nouvelles les plus connues de Hwang Sun-Won (황순원), nouvelliste et poète sud-coréen contemporain (1915–2000).

marais de roseaux), le règne végétal (arbres, plantes, fleurs) et le règne animal (poissons, coquilles, animaux domestiques, oiseaux, insectes).

Mais la nature est plus encore source et régulatrice de vie. La saison change et les couleurs du paysage aussi : sous le soleil d'une luminosité automnale, l'eau de la rivière décroît de jour en jour et les feuilles d'érable jettent leurs derniers feux. Il y a l'odeur et la chaleur qui enveloppent. La terre est âpre avec ses frêles tiges de plantes que l'on n'arrive pas à couper, mais elle est nourricière avec ses moissons d'automne. Sa force est tranquille, car détentrice de la vérité. S'en éloigner, l'oublier, c'est mourir un peu. Mais la nature aussi change, donc meurt, mais c'est pour renaître. La mort en son sein est régénératrice. La fille venue de Séoul meurt à la fin du récit. Après l'orage l'eau de la rivière gonfle. Pour la traverser, le garçon porte la fille sur le dos. C'est l'image de Charon faisant traverser la rivière de la mort. La mort de la fille tombée malade à cause de la pluie survient quelques jours plus tard. Mais elle ne sera pas complètement morte dans le cœur du garçon qui lui aussi aura changé. Ils sont de nouveau enfantés.

1.2. Civilisation et mort

La fille est venue d'un autre monde. Ce monde est à la fois extérieur et lointain. Peu de mots dans le texte pour le décrire. En fait, ce lointain est vu plutôt comme une absence de valeurs stables que comme un autre système de valeurs. Ce monde d'où elle vient apparaît comme angoissant, menaçant, porteur d'échecs et de mort. C'est elle qui apporte au garçon le premier choc de sa vie.

Ces oppositions sémantiques se traduiront à la surface du récit par la confrontation de deux desseins, de deux destinées. La suppression ou du moins l'atténuation du caractère conflictuel de ces oppositions sera le prix à payer pour l'amitié ou l'union des deux personnages. Telle est la dynamique du récit. Et tel est le sens à donner à cet amour qui se découvre.

A ce niveau fondamental du récit où s'effectue la mise en place des unités sémantiques en tant que système de caractère logique, les deux entités nature et vie fonctionnent comme un système de valeurs virtuel, donc à réaliser. L'auteur, en investissant ces valeurs dans le récit, les destine en quelque sorte au héros qui devient ainsi le médiateur événementiel de leur réalisation.

2. Organisation de la surface, entités discursives et contraintes narratives : terre, intimité et plénitude

Comme nous venons de le voir, les entités sémantiques s'associent pour constituer les grands ensembles discursifs. Mais ces entités sont également soumises à des contraintes narratives. Un assemblage de mots ne fait pas une phrase. Il faut encore qu'ils soient organisés. Selon les règles grammaticales. Dans cet enchaînement narratif, seule une partie des virtualités sémantiques de ces entités sont exploitées, car il y a le problème de la cohérence discursive. Les entités différentes les unes des autres ne peuvent se relier entre elles que si elles ne sont pas contradictoires, incompatibles dans le cadre d'un récit. C'est ainsi que les figures de la nature dont on vient de parler seront coordonnées par une idée centrale.

C'est l'idée d'un monde rural qui sera le dénominateur commun à des unités sémantiques disparates pour leur donner une certaine homogénéité. La terre sera champs, rizières, verges. Il en sera de même pour les plants de riz, arbres fruitiers, animaux domestiques, épouvantails, moineaux, paysans, etc. Le garçon en est le représentant. Cette idée de ruralité est reliée à un certain nombre d'autres valeurs. Répondant à la nécessité de construire le récit, une entité en appelle une autre.

Le monde rural est vu d'abord comme clos. Le garçon n'a jamais dépassé les limites du village. L'homme de la terre est sédentaire. C'est aussi un monde immobile. C'est un univers de végétaux et de ruminants. Ce n'est pas le garçon qui court la campagne. C'est toujours la fille qui l'entraîne. Elle s'ennuie dans ce microunivers où tout est trop lent, trop calme. C'est aussi un monde de plénitude avec toutes ses richesses à portée de la main. Le garçon n'a pas de curiosités futiles à satisfaire. Il court moins longtemps que la fille, mais sait où trouver d'abondantes fleurs. Malgré ses lourdeur, maladresse, et timidité, il est en quelque sorte le Faune, dieu champêtre.

C'est la ville, précisément Séoul, qui incarne la civilisation dans ce qui est le plus matériel. Les vêtements de la fille ne sont pas ceux du garçon. Elle représente les valeurs négatives. Avec l'espièglerie de la fille, c'est l'intelligence légère et aérienne qui, tel le rapace tournoyant au-dessus du village, fait irruption dans cet univers à l'abri des agitations. La fille trouble l'eau calme de la rivière et, comme une nuée de moineaux s'abattant sur les champs, sème la zizanie dans la campagne. Le garçon – qu'elle traite d'idiot – en a le vertige.

3. Récit : amour et nature

En épousant ainsi les contraintes narratives, les entités sémantiques préparent le terrain pour les événements du récit proprement dit ; affublés des qualités qui leur sont propres, les personnages s'affrontent. De cet affrontement résulte en général une modification des situations initiales des personnages.

3.1. Polysémie

Comme nous l'avons déjà indiqué, lorsque les entités sémantiques s'enchaînent les unes aux autres sur l'axe linéaire du récit, leurs virtualités en général très étendues ne sont exploitées que partiellement. Mais elles restent souvent polysémiques. D'où le fait qu'une entité sémantique donne lieu à des développements de signification superposés dans un seul discours. C'est ainsi qu'une entité unique peut être à l'origine de plusieurs récits qui cohabitent sans se renier, à condition, encore une fois, que les éléments sémantiques retenus par le récit ne soient pas contradictoires.

L'averse nous raconte une histoire d'amour. Mais rien ne nous empêche d'y lire parallèlement une autre histoire : celle de la (re)découverte de la nature. Lorsque les difficultés matérielles obligent ses parents à quitter le village après avoir déjà abandonné Séoul, la fille dit : « Je ne sais pas pourquoi, mais je n'ai plus envie de partir d'ici. Evidemment, ce sont mes parents qui décident... ». Ces paroles se prêtent à une double lecture.

3.2. Découverte, initiation et sacrifice

Dans un grand nombre de récits, le personnage agit pour atteindre le but qu'il s'est fixé en faisant sien un système de valeurs. C'est d'ailleurs souvent par ce biais que l'auteur, en s'identifiant au personnage, exprime ses propres pensées. Dans ce cas, le sens de l'action est donné dès le départ. Mais il arrive aussi que ce sens ne se découvre qu'au terme des événements les plus déterminants. Le récit se lit alors comme une quête de signification et constitue en soi une pratique significative.

L'ombre de la fille poursuit le garçon. Il ne sait même pas pourquoi il s'intéresse tant à la fille. Pourtant, à la fin, le garçon n'a qu'une idée : la revoir, absolument, même pour une dernière fois, et lui faire goûter les noix qu'il a volées pour elle. Quant à la fille, elle demande avant sa mort à être ensevelie dans les vêtements qu'elle portait au moment où la pluie l'a surprise avec le garçon et qui gardent encore des traces d'éclaboussures.

En rencontrant le garçon, la fille découvre la nature et elle se découvre elle-même. La découverte du sens correspond ainsi à la révélation de sa propre vérité. Dans un tel récit, les faits et gestes des personnages relèvent de l'initiation. Le garçon apprend la nature à la fille. La promenade à travers la campagne est un cheminement lent dans lequel l'attachement qui lie les personnages se précise progressivement. Cette pratique initiatique a son côté sacrificiel. En fuyant la fille, le garçon glisse sur une pierre de la rivière et saigne du nez. La fille tente de couper une tige de fleurs sur le talus et, tombant, se blesse au genou. Ensuite intervient l'épisode de l'orage. Ces petits accidents durant la promenade qui rapprochent insensiblement les personnages se terminent par la mort, la perte de la fille. Ils sont autant d'indices de sacrifice. Mais ce dénouement est ambigu. Morte, la fille revit en tant qu'image intériorisée.

3.3. Description et métaphore

Le discours est un contenu et en même temps une expression. Le travail du texte prend toute son importance dans *L'averse*. Souvent, les entités sémantiques du niveau fondamental ne sont pas directement repérables à la surface du texte. Par exemple, toute la symbolique pour signifier l'amour. La blancheur de la peau de la fille. Une fossette se creuse dans son sourire. Le garçon garde dans sa poche le galet que la fille lui a jeté un jour. L'habitude lui vient de le toucher en guettant l'apparition de la fille. Quand elle a fait une chute, il a sucé la blessure de son genou. Ils se blottissent l'un contre l'autre sous un abri de meules pour se protéger de la pluie. La fille sent l'odeur et la chaleur que dégage le corps du garçon. Le garçon la porte sur son dos pour traverser la rivière en crue et le torrent laisse sur le pull rose de la fille une tache rougeâtre qui ne s'efface pas.

La description a une vertu particulière. Elle assume les moments critiques de la narration. C'est le paysage qui raconte l'événement lourd de conséquences : « Un gros nuage noir est venu là, au-dessus du village. Subitement, tout autour d'eux a l'air de bruire. Une rafale de vent passe en sifflant. En un clin d'œil, tout le ciel est devenu violet ». Un procédé souvent relevé chez Flaubert. Voici une description dans *Madame Bovary* : « Elle allait jusqu'à la hêtraie... près du pavillon abandonné qui fait l'angle du mur, du côté des champs... Elle commençait par regarder tout alentour, pour voir si rien n'avait changé depuis la dernière fois qu'elle était venue... Il arrivait parfois des rafales de vent, brises de la mer qui roulant d'un bond sur tout le plateau du pays de Caux, apportaient jusqu'au loin dans les champs, une fraîcheur salée. Les joncs sifflaient à ras de terre et les feuilles des hêtres bruissaient en un frisson rapide, tandis que les cimes, se balançant toujours, continuaient leur grand murmure ».

Dans *L'averse*, la nature n'est pas seulement un cadre nécessaire pour placer les événements racontés, pour la vraisemblance du récit. A la fois moteur du drame et support de l'écriture, elle joue ainsi le rôle d'un connecteur entre le contenu et l'expression. L'auteur parle de la nature au moyen de la nature. Si la nature est pour lui, en tant que narrateur, au cœur du destin des hommes, elle lui fournit, en tant que scripteur, la fécondité imaginaire de ses éléments. La nature est doublement métaphorisante.

Bibliographie récapitulative

ANSCOMBRE Jean-Claude (1984), « Argumentation et topoi », in *Actes du 5ème Colloque d'Albi*, pp.46-70.

ANSCOMBRE Jean-Claude (1990), 'Thème, espaces discursifs, et représentation événementielle » in *Fonctionnalisme et pragmatique*, J. C. Anscombre & G. Zaccaria éds., Ed. Unicopli, Milan, pp. 43-150.

ANSCOMBRE Jean-Claude (1995a), « La théorie des topoï : sémantique ou rhétorique ? », *Hermès*, 15, pp. 185-198.

ANSCOMBRE Jean-Claude (1995b), *Théorie des topoï*, Ed, Kimé, Paris.

ANSCOMBRE Jean-Claude (1998), « Regards sur la sémantique française contemporaine », *Langue française*, 32, n° 129, pp. 37-51.

ANSCOMBRE Jean-Claude (2001a), « Dénomination, sens et référence dans une théorie des stéréotypes nominaux », *Cahiers de praxématique*, n°36, 'Linguistique de la dénomination', pp. 43-72.

ANSCOMBRE Jean-Claude (2001b), « Le rôle du lexique dans la théorie des stéréotypes, *Langages*, n° 142, pp. 57-76.

ANSCOMBRE Jean-Claude (2001c), « *Surtout* et *particulièrement* : le traitement des particules pratiques dans le cadre de la théorie des stéréotypes », *Cuadernos de filología*, « La pragmática de los conectores y las partículas modales », H. Ferrer & S. Pons éds., Universitat de Valencia, vol.VI, pp.1-22.

ANSCOMBRE Jean-Claude (2002), « La nuit, certains chats sont gris, ou la généricité sans syntagme générique », *Linx*, n°47, *Du sens au sens. Hommage à Michel Galmiche*, éds. J.Anis & G.Kleiber, pp.13-30.

ANSCOMBRE Jean-Claude (2005), « Le *ON*-locuteur : une entité aux multiples visages », in *Actes du congrès de Cerisy 'Dialogisme, polyphonie : approches linguistiques'*, J.Bres, P.P.Haillet, S.Mellet, H.Nølke, L.Rosier éds., pp. 75-94, de Boeck-Duculot, Bruxelles.

ANSCOMBRE Jean-Claude (2009), « La comédie de la polyphonie et ses personnages », *Langue française*, n° 164, pp. 11-31.

ANSCOMBRE Jean-Claude (2012), Pour une théorie linguistique du phénomène parémique », in *La parole exemplaire*, Ed. Armand Colin, J.C. Anscombre, B.Darbord & A.Oddo (dirs.), Col. Recherches, Paris, pp. 21-39.

ANSCOMBRE Jean-Claude (2016), « Enoncés parémiques et autonomie », in *La phrase autonome. Théorie et manifestation*, J.C. Anscombre, B. Darbord, A. Oddo & C. García de Lucas (dirs.), *Gramm-R*, vol. 31, Peter Lang, Berne, pp. 101-15.

ANSCOMBRE Jean-Claude & DUCROT Oswald (1983), *L'argumentation dans la langue*, Ed. Mardaga, Liège-Paris.

BERRENDONNER, Alain (1980), *Eléments de pragmatique*, Ed. Kimé, Paris.

CHAE Wan (1977), *hyŏndae gugŏ thŭksujosaŭi yŏngu* (*Les particules modales du coréen contemporain*), thèse de maîtrise de linguistique, Université nationale de Séoul.

CHOI Seung-Un (2000a), « Les conditions d'une définition du morphème – (*i*)*na* », *Aesan Hakbo* (애산학보) n°25, Séoul, pp. 207-236.

CHOI Seung-Un (2000b),« Phrases génériques, syntagmes génériques et argumentation », *Études de langue et littérature françaises*, vol. 44, n°2, Association de langue et littérature françaises, Séoul, pp. 875-907.

CHOI Seung-Un (2000c), « Les conditions d'une lecture argumentative du morphème -(*i*)*na* », *Language Research*, vol.36, n°3, Language Research Institute, Seoul National University (SNU), Séoul, pp. 475-513 (ISSN 0254-4474).

COURALET, Stéphane (2013), *Cinquante règles essentielles-Coréen*, Coll. *Les incontournables*, Studyrama, Levallois-Perret

COYAUD Maurice &LI Jin-Mieung (1982), *Initiation au coréen écrit et parlé*, P.A.F., Paris.

DUCROT Oswald & SCHAEFFER J.M. (1995), *Nouveau dictionnaire encyclopédique des sciences du langage*, Seuil, Paris.

DUCROT Oswald. & TODOROV Tzvetan., (1972), *Dictionnaire encyclopédique des sciences du langage*, Seuil, Paris.

Faits de langue (2001), n° 17, *Coréen-Japonais*, R. Blin & I. Tamba (éds.), Paris, Ophrys.

FRADIN Bernard (1984), « Anaphorisation et stéréotypes nominaux », *Lingua*, 64, pp. 52-72.

HONG Saman (1983), *hangugŏ thŭksujosaron* (*Les particules modales du coréen*), Ed. Hakmunsa, Séoul.

IKSŎP I. & HONGBIN Im (1983), *gugŏ munpŏpron* (Grammaire du coréen), Ed. Hagyônsa, Séoul.

KIM Kwanghae (1990), « yanghwa phyohyŏn (Quantification), in *Kugŏyŭngu ŏdikkaji wanna ?* (Où en est la linguistique coréenne ?), Ed. Donga.

KIM Seung-Kon (1978), *A Diachronic Study of Korean Particles*, thèse de doctorat de l'université de Konkuk, département de langue et de littérature coréennes, 1978, Séoul.

KLEIBER Georges (1978), « Phrases et valeurs de vérité », in R. Martin (éd.), *La notion de recevabilité en linguistique*. Paris, Klincksieck. pp. 21-66.

KLEIBER Georges (1988), « Phrases génériques et raisonnement par défaut », *Le français moderne*, 56, n° 1/2, pp. 1-15.

KLEIBER Georges (1989), « Généricité et typicalité », in *Le français moderne*, 57, n° ¾, pp. 127-154.

KLEIBER Georges (1990), *La sémantique du prototype*, Coll. « Linguistique nouvelle », PUF, Paris.

LEE Kee-dong (1979), « Yŏngyŏrŏmi nŭnde-ŭi hwayongsangŭi kinŭng : 'Fonction pragmatique de la terminaison jonctive -*nŭnde* », in *Inmungwahak* : *The Journal of Humanities*, n° 40/41, Yonsei University, Séoul, pp. 117-141.

LEE Kee-dong (1980), "The Pragmatic Function of the Connective *nuntey*", in *Ŏnŏ* : *Language*, vol. 5, n° 1, Séoul, pp. 119-135.

LI Jin-Mieung (1991), *Grammaire du Coréen*, Paris, PAF.

LI Ki-Moon & RAMSEY Robert S. (2011), *A History of Corean Language*, Cambridge University Press, Cambridge.

LI Ogg, KIM Suk-Deuk & HONG Chai-Song (1985), *Initiation à la langue coréenne*, Ed. Kyobo.

MARTIN Robert (1983), *Pour une logique du sens*, Coll. « Linguistique nouvelle », PUF, Paris.

MARTIN Robert (1987), *Langage et croyance*, Ed. Mardaga, Bruxelles.

MILNER Jean-Claude (1978), *De la syntaxe à l'interprétation*, Seuil, Paris.

PUTNAM Hilary (1975a), "The Meaning of 'Meaning' ", *Philosophical Papers*, vol.2, Cambridge University Press, pp. 215-271.

PUTNAM Hilary (1975b), "Analicity and apriority : beyond Wittgenstein and Quine", *Philosophical Papers*, vol.23, Cambridge University Press, pp. 115-138.

SEO Tae-Lyong (1988), "Kugŏ hwaryongŏmi-ŭi hyŏngt'aewa ŭimi : Form and meaning of verbal endings in Corean", Ed. Thap.

SEO Chŏng-Su (1991), *Hyŏndae hangugŏ munpŏp yŏngu-ŭi gaegwan* I (Aperçus des travaux sur la grammaire du coréen moderne I), Ed. Hanguk munhwasa.

SONG Seok-Choong (1988), *Explorations in Korean Syntax and Semantics*, Korean Research Monographs n° 14, Institute of East Asian Studies, University of California, Berkeley.

SONG Seok-Choong (1993), *Hangugŏ munpŏpŭi sae jomyŏng* (Explorations in Korean Syntax and Semantics), Ed. Chisiksallŏpsa. Séoul.

YANG Inseok, (1972), *Korean Syntax : case markers, delimiters, complementation, and relativization*, Ed. Paekhapsa, Séoul.

Bibliographie des principaux travaux de M. CHOI Seung-Un

0. Publications

(**2000a**) « Les conditions d'une définition du morphème -(i)na », *Aesan Hakbo* (애산학보) n°25, Séoul, pp. 207–236.

(**2000b**)« Phrases génériques, syntagmes génériques et argumentation », *Études de langue et littérature françaises*, vol. 44, n°2, Association de langue et littérature françaises, Séoul, pp. 875–907.

(**2000c**) « Les conditions d'une lecture argumentative du morphème -(i)na », *Language Research*, vol.36, n° 3, Language Research Institute, Seoul National University (SNU), Séoul, pp. 475–513 (ISSN 0254–4474).

(**2001**) « Le puzzle argumentatif du carré -(i)na/-(eu)na et -man/-jiman en Coréen », *Faits de langues*, n°17, Éditions Ophrys, Paris, pp.289–302. (ISSN : 1244–5460).

(**2003**) « Structures et particularités de la langue coréenne », Éditions n° 65, Centre Culturel Coréen, Paris, pp. 24–28.

(**2005**) « L'approximation : un outil pour mettre en évidence des divergences dans l'emploi de la préposition *dans* en français et en coréen », *Bulletin de linguistique appliquée et générale*, n°30, pp. 165–183 (ISSN 0758–6787), en collaboration avec Céline Vaguer (Univ. de Toulouse) & JEONG Myeong-Hee (EHESS).

(**2006**) « Le morphème -nŭnde et le cadre discursif », *Lux Coreana*, n°1, Éditions Han-Seine, Paris, pp. 21–47.

1. Conférences

(**1985**) « Analyse thématique de L'Averse de Hwang Sun-Won », *Séminaire sur la littérature coréenne moderne et classique à l'Inalco*, Korean Culture and Arts Foundation, Paris, 25 octobre, 13 p.

(**1992**) « Étude de -man et de -paké + Nég(V), deux opérateurs coréens : argumentation et expression de limitation », *Colloque de linguistique*, Université Nationale de Séoul (SNU), août.

(**2000**) « L'analyse du morphème -(i)na », *Conférence*.

(**2001**) « L'analyse du morphème -(i)rado et phrases génériques », *Conférence*.

(**2001**) « La particule pragmatique -*(i)rado* et les phrases génériques », *Conférence*, 23 novembre.

(**2003**) « Structures et particularités de la langue coréenne », *Conférence sur la langue et la littérature coréenne*, Centre Culturel Coréen, octobre, 12 p.

(**2004**) « Le morphème -*nŭnde* et le cadre discursif », *Colloque*, Université de Marne la Vallée.

(**2005**) « Le cadre du discours et le thème », *Conférence de l'Association Française pour l'Étude de la Corée* (AFPEC), Paris.

(**2006**) « Le morphème -*ké* et la fonction télique », *Conférence organisée par le Centre de recherches sur la Corée (CRC, UMR 8033, CNRS/EHESS/ Paris VII Diderot) et l'Association Française pour l'Étude de la Corée* (AFPEC), 26 mai.

(**2007**) « Pour une définition des proverbes coréens », *Conférence AKSE*, Dourdan (France), 19 avril, 6 p.

Liste des abréviations par ordre alphabétique

Adv = Adverbe ou terminaison adverbiale
App = Appelatif
Caus = Causal
Cit = Citatif (désigne le discours rapporté)
Cond = Conditionnel
Décl = Déclaratif
Dub = dubitatif
Exh = Exhortatif
Fdét = Forme déterminative (au présent par défaut. Sinon, la mention Fdét-Pass ou Fdét-Fut sera spécifiée)
Fut = Futur
Gén = Génitif
Hon = Honorifique
Hyp = Hypothèse
Imp = Impératif
Imposs = Impossibilité
Int = Intention
Inter = Interrogatif
L = particule de Localisation
Neg = Négation
Nom = Nominalisation
O = particule d'Objet
Obl = Obligation
Pass = Passé
Pl = Pluriel
Poss = Possibilité
Prés = Présent
Proh = Prohibitif
Prop = Propositif
Restr = Restrictif (concerne *man* 'seulement' par exemple)
S = particule de Sujet
Suff. but = Suffixe de but
Suff.mod. = Suffixe modal
T = particule de Thème
Tent = Tentative

Favoriser la confrontation interdisciplinaire et internationale de toutes les formes de recherches consacrées à la communication humaine, en publiant sans délai des travaux scientifiques d'actualité : tel est le rôle de la collection *Sciences pour la communication*. Elle se propose de réunir des études portant sur tous les langages, naturels ou artificiels, et relevant de toutes les disciplines sémiologiques : linguistique, psychologie ou sociologie du langage, sémiotiques diverses, logique, traitement automatique, systèmes formels, etc. Ces textes s'adressent à tous ceux qui voudront, à quelque titre que ce soit et où que ce soit, se tenir au courant des développements les plus récents des sciences du langage.

Ouvrages parus

Sc!

1. Alain Berrendonner – L'éternel grammairien · Etude du discours normatif, 1982 (épuisé)
2. Jacques Moeschler – Dire et contredire · Pragmatique de la négation et acte de réfutation dans la conversation, 1982 (épuisé)
3. C. Bertaux, J.-P. Desclés, D. Dubarle, Y. Gentilhomme, J.-B. Grize, I. Mel'Cuk, P. Scheurer et R. Thom – Linguistique et mathématiques · Peut-on construire un discours cohérent en linguistique? · Table ronde organisée par l'ATALA, le Séminaire de philosophie et mathématiques de l'Ecole Normale Supérieure de Paris et le Centre de recherches sémiologiques de Neuchâtel (Neuchâtel, 29-31 mai 1980), 1982
4. Marie-Jeanne Borel, Jean-Blaise Grize et Denis Miéville – Essai de logique naturelle, 1983, 1992
5. P. Bange, A. Bannour, A. Berrendonner, O. Ducrot, J. Kohler-Chesny, G. Lüdi, Ch. Perelman, B. Py et E. Roulet – Logique, argumentation, conversation · Actes du Colloque de pragmatique (Fribourg, 1981), 1983
6. Alphonse Costadau: Traité des signes (tome I) – Edition établie, présentée et annotée par Odile Le Guern-Forel, 1983
7. Abdelmadjid Ali Bouacha – Le discours universitaire · La rhétorique et ses pouvoirs, 1984
8. Maurice de Montmollin – L'intelligence de la tâche · Eléments d'ergonomie cognitive, 1984, 1986 (épuisé)
9. Jean-Blaise Grize (éd.) – Sémiologie du raisonnement · Textes de D. Apothéloz, M.-J. Borel, J.-B. Grize, D. Miéville, C. Péquegnat, 1984
10. Catherine Fuchs (éd.) – Aspects de l'ambiguïté et de la paraphrase dans les langues naturelles · Textes de G. Bès, G. Boulakia, N. Catach, F. François, J.-B. Grize, R. Martin, D. Slakta, 1985
11. E. Roulet, A. Auchlin, J. Moeschler, C. Rubattel et M. Schelling – L'articulation du discours en français contemporain, 1985, 1987, 1991 (épuisé)
12. Norbert Dupont – Linguistique du détachement en français, 1985
13. Yves Gentilhomme – Essai d'approche microsystémique · Théorie et pratique · Application dans le domaine des sciences du langage, 1985
14. Thomas Bearth – L'articulation du temps et de l'aspect dans le discours toura, 1986
15. Herman Parret – Prolégomènes à la théorie de l'énonciation · De Husserl à la pragmatique, 1987
16. Marc Bonhomme – Linguistique de la métonymie · Préface de M. Le Guern, 1987 (épuisé)
17. Jacques Rouault – Linguistique automatique · Applications documentaires, 1987
18. Pierre Bange (éd.) – L'analyse des interactions verbales: «La dame de Caluire. Une consultation» · Actes du Colloque tenu à l'Université Lyon II (13-15 décembre 1985), 1987
19. Georges Kleiber – Du côté de la référence verbale · Les phrases habituelles, 1987

20. Marianne Kilani-Schoch – Introduction à la morphologie naturelle, 1988
21. Claudine Jacquenod – Contribution à une étude du concept de fiction, 1988
22. Jean-Claude Beacco – La rhétorique de l'historien · Une analyse linguistique du discours, 1988
23. Bruno de Foucault – Les structures linguistiques de la genèse des jeux de mots, 1988
24. Inge Egner – Analyse conversationnelle de l'échange réparateur en wobé · Parler WEE de Côte d'Ivoire, 1988
25. Daniel Peraya – La communication scalène · Une analyse sociosémiotique de situations pédagogiques, 1989
26. Christian Rubattel (éd.) – Modèles du discours · Recherches actuelles en Suisse romande · Actes des Rencontres de linguistique française (Crêt-Bérard, 1988), 1989
27. Emilio Gattico – Logica e psicologia · Studi piagettiani e postpiagettiani, 1989
28. Marie-José Reichler-Béguelin (éd.) – Perspectives méthodologiques et épistémologiques dans les sciences du langage · Actes du Colloque de Fribourg (11-12 mars 1988), 1989
29. Pierre Dupont – Eléments logico-sémantiques pour l'analyse de la proposition, 1990
30. Jacques Wittwer – L'analyse relationnelle · Une physique de la phrase écrite · Introduction à la psychosyntagmatique, 1990
31. Michel Chambreuil et Jean-Claude Pariente – Langue naturelle et logique · La sémantique intentionnelle de Richard Montague, 1990
32. Alain Berrendonner et Herman Parret (éds) – L'interaction communicative, 1990 (épuisé)
33. Jacqueline Bideaud et Olivier Houdé – Cognition et développement · Boîte à outils théoriques · Préface de Jean-Blaise Grize, 1991 (épuisé)
34. Beat Münch – Les constructions référentielles dans les actualités télévisées · Essai de typologie discursive, 1992
35. Jacques Theureau – Le cours d'action Analyse sémio-logique · Essai d'une anthropologie cognitive située, 1992 (épuisé)
36. Léonardo Pinsky (†) – Concevoir pour l'action et la communication · Essais d'ergonomie cognitive · Textes rassemblés par Jacques Theureau et collab., 1992
37. Jean-Paul Bernié – Raisonner pour résumer · Une approche systémique du texte, 1993
38. Antoine Auchlin – Faire, montrer, dire – Pragmatique comparée de l'énonciation en français et en chinois, 1993
39. Zlatka Guentcheva – Thématisation de l'objet en bulgare, 1993
40. Corinne Rossari – Les opérations de reformulation · Analyse du processus et des marques dans une perspective contrastive français – italien, 1993, 1997
41. Sophie Moirand, Abdelmadjid Ali Bouacha, Jean-Claude Beacco et André Collinot (éds) – Parcours linguistiques de discours spécialisés · Colloque en Sorbonne les 23-24-25 septembre 1992, 1994, 1995

42. Josiane Boutet – Construire le sens · Préface de Jean-Blaise Grize, 1994, 1997
43. Michel Goyens – Emergence et évolution du syntagme nominal en français, 1994
44. Daniel Duprey – L'universalité de «bien» · Linguistique et philosophie du langage, 1995
45. Chantal Rittaud-Hutinet – La phonopragmatique, 1995
46. Stéphane Robert (éd.) – Langage et sciences humaines: propos croisés · Actes du colloque «Langues et langages» en hommage à Antoine Culioli (Ecole normale supérieure. Paris, 11 décembre 1992), 1995
47. Gisèle Holtzer – La page et le petit écran: culture et télévision · Le cas d'Apostrophes, 1996
48. Jean Wirtz – Métadiscours et déceptivité · Julien Torma vu par le Collège de 'Pataphysique, 1996
49. Vlad Alexandrescu – Le paradoxe chez Blaise Pascal · Préface de Oswald Ducrot, 1997
50. Michèle Grossen et Bernard Py (éds) – Pratiques sociales et médiations symboliques, 1997
51. Daniel Luzzati, Jean-Claude Beacco, Reza Mir-Samii, Michel Murat et Martial Vivet (éds) – Le Dialogique · Colloque international sur les formes philosophiques, linguistiques, littéraires, et cognitives du dialogue (Université du Maine, 15-16 septembre 1994), 1997
52. Denis Miéville et Alain Berrendonner (éds) – Logique, discours et pensée · Mélanges offerts à Jean-Blaise Grize, 1997, 1999
53. Claude Guimier (éd.) – La thématisation dans les langues · Actes du colloque de Caen, 9-11 octobre 1997, 1999, 2000
54. Jean-Philippe Babin – Lexique mental et morphologie lexicale, 1998, 2000
55. Thérèse Jeanneret – La coénonciation en français · Approches discursive, conversationnelle et syntaxique, 1999
56. Pierre Boudon – Le réseau du sens · Une approche monadologique pour la compréhension du discours, 1999 (épuisé)
58. Jacques Moeschler et Marie-José Béguelin (éds) – Référence temporelle et nominale. Actes du 3e cycle romand de Sciences du langage, Cluny (15–20 avril 1996), 2000
59. Henriette Gezundhajt – Adverbes en -ment et opérations énonciatives · Analyse linguistique et discursive, 2000
60. Christa Thomsen – Stratégies d'argumentation et de politesse dans les conversations d'affaires · La séquence de requête, 2000
61. Anne-Claude Berthoud et Lorenza Mondada (éds) – Modèles du discours en confrontation, 2000
62. Eddy Roulet, Anne Grobet, Laurent Filliettaz, avec la collaboration de Marcel Burger – Un modèle et un instrument d'analyse de l'organisation du discours, 2001
63. Annie Kuyumcuyan – Diction et mention · Pour une pragmatique du discours narratif, 2002

64. Patrizia Giuliano – La négation linguistique dans l'acquisition d'une langue étrangère · Un débat conclu? 2004
65. Pierre Boudon – Le réseau du sens II · Extension d'un principe monadologique à l'ensemble du discours, 2002
66. Pascal Singy (éd.) – Le français parlé dans le domaine francoprovençal · Une réalité plurinationale, 2002
67. Violaine de Nuchèze et Jean-Marc Colletta (éds) – Guide terminologique pour l'analyse des discours · Lexique des approches pragmatiques du langage, 2002
68. Hanne Leth Andersen et Henning Nølke – Macro-syntaxe et macro-sémantique · Actes du colloque international d'Århus, 17-19 mai 2001, 2002
69. Jean Charconnet – Analogie et logique naturelle · Une étude des traces linguistiques du raisonnement analogique à travers différents discours, 2003
70. Christopher Laenzlinger – Initiation à la Syntaxe formelle du français · Le modèle *Principes et Paramètres* de la Grammaire Générative Transformationnelle, 2003
71. Hanne Leth Andersen et Christa Thomsen (éds) – Sept approches à un corpus · Analyses du français parlé, 2004
72. Patricia Schulz – Description critique du concept traditionnel de «métaphore», 2004
73. Joël Gapany – Formes et fonctions des relatives en français · Etude syntaxique et sémantique, 2004
74. Anne Catherine Simon – La structuration prosodique du discours en français · Une approche mulitdimensionnelle et expérientielle, 2004
75. Corinne Rossari, Anne Beaulieu-Masson, Corina Cojocariu et Anna Razgouliaeva – Autour des connecteurs · Réflexions sur l'énonciation et la portée, 2004
76. Pascal Singy (éd.) – Identités de genre, identités de classe et insécurité linguistique, 2004
77. Liana Pop – La grammaire graduelle, à une virgule près, 2005
78. Injoo Choi-Jonin, Myriam Bras, Anne Dagnac et Magali Rouquier (éds) – Questions de classification en linguistique: méthodes et descriptions · Mélanges offerts au Professeur Christian Molinier, 2005
79. Marc Bonhomme – Le discours métonymique, 2005
80. Jasmina Milićević – La paraphrase · Modélisation de la paraphrase langagière, 2007
81. Gilles Siouffi et Agnès Steuckardt (éds) – Les linguistes et la norme · Aspects normatifs du discours linguistique, 2007
82. Agnès Celle, Stéphane Gresset et Ruth Huart (éds) – Les connecteurs, jalons du discours, 2007
83. Nicolas Pepin – Identités fragmentées · Eléments pour une grammaire de l'identité, 2007
84. Olivier Bertrand, Sophie Prévost, Michel Charolles, Jacques François et Catherine Schnedecker (éds) – Discours, diachronie, stylistique du français · Etudes en hommage à Bernard Combettes, 2008

85. Sylvie Mellet (dir.) – Concession et dialogisme · Les connecteurs concessifs à l'épreuve des corpus, 2008
86. Benjamin Fagard, Sophie Prévost, Bernard Combettes et Olivier Bertrand (éds) – Evolutions en français · Etudes de linguistique diachronique, 2008
87. Denis Apothéloz, Bernard Combettes et Franck Neveu (éds) – Les linguistiques du détachement · Actes du colloque international de Nancy (7-9 juin 2006), 2009
88. Aris Xanthos – Apprentissage automatique de la morphologie · Le cas des structures racine–schème, 2008
89. Bernard Combettes, Céline Guillot, Evelyne Oppermann-Marsaux, Sophie Prévost et Amalia Rodríguez Somolinos (éds) – Le changement en français · Etudes de linguistique diachronique, 2010
90. Camino Álvarez Castro, Flor Mª Bango de la Campa et María Luisa Donaire (éds) – Liens linguistiques · Etudes sur la combinatoire et la hiérarchie des composants, 2010
91. Marie-José Béguelin, Mathieu Avanzi et Gilles Corminboeuf (éds) – La Parataxe · Entre dépendance et intégration; Tome 1, 2010
92. Marie-José Béguelin, Mathieu Avanzi et Gilles Corminboeuf (éds) – La Parataxe · Structures, marquages et exploitations discursives; Tome 2, 2010
93. Nelly Flaux, Dejan Stosic et Co Vet (éds) – Interpréter les temps verbaux, 2010
94. Christian Plantin – Les bonnes raisons des émotions · Principes et méthode pour l'étude du discours *émotionné*, 2011
95. Dany Amiot, Walter De Mulder, Estelle Moline et Dejan Stosic (éds) – *Ars Grammatica* · Hommages à Nelly Flaux, 2011
96. André Horak (éd.) – La litote · Hommage à Marc Bonhomme, 2011
97. Franck Neveu, Nicole Le Querler et Peter Blumenthal (éds) – Au commencement était le verbe. Syntaxe, sémantique et cognition · Mélanges en l'honneur du Professeur Jacques François, 2011
98. Louis de Saussure et Alain Rihs (éds) – Etudes de sémantique et pragmatique françaises, 2012
99. L. de Saussure, A. Borillo et M. Vuillaume (éds) – Grammaire, lexique, référence. Regards sur le sens · Mélanges offerts à Georges Kleiber pour ses quarante ans de carrière, 2012
100. Groupe de Fribourg – Grammaire de la période, 2012
101. C. Guillot, B. Combettes, A. Lavrentiev, E. Oppermann-Marsaux et S. Prévost (éd.) – Le changement en français · Etudes de linguistique diachronique, 2012
102. Gudrun Vanderbauwhede – Le déterminant démonstratif en français et en néerlandais · Théorie, description, acquisition, 2012
103. Genoveva Puskás – Initiation au Programme Minimaliste · Eléments de syntaxe comparative, 2013
104. Coco Norén, Kerstin Jonasson, Henning Nølke et Maria Svensson (éds) – Modalité, évidentialité et autres friandises langagières · Mélanges offerts à Hans Kronning à l'occasion de ses soixante ans, 2013

105. Jean-Claude Anscombre, María Luisa Donaire et Pierre Patrick Haillet (éds) – Opérateurs discursifs du français · Eléments de description sémantique et pragmatique, 2013.
106. Laurent Gosselin, Yann Mathet, Patrice Enjalbert et Gérard Becher (éds) – Aspects de l'itération · L'expression de la répétition en français: analyse linguistique et formalisation, 2013
107. Alain Rihs – Subjonctif, gérondif et participe présent en français · Une pragmatique de la dépendance verbale, 2013
108. Emmanuelle Labeau and Jacques Bres (éds) – Evolution in Romance Verbal Systems, 2013
109. Alda Mari – Modalités et Temps · Des modèles aux données, 2015
110. Christiane Soum-Favaro, Annelise Coquillon et Jean-Pierre Chevrot (éds) – La liaison: approches contemporaines, 2014
111. Marion Fossard et Marie-José Béguelin (éds) – Nouvelles perspectives sur l'anaphore · Points de vue linguistique, psycholinguistique et acquisitionnel, 2014
112. Thierry Herman et Steve Oswald (éds.) – Rhétorique et cognition / Rhetoric and Cognition, 2014
113. Giovanni Gobber and Andrea Rocci (éds) – Language, reason and education, 2014 · Studies in honor of Eddo Rigotti, 2014
114. Elena Siminiciuc – L'ironie dans la presse satirique · Etude sémantico-pragmatique, 2015
115. Milton N. Campos – Traversée · Essai sur la communication, 2015
116. Gaétane Dostie & Pascale Hadermann (éds) – La dia-variation en français actuel · Etudes sur corpus, approches croisées et ouvrages de référence, 2015
117. Anne Carlier, Michèle Goyens & Béatrice Lamiroy (éds) – Le français en diachronie · Nouveaux objets et méthodes, 2015
118. Charlotte Meisner – La variation pluridimensionnelle · Une analyse de la négation en français, 2016
119. Laurence Rouanne & Jean-Claude Anscombre – Histoires de dire · Petit glossaire des marqueurs formés sur le verbe *dire*, 2016
120. Sophie Prévost & Benjamin Fagard (éds) – Le français en diachronie · Dépendances syntaxiques, morphosyntaxe verbale, grammaticalisation, 2017
121. Laura Baranzini – Le futur dans les langues romanes, 2017
122. Élisabeth Richard (éd.) – Des organisations dynamiques de l'oral, 2017
123. Jean-Claude Anscombre, María Luisa Donaire, Pierre Patrick Haillet (éds) – Opérateurs discursifs du français, 2 · Eléments de description sémantique et pragmatique, 2018
124. Marie-José Béguelin, Aidan Coveney et Alexander Guryev (éds) – L'interrogative en français, 2018
125. Thierry Herman, Jérôme Jacquin, Steve Oswald (éds) – Les mots de l'argumentation, 2018
126. Laure Anne Johnsen – La sous-détermination référentielle et les désignateurs vagues en français contemporain, 2019

127. Jean-Claude Anscombre et Laurence Rouanne (éds) – Histoires de dire 2 · Petit glossaire des marqueurs formés sur le verbe *dire*, 2020
128. Ioana-Maria Stoenică – Actions et conduites mimo-gestuelles dans l'usage conversationnel des relatives en français, 2020
129. CHOI Seung-Un - Elements de semantique du coréen: Textes recueillis, révisés et annotés par Jean-Claude Anscombre, 2020